Michael N. Ebertz, Lucia Segler

Orden und Säkularisierung

Kultur und Religion in Europa

herausgegeben vom

Institut M.-Dominique Chenu – Espaces Berlin

durch

Thomas Eggensperger, Ulrich Engel, Frano Prcela

Band 10

LIT

Michael N. Ebertz, Lucia Segler

Orden und Säkularisierung

Ergebnisse aus Befragungen von Mendikanten
in Deutschland, Österreich und der Schweiz

LIT

Mit einem herzlichen Dank an den Verband der Diözesen Deutschlands und ihren Geschäftsführer P. Dr. Hans Langendörfer SJ für die großzügige Druckkostenbeihilfe.

Bibliografische Information der Deutschen Nationalbibliothek
Die Deutsche Nationalbibliothek verzeichnet diese Publikation in der Deutschen Nationalbibliografie; detaillierte bibliografische Daten sind im Internet über http://dnb.d-nb.de abrufbar.

ISBN 978-3-643-12942-0

© LIT VERLAG Dr. W. Hopf Berlin 2015

Verlagskontakt:
Fresnostr. 2   D-48159 Münster
Tel. +49 (0) 2 51-62 03 20   Fax +49 (0) 2 51-23 19 72
E-Mail: lit@lit-verlag.de   http://www.lit-verlag.de

Auslieferung:
Deutschland: LIT Verlag Fresnostr. 2, D-48159 Münster
Tel. +49 (0) 2 51-620 32 22, Fax +49 (0) 2 51-922 60 99, E-Mail: vertrieb@lit-verlag.de
Österreich: Medienlogistik Pichler-ÖBZ, E-Mail: mlo@medien-logistik.at
E-Books sind erhältlich unter www.litwebshop.de

INHALT

GELEITWORT

Ein internationales Symposium, zu dem im Sommer 2013 etwa 75 Männer und Frauen aus dem (Umfeld des) Kapuziner- und Dominikanerorden(s) auf dem Freisinger Domberg zusammen gekommen waren, beendete das zweijährige Forschungsprojekt „Glaubensvermittlung in gesellschaftlichen und religiösen Transformationsprozessen". Im Anschluss an eine 2009 in Madrid durchgeführte internationale Tagung bearbeitete das von der Philosophisch-Theologischen Hochschule Münster (PTH) und vom Institut M.-Dominique Chenu der Dominikaner in Berlin (IMDC) getragene Projekt das Phänomen der Säkularisierung als die Herausforderung für Kirchen, Orden, Religion und Theologie in Europa.[1]

---

[1] Neben dem hier vorliegenden Buch dokumentieren drei Bücher die Ergebnisse des Forschungsprojekts „Glaubensvermittlung in gesellschaftlichen und religiösen Transformationsprozessen": Thomas Dienberg / Thomas Eggensperger / Ulrich Engel (Hrsg.), Woran glaubt Europa? Zwischen Säkularisierung und Rückkehr des Religiösen / What does Europe believe in? Between secularization and the return of religious life, Münster 2010; dies. (Hrsg.), Säkulare Frömmigkeit. Theologische Beiträge zu Säkularisierung und Individualisierung, Münster 2013; dies. (Hrsg./Eds.), Himmelwärts und weltgewandt. Kirche und Orden in (post-)säkularer Gesellschaft // Heavenward and worldly. Church and Religious Orders in (Post) Secular Society, Münster 2014 Weiterhin s. die folgenden Auswahl von Zeitschriftenbeiträgen: Thomas Dienberg, Pluralisierung und Entzauberung – Charles Taylor: Ein säkulares Zeitalter, in: *Akademische Blätter, Zeitschrift des Verbandes der Vereine Deutscher Studenten* 113,4(2011), 160-162; Thomas Eggensperger, Pluriformität, nicht Säkularisierung. Die religiös-kirchliche Landschaft in den USA, in: *Herder Korrespondenz* 66 (2012), 368-372; Bernhard Kohl, Die Anerkennung des Verletzbaren. Eine heuristische Annäherung an die Menschenwürde, in: *Theologie und Glaube* 56 (2013), 162-172; Ulrich Engel, Das Andere in der alltäglichen Ordnung ansichtig machen. Zur Pastoral der Orden in einer säkularen/religionsaffinen Welt, in: *Ordenskorrespondenz* 54 (2013), 83-86; Simon Berninger, Orden im Spannungsfeld von Kirche und Säkularisierung. Fachtagung in Freising beendet zweijähriges Forschungsprojekt, in: *Kontakt. Freundesgabe der Dominikanerprovinz Teutonia* 41 (2013), 65-67; André Lascaris, Kerk in een seculiere maatschappij, in: *Bulletin van de Nederlandse Dominicanen* 48 (2013), N º 8 (Augustus), 1-2; Johannes M. Schäffler, Kirche und Orden in säkularer Welt. Eindrücke vom internationalen Abschlusssymposium „Fremde Heimat Welt" in: *Kapuziner Jahresschrift* 2013-2014, 62-64.

Gefragt wurde u.a. nach Säkularisierungstendenzen innerhalb der Orden. Dazu wurde im Rahmen des Gesamtprojekts eine empirische Studie in Auftrag gegeben, deren Ergebnisse hier im Detail vorgelegt werden. Verantwortlich zeichneten der Soziologe und Theologe Michael N. Ebertz und seine Mitarbeiterin Lucia Segler am Freiburger „Zentrum für Kirchliche Sozialforschung" (ZEKIS), denen wir für ihr wissenschaftliches Engagement von Herzen Dank sagen. Im qualitativen (Einzel- und Gruppeninterviews) und quantitativen Angang (schriftliche Erhebungsbögen) wurden die Mitglieder der männlichen Mendikantenorden in Deutschland, Österreich und der deutschsprachigen Schweiz befragt. Das erhobene Datenmaterial und dessen fachliche Deutung werden mit diesem Buch nun auch einer breiteren Öffentlichkeit zugänglich.

Ganz im Sinne der Pastoralkonstitution *Gaudium et spes* des Zweiten Vatikanischen Konzils, deren Verabschiedung sich 2015 zum 50. Mal jährt, untersuchten Ebertz und Segler das *Welt*verständnis der Ordensmänner. In der Auswertung werden drei unterschiedliche Beziehungsmuster bzw. Interpretationen von Welt erkennbar: 1. ein striktes Gegenüber, das die Welt als das dem Kloster Andere und Fremde deutet, 2. eine Totalitätsvorstellung, in der das klösterliche Leben als Teil der umfassenderen Welt gedacht und erlebt wird, sowie 3. die Welt des Individuums, das vor allem die eigenen Optionen betont. Diese drei aus einer lebensweltlichen Alltagsperspektive gewonnenen Verhältnisbestimmungen müssen im Blick auf ihre sachlichen, zeitlichen, sozialen und räumlichen Dimensionen noch weiter ausdifferenziert werden. Sowohl auf der kollektiven als auch auf der individuellen Ebene produzieren die verschiedenen Weltverständnisse Konflikte, die Bedeutung, Werte und Normen tangieren. Die zentrale Aufgabe der Ordensmitglieder wie auch der Leitungen besteht u.E. darin, sich diesen Konflikten zu stellen und ein Leben mit Dissonanzen einzuüben. Im Blick darauf lassen die vorliegenden Ergebnisse der Erhebung deutlich den dualistischen Typus vom synthetisierenden unterscheiden. Neben der Herausforderung eines jeden einzelnen Ordensmitglieds, den persönlichen Alltag zu managen, bergen die präsentierten Resultate auch interessantes Material für die Entwicklung von Zukunftsstrategien im institutionellen Bereich.

Auch wenn sich die Erhebung auf männliche Mendikanten beschränkte, können doch eine ganze Reihe von Einsichten, welche aus der Studie zu ziehen sind, auch auf andere Ordensgemeinschaften übertragen werden. In diesem Sinne wünschen wir dem Buch viele Leserinnen und Leser in vielen Geistlichen Gemeinschaften!

Wir danken dem „Verband der Diözesen Deutschlands" (VDD) in Person seines Geschäftsführers Dr. Hans Langendörfer SJ für die großzügig gewährte Druckkostenbeihilfe, ohne die diese Veröffentlichung nicht hätte realisiert werden können. Dem LIT Verlag in Person seines Cheflektors Dr. Michael J. Rainer gilt unser Dank für die bewährte Zusammenarbeit im Rahmen der Reihe „Kultur und Religion in Europa" (KuRiE), als dessen 10. Band dieses Buch erscheint.

Münster und Berlin, am 28. Januar 2015,
dem Hochfest des Hl. Thomas von Aquin

Projektleitung:
Thomas Dienberg OFMCap
Thomas Eggensperger OP
Ulrich Engel OP
Bernhard Kohl OP

KAPITEL 1

EINLEITUNG

„Ein Kapuziner in der Straßenbahn ist offenbar ein Anachronismus", schreibt Walter Dirks vor gut 60 Jahren. „Aber es könnte sein", meint er weiter, „dass nicht *er* quer zur Gegenwart liegt, sondern der sehr normal angezogene Herr auf der Bank gegenüber. Es kann sein, dass der Zölibatär im Bettlerhabit des 13. Jahrhunderts zu einer Tat unterwegs ist, die auf ihre Weise der Zukunft den Weg bereitet, oder zu einem Wort, das ins Schwarze trifft. Und es gehört nicht viel Phantasie dazu, sich vorzustellen, dass sein Gegenüber recht reaktionäre Empfindungen und Interessen hat, und dass das, was er in einer halben Stunde mit einem Geschäftsfreund besprechen wird, nicht gerade der Zukunft der Menschheit dient".[2] Im Rahmen der 2013 durchgeführten Studie, deren Ergebnisse hiermit präsentiert werden, wurden keine Kapuziner in der Straßenbahn oder an anderen öffentlichen oder nicht-öffentlichen Orten beobachtet, auch wurde nicht gefragt oder spekuliert, ob sie ‚Weltbewegendes' bewirken. Und es ging nicht um Kapuziner allein, sondern auch um Mitglieder anderer sogenannter Bettelorden.[3] Ob sie alle noch ‚Bettlerhabit' tragen, stand nicht im Zentrum, war aber eine der Fragen, die in den qualitativen Vorstudien und in dem hundertfach verschickten Fragebogen gestellt wurden. Freilich konnte nicht alles, was das jeweilige Ordensleben ausmacht, in den Blick genommen werden. Ein solches „Engagement ist total, und man stellt sich mit dem ganzen Leben

---

2   Walter Dirks, Die Antwort der Mönche, Frankfurt am Main 1952, 13.
3   Laut Statistik der DOK (Deutsche Ordensobernkonferenz) stellen 2011 in Deutschland von den Bettelorden die Franziskaner 380, die Kapuziner 140, die Minoriten 114 Mitglieder. Die Mitgliederzahlen der anderen Bettelorden werden nicht genannt. Die Benediktiner haben 721 Mitglieder; die Jesuiten 342 Mitglieder, die Steyler Missionare 291, die Salesianer Don Boscos 286 und die Pallottiner 263 Mitglieder; s. http://www.orden.de/index.php?rubrik=3&seite=t1s&e2id=71, abgerufen im Februar 2014.

zur Verfügung".[4] Die „Weihe der ganzen Person (totius personae conse-
cratio)" und die „völlige Hingabe" des Ordensmenschen, „wodurch sein
ganzes Dasein zu einer beständigen Verehrung Gottes in der Liebe wird",
sind die entsprechenden Stichworte im Kirchenrecht (CIC can. 607 §1). Ein
Engagement, das dem Religiösen Höchstrelevanz einräumt und es als Vor-
zeichen vor prinzipiell alle Dimensionen des individuellen Daseins setzt,
ermögliche eine „gesunde aristokratische Höchstleistung im religiösen Leben der Kirche", meinte einst Gustav Gundlach.[5]

Auch diese Annahme hatte nur am Rande Gewicht. Vielmehr wurden die Einstellungen aller Kapuziner und anderer männlicher Mitglieder deutschsprachiger Mendikanten (Deutschland, Österreich, Schweiz) im
Kontext ihrer ordensexternen und ordensinternen Säkularisierungserfah-
rung erhoben. Im Zentrum stand somit das Verhältnis der einzelnen Mendikanten und ihrer Gemeinschaften zur ‚Welt' und zu Prozessen der ‚Säkularisierung' außerhalb und innerhalb des Ordenslebens.[6] Dabei galt es
zu berücksichtigen, dass der Ausdruck ‚Säkularisierung' als eine zentrale –
hin und wieder auch umstrittene – Selbstbeschreibungskategorie moderner
Gesellschaften keineswegs eindeutig bestimmt ist.

Wer ‚Säkularisierung' sagt, meint ‚Objekte', die vorher irgendwie ‚re-

---

[4]   Alexander Foitzik, ‚Wirklichkeit nüchtern und wahrhaft anschauen'. Ein Gespräch mit
      Jesuiten-Provinzial Stefan Kiechle, in: Herder Korrespondenz 67/2013, 340-344, hier
      343. Zur „totalen Integration der Mitglieder" von Orden und Problematisierung dieser
      Charakterisierung s. Günter Schmelzer, Religiöse Gruppen und sozialwissenschaftliche
      Typologie. Möglichkeiten der soziologischen Analyse religiöser Orden, Berlin 1979,
      209.

[5]   Gustav Gundlach, Art. Orden (kirchliche Vereinigungen), (wieder) in: Ders., Die Ord-
      nung der menschlichen Gesellschaft, Band 1, Köln 1964, 436-447, hier 440: „Die ‚Ab-
      sonderung' des Ordens gegenüber den Kirchengliedern bedeutet keine sektenhafte Ari-
      stokratie des ‚höheren Standes', sondern lediglich die Aufforderung zur ständigen Be-
      währung einer Aristokratie höherer Leistung [...]. Man kann [...] sagen, dass die Or-
      den einen besonders passenden Raum und Boden für jene gesunde Aristokratie der Leis-
      tung darstellen, die für keine Gemeinschaft, auch nicht für die Kirche, entbehrlich ist.
      Insofern hat innerhalb des Katholizismus sicherlich das Bestehen der Orden das Auf-
      kommen einer ungesunden Aristokratie der Sekte stets gehemmt".

[6]   Interne ‚Säkularisierung' galt und gilt mitunter in der Ordenstradition als Ursache des
      Verfalls des Ordenslebens der Ordensleute: wenn sie sich „zu viel mit den Weltmen-
      schen in Verkehr eingelassen und Herz und Sinn zu weltlichen Dingen hingeneigt ha-
      ben", so Abbé L. Jung, Das Ordensleben. Handbüchlein für wirkliche Ordenspersonen,
      zweite Auflage, Münster 1883, 50.

ligiös' besetzt waren (und es jetzt nicht mehr sind), und nicht etwas, was sich einer religiösen Deutung und Kontrolle bislang verweigert hatte oder aus anderen Gründen (z.b. mangelnde religiöse Sozialisierung) keinen Zugang zu ihr erhielt. Das in diesem Sinne ,Profane' oder ,Mundane' ist nicht das Säkularisierte, sondern das noch nicht oder noch nie religiös Gedeutete, wie möglicherweise die oben genannte Straßenbahn, ein Zugabteil oder ein Flugzeug. Freilich mögen solche Objekte selten sein – nicht nur Sperlingen (vgl. Mt 10,29) und Rindern und Eseln kann bekanntlich religiöse Bedeutung zugeschrieben werden.[7] Als Dominikus begann, mit der Armut ernst zu machen, zwang er seine Gefährten dazu, „ihre Esel dranzugeben und zu Fuß zu missionieren – obschon es mit Pferd und Esel doch viel rascher gegangen wäre"[8] und Jesus selbst Esel bevorzugte. Und die religiöse „Vorstellung der universalen Verschwisterung der Kreaturen" bei Franziskus klammert bekanntlich selbst die Würmer nicht aus, die er vom Weg aufgesammelt und an sicherer Stelle untergebracht haben soll. Sie gründet allerdings „nicht in der Annahme eines einzigen allgemeinen Lebensprinzips oder einer göttlichen Substanz, deren Erscheinungsweisen die endlichen Seienden wären, sondern ist Ausdruck eines Schöpfungsglaubens, der die Transzendenz und Immanenz des Schöpfers gleichzeitig festhält. Alle Wesen sind aus Gott hervorgegangen und wegen dieser gemeinsamen Abstammung ganz nahe miteinander verwandt".[9] Letztlich sind keine Lebewesen und „kein Gegenstand indifferent gegen die religiöse Betrachtungsweise".[10] Die religiöse Perspektive fühlt sich „nirgends unzuständig".[11] Wer ,Säkularisierung' sagt, meint vielleicht auch, dass der faktische gesellschaftliche Status der Religion und ihres unbescheidenen, geradezu anmaßenden An-

---

7 Man denke nicht nur an die heilige Kuh in Indien, sondern auch die religiöse Bedeutung des Stiers z.B. in den Religionen Ägyptens, Griechenlands, Kretas, im Mithraskult; s. Manfred Claus, Mithras. Kult und Mysterium, Darmstadt 2012, bes. 78ff.

8 Dirks, Die Antwort, 190; Ulrich Engel, Orden – eine vernachlässigte Ressource für die Kirchenentwicklung. Plädoyer für einen dreifachen Dialog, in: Lebendige Seelsorge 64/2013, 80-84, hier 83, nennt den Verzicht auf das Pferd die „entscheidende Innovation" in der Verkündigung von Dominikus und Diegos, seines Freundes.

9 Otto Langer, Christliche Mystik im Mittelalter. Mystik und Rationalisierung – Stationen eines Konflikts, Darmstadt 2004, 267; vgl. auch die etwas bizarre Skizze von Ulrich Holbein, Heilige Narren. 22 Lebensbilder, Wiesbaden 2012, 84-92.

10 Andreas Dorschel, Religion als ,Teilsystem'? Zur Niklas Luhmanns ,Die Unterscheidung Gottes', in: Österreichische Zeitschrift für Soziologie 11/1986, 12-18, hier 18.

11 Dorschel, Religion, 15.

spruchs, ein „Super-Code über allen profanen Codes (Moral, Wirtschaft, Politik, Recht, Wissenschaft) zu sein",[12] gesunken ist und dabei ist, weiter zu sinken. Wer ‚Säkularisierung' sagt, meint damit häufig – manchmal implizit – auch ‚Entchristlichung' oder ‚Entkirchlichung', obwohl es sich um unterschiedliche Ebenen des Kontroll- oder Orientierungsverlusts handelt, wie auch im nachfolgenden **Kapitel 2** gezeigt werden soll.

Das sich dem Methodenkapitel (**Kapitel 3**) anschließende Hauptkapitel mit den Befragungsergebnissen (**Kapitel 4**) entfaltet im Anschluss an die Darlegung des Sozialprofils (**4.1**) der Mendikanten, ihres Religionsprofils (**4.2**) und ihres Ordens- und Gemeinschaftsprofils (**4.3**) deren unterschiedliche Weltverständnisse (**4.4**). Latent wird damit letztlich auch die Frage nach den persönlichen und kollektiven Identitäten der Befragten berührt, sofern sie sich auch als Reaktion auf bzw. in Korrespondenz zum jeweiligen Weltverständnis fassen lassen: Wie wird ‚Welt' – so oder so – konsonant oder dissonant gelebt? Wo werden ‚Gegenwelten' verdeckt und auch offen gelebt und erlebt? Wer bin ich/wer sind wir, wer nicht? Worin unterscheidet sich das Dasein als Ordensleute heute von dem früherer Generationen und dem anderer Menschen? Sind Ordensleute Teil der ‚Welt' oder Ferment oder Gegenüber – Andere, Fremde, Kritiker, Gegner, Feinde – der ‚Welt' und umgekehrt? Weshalb können sie ihre ‚Berufung' nicht je einzeln leben, sondern wozu braucht ‚die Welt' genau die Form – Formen – ihrer Gemeinschaften? Ist das überhaupt so? Oder sind die Ordensgemeinschaften „*nicht heilsnotwendig*", wie ein Ordensmann in einem Interview einen Mitbruder zitiert? Ordensleute fragen: Was ist mein/unser Auftrag, mein/unser ‚Wertschöpfungsauftrag', was haben wir den Menschen bislang gebracht und in Zukunft zu bringen? Worin liegt meine/unsere – immanente/transzendente – Bestimmung, Sinnrichtung und ‚Erfüllung'[13]? Welche Diskrepanzen zwischen Sein und Sollen werden erlebt (‚Zufriedenheit')? Was erleichtert, was erschwert diese Berufung? Vermutet wird ein Zusammenhang von Weltverständnis, persönlicher und kollektiver Identität und Auslegungs- und Anweisungsschemata, welche die Interpretation des Ist-Zustands und des Soll-Zustands betreffen und die aus dieser Spannung resultierende Konflikt- und Veränderungsdynamiken bestimmen. Die

---

[12] Dorschel, Religion, 16.
[13] Vgl. Charles Taylor, Ein säkulares Zeitalter, Frankfurt 2009, 52f.

Pluralisierung der Weltbegriffe und anderer Wirklichkeitsverständnisse innerhalb der Ordensgemeinschaften führt auch bei einzelnen wie bei den Gemeinschaften zu Dissonanzen und unterschiedlichen Formen der Dissonanzreduktion. Diese sind Thema der **Kapitel 4.5. und 4.6**

Im **Kapitel 4.7** werden die ‚Kräfte der Bewegung' und diejenigen der ‚Beharrung' entfaltet, wie sie in der Befragung zum Vorschein kamen. Den Mendikanten wurde die Frage gestellt, wo sie Veränderungsbedarf sehen, was sie „einführen" bzw. „ausbauen" wollen, was sie „so lassen" wollen und was sie „reduzieren" bzw. „abschaffen" wollen. Im Wesentlichen wurden vier große Dimensionen angesprochen:

– die **Dimension der Integration**, die verschiedene Voraussetzungen des Zusammenlebens und des Zusammenhalts, insbesondere die für eine Gemeinschaft notwendigen Regeln und Normen sowie Grenzkontrollen akzentuiert;

– die **Dimension der Wertbindung** und der Wertverpflichtung, welche den für eine Gemeinschaft kollektiven Sinn akzentuiert;

– die **Dimension der Zweckorientierung**, welche die strukturellen Mechanismen zur verbindlichen Entscheidung und Kontrolle sowie auch zur Ausrichtung aller Mitglieder einer Gemeinschaft auf einen kollektiven Kommunikations- und Handlungszusammenhang akzentuiert;

– die **Dimension der (wirtschaftlichen) Umweltanpassung**, die den rationalen Einsatz von knappen Ressourcen und Hilfsmitteln akzentuiert, der eine Gemeinschaft vor Verschwendung und ökonomischem Niedergang bewahrt.

In allen Dimensionen fällt zunächst einmal ein starker Wunsch der Mehrheit der Befragten nach Stabilität auf („*so lassen*"). Auffällig ist außerdem, dass Wünsche in Richtung Reduktion oder Abschaffung nur selten formuliert werden. Trotz aller – und teilweise ausgeprägter – Status quo-Orientierung bleibt diese allerdings nur selten unwidersprochen. Als unwidersprochen, ohne durch nennenswerte Kräfte der Bewegung aus der Beharrung herausgefordert, erweisen sich nur wenige Elemente des Ordenslebens. Mit anderen Worten: Trotz einer gewissen Status quo-Lastigkeit der Positionierungen der Befragten, die am stärksten in einer der vier Dimensionen ausgeprägt ist, zeigen sich Gegensätze und Spannungen in den meisten der abgefragten Dimensionen und ihren Ausprägungen. Die Kräfte der Bewegung kommen in allen vier Dimensionen zum Vorschein und melden Veränderungsbedarf an, drängen auf Wandel. Erhoben werden konnte aber auch, dass das mendikantische Leben von heute über einen ganzen Fächer von Fach- und Schlüssel-Kompetenzen als Ressourcen verfügt (einige werden aber auch vernachlässigt), die aller Krisendiagnostik bzgl. des Ordenslebens zum Trotz einer Entwicklung von innen heraus zur Verfügung stehen.

Wie die einzelnen Gemeinschaften und Provinzen mit solchen Befunden umgehen und wie sie den zu Tage geförderten Herausforderungen, die in den Befragungsergebnissen insgesamt liegen, begegnen sollen, kann nicht mehr Thema der vorliegenden Studie sein, obwohl die Antworten auf diese Fragen zweifellos Einfluss auf die Zukunftsfähigkeit der Mendikanten haben werden. Dass sie selbst der ‚Zukunft der Menschheit' dienen mögen, lässt sich seitens derer, die die Studie durchgeführt haben, nur wünschen und hoffen.

Kapitel 2

Dimensionen und Ebenen der Säkularisierung

Wer ‚Säkularisierung' sagt, wählt ‚Religion' zum Bezugspunkt und spricht von einem Prozess, und zwar von einem solchen, in dessen Verlauf ehedem religiöse Deutungen bzw. Regulierungen von Daseinsbereichen und Sachverhalten gelöscht oder durch nicht-religiöse (,weltliche') ersetzt werden. Dieser Prozess der Entflechtung von Religion und Gesellschaft, des Ausklammerns der Unterscheidung von Transzendenz und Immanenz aus den oder einigen gesellschaftlichen Kommunikations- und Handlungszusammenhängen muss nicht irreversibel und evolutionär unausweichlich sein, obwohl dies seitens vieler Säkularisierungstheoretiker unterstellt wurde und wird.[14] Ergebnis von ‚Säkularisierung' ist zum Beispiel, wenn in der elften Änderung des Pfadfinderversprechens der britischen ‚Girl Guides' der Gottesbezug (,Gott zu lieben') gestrichen wird und als Text verbleibt: „Ich verspreche, nach Kräften aufrichtig zu mir selbst zu sein und meine Überzeugungen zu entwickeln, der Königin und meiner Gemeinschaft zu dienen, anderen zu helfen und das Pfadfindergesetz zu halten".[15] Bleibt man bei diesem Beispiel, ist auch Ausdruck von ‚Säkularisierung' in einem spezifischen Sinn, dass es der *Kirche* von England nicht gelang, die Leitung der 1910 gegründeten Pfadfinderorganisation von ihrem Entschluss abzubringen, die sprachliche Differenz von Immanenz und Transzendenz aufzulösen. Der dafür notwendige Verflechtungsgrad der Kirche mit außerkirchlichen Organisationen ist (inzwischen) offensichtlich reduziert und

---

[14] S. dagegen David Martin, Europa und Amerika. Säkularisierung oder Vervielfältigung der Christenheit – zwei Ausnahmen und keine Regel, in: Otto Kallscheuer (Hg.), Das Europa der Religionen. Ein Kontinent zwischen Säkularisierung und Fundamentalismus, Frankfurt 1996, 161-180, bes. 169, 171; vgl. auch Niklas Luhmann, Religion als Kultur, in: Kallscheuer (Hg.), Europa, 291-315, bes. 291.

[15] Vgl. Christ in der Gegenwart vom 30.Juni 2013, 286.

geschwächt. ‚Säkularismus' läge vor, wenn britischen Mädchen der Zugang zu der Pfadfinderinnenmitgliedschaft verwehrt werden würde, sollten sie versuchen, dem ‚säkularen' Versprechen noch die ‚alte' Gottesformel anzuhängen. Weder säkularistisch noch Ausdruck von Säkularisierung ist es allerdings, wenn einem Call-Center-Mitarbeiter gekündigt wird, weil er seine Kunden wiederholt mit dem Zusatz „Jesus hat sie lieb" verabschiedete.[16]

Wer ‚Säkularisierung' sagt, wählt außer der ‚Religion' die ‚Welt' zum Bezugspunkt seiner Orientierung – ein Begriff, der theologiegeschichtlich höchst ambivalent ist. Dieser Bezugspunkt kann unterschiedliche Ausprägungen erhalten und 1. wertneutral, 2. positiv oder 3. negativ bestimmt sein. Wenn mit ‚Welt' (ad 1) der „Inbegriff aller Gegenstände möglicher Erfahrung"[17] gemeint ist, dann kann sich niemand dieser ‚Welt' entziehen, auch kein Ordensmann. Er kann sich freilich *bestimmten* Erfahrungen entziehen und zu ihnen auf Distanz gehen, also eine „*besondere* Loslösung vom ‚Weltlichen'"[18] betreiben. Er kann somit nur partiellen ‚Welt'verzicht leisten, ohne sich (Um-) Welteinflüssen entziehen zu können.[19] So lässt sich die Gründung einer jeden Ordensgemeinschaft auch (nicht nur!) dahingehend verstehen, dass sie *historisch* ganz *bestimmte Kontexterfahrungen ausschließen* wollte, um darüber *andere* Erfahrungen zu ermöglichen und ihnen Raum zu geben. Es ging ihnen darum, frei zu sein *von* ..., um frei zu sein *für* ... Folgt man den Einsichten von Walter Dirks,[20] so wollte das benediktinische Kloster die konkreten Erfahrungen der frühmittelalterlichen Wirtschaft und Gesellschaft ausschließen: die Gewalt des Schwertes, die feudale Schichtung, die dreiteilige Trennung zwischen der Macht der Herren, der Leibeigenenarbeit der Bauern und niedrigen Beamten, das Herumziehen im Kontext der Völkerwanderung. Die spätere franziskanische Bewegung dagegen zielte auf den Ausschluss anderer Erfahrungen, nämlich von Erfahrungen mit der zeitgenössischen Geldwirtschaft: des Spekulierens, des Wucherns, des Bankwesens, des Handels, des Wertes des Geldes

---

[16] Vgl. Frankfurter Allgemeine Zeitung vom 01./02 März 2014, C2.
[17] Lexikon für Theologie und Kirche, 3. Auflage, Bd. 10, Freiburg 2001, 1059.
[18] Gustav Gundlach, Ordenswesen als Gemeinschaftsform, in: Ders., Ordnung, 448-460, hier 451, eigene Hervorhebung.
[19] Auf solche Umwelteinflüsse macht Gundlach, Orden, 442ff, aufmerksam.
[20] Walter Dirks, Antwort der Mönche, in: Concilium 10/1974, 464-468, hier 465.

und seiner gewachsenen Relevanz überhaupt: „Frei zu sein von den Fes-
seln des Besitzes und von dem Geist des Kampfes, der mit dem Besitz
verbunden ist".[21] Die Dominikaner schließlich haben weitere Erfahrungen
ihrer Zeit ausgeschlossen und „die persönliche Bindung an die Besitz- und
Arbeitswelt, an ‚die Wirtschaft' ... ganz aufgegeben"; so „opfert Dominikus auch die Handarbeit", worin „zweifellos zunächst eine Entfernung
von der profanen Gesellschaft seiner Zeit" liegt und seine Gemeinschaft
„ein wirtschaftsferner Intellektuellen-Orden" gegen den religiös ungebun-
denen, sich ‚säkularisierenden' „Freigeist", gegen die „Gefahr des autono-
men Denkens" wird.[22]

Geht man von der historisch konkreten auf eine abstraktere Ebene, lassen sich ‚Welt'-Erfahrungen danach unterscheiden, ob sie als *Gegensatz* zur
(jeweils spezifischen) religiösen Erfahrung und Sinngebung wie z.b. bestimmte Praktiken des (ungeschwisterlichen) Wirtschaftslebens (‚Gott oder
Mammon') gedeutet werden oder ob sie – wie die Kunst oder die Erotik –
als Konkurrenz durch *Ähnlichkeit* interpretiert werden können.[23] Auch deshalb kann es zum sozialen Ausschluss ganz *bestimmter* Erfahrungen von
‚Welt', zur partiellen sozialen ‚Weltdistanz' kommen, die durch Normen –
Gebote oder Verbote – hergestellt wird und kontrolliert werden muss. Die
ausgeschlossenen Erfahrungen können dann auch abgewertet werden, indem man ihnen einen negativen (ontologischen) Status verleiht, ja sie möglicherweise diabolisiert (vgl. ad 3). In der ökonomischen Sphäre zeigt sich
dann dieser Ausschließungsprozess in einer „weltflüchtigen Askese durch
Verbot des Individualbesitzes des Mönchs, Existenz durchweg von eigener
Arbeit, und vor allem auch: entsprechende Einschränkung der Bedürfnisse
auf das absolut Unentbehrliche".[24] In der politischen Sphäre kann die par-
tielle Weltdistanz auf Gewaltverzicht und Kriegsdienstverweigerung hin-
auslaufen. Andere Erfahrungen eher „arationalen oder antirationalen Cha-

---

21 Dirks, Die Antwort, 230f.
22 Dirks, Die Antwort, 187ff., 193.
23 Vgl. Thomas Schwinn, Zur Neubestimmung des Verhältnisses von Religion und
    Moderne. Säkularisierung, Differenzierung und multiple Modernitäten, in: Christof
    Wolf/Matthias Koenig (Hg.), Religion und Gesellschaft. Sonderheft 53 der Kölner Zeit-
    schrift für Soziologie und Sozialpsychologie, Wiesbaden 2013, 73-97, hier 82f.
24 Max Weber, Gesammelte Aufsätze zur Religionssoziologie, vierte Auflage, Band I, Tü-
    bingen 1947, 545.

rakters"[25] fordern die religiöse Orientierung dagegen durch ihre *Ähnlichkeit* heraus. Max Weber sieht eine „Verwandtschaft der künstlerischen mit der religiösen Erschütterung,"[26] wobei erstere eine ‚innerweltliche' und zugleich autosoterische Erlösungserfahrung vermittelt und von der religiösen Erfahrung, die auf eine ‚außer-' oder ‚überweltliche' und zugleich heterosoterische Erlösung verweist, ablenkt.[27] So übernehmen der „als Mittel der Ekstase erprobte Tanzschritt", die „Musik als Mittel der Ekstase", ja die Kunst überhaupt „die Funktion einer, gleichviel wie gedeuteten, innerweltlichen Erlösung: vom Alltag und, vor allem, auch von dem zunehmenden Druck des theoretischen und praktischen Rationalismus. Mit diesem Anspruch aber tritt sie in direkte Konkurrenz zur Erlösungsreligion. Gegen diese innerweltliche irrationale Erlösung muss sich jede rationale religiöse Ethik als gegen ein Reich des, von ihr aus gesehen, verantwortungslosen Genießens und: geheimer Lieblosigkeit"[28] wenden. Ausschließbar ist auch eine andere – außeralltägliche – Erfahrung, die Weber in der erotischen Beziehung sieht, sofern sie „den unüberbietbaren Gipfel der Erfüllung der Liebesforderung: den direkten Durchbruch der Seelen von Mensch zu Mensch, zu gewähren scheint".[29] Wird diese Erfahrung der „größten irrationalen Lebensmacht"[30] nicht sozial ausgeschlossen, wirkt sie als Konkurrentin und lenkt von der religiösen Liebe und dem Zugang zu anderen Heilsgütern ab. Dabei geht es nicht um die Tabuisierung bestimmter Aspekte des Geschlechtlichen, die wir auch heute noch kennen, auch jenseits des Ordenslebens (Inzesttabu; Pädophilie; ‚Erregung öffentlichen Ärgernisses'; sexuelle Belästigung) – auch in modernen Gesellschaften ist nicht alles an möglichen Erfahrungen zugelassen! Vielmehr geht es um die soziale Neutralisation der Erfahrung des Sexuellen überhaupt, die – wie die religiöse Erfahrung – eine „Chance der extremen Lebens- und Gefühlszu-

---

[25] Weber, Aufsätze, 554.
[26] Weber, Aufsätze, 556.
[27] Die Unterscheidung von autosoterischer und heterosoterischer Erlösung geht auf Joachim Wach zurück. S. Michael N. Ebertz, Selbsterlösung und Fremderlösung, in: Werner H. Ritter (Hg.), Erlösung ohne Opfer?, Göttingen 2003, 146-156.
[28] Weber, Aufsätze, 555.
[29] Weber, Aufsätze, 555.
[30] Weber, Aufsätze, 556.

stände"[31] bietet. Zugleich steigert, so Helmut Schelsky, die sexuelle Askese als „freiwillige Verzichtleistung auf die sozial anerkannten Normalbedürfnisse" die Autoritäts-Chancen, und zwar in doppelter Hinsicht: Sich etwas versagen zu können, gilt als Merkmal des Vorrangs und der Überlegenheit, zugleich hat sich die sexuelle Askese aber auch „zu allen Zeiten als hervorragendes soziales Führungsmittel erwiesen" und einen „Zusammenhang von Keuschheit und Gehorsam" grundgelegt.[32] Zugleich kann, neben vielen anderen Deutungen, die Ehelosigkeit und Keuschheit als „Ausdruck radikalen Ergriffenseins und der Anhäufung unabfindbarer Sehnsucht nach dem ‚Tag des Herrn'" verstanden werden, als „helfende Solidarität mit jenen Ehelosen, für die Ehelosigkeit, sprich: Einsamkeit, sprich: ‚keinen Menschen haben', gerade keine Tugend ist, sondern Lebensschicksal".[33] Folgt man Hans Joas, geht es bei der von Max Weber genannten Konkurrenz der Werte mit der Religion um „Konkurrenzverhältnisse verschiedener Arten der Erfahrung von Selbsttranszendenz: religiöser, ästhetischer, erotischer, aber auch gewaltsamer Erfahrungen dieser Art. Die Religionen können deshalb durchgehend kein neutrales Verhältnis zu den anderen Formen der Erfahrung von Selbsttranszendenz haben". Während im Christentum „diese anderen Zugänge zur Erfahrung der Selbsttranszendenz [...] als Irrwege" bekämpft wurden, jedenfalls teilweise, konnten sie in anderen Religionen „als Formen des Religiösen" gedeutet werden, um „damit zum Beispiel das Erotische sakralisieren (wie im Tantra oder im Hippietum)" zu können.[34]

Wählt man also diesen Begriff von ‚Welt' (als Inbegriff *aller* Gegen-

---

[31] Helmut Schelsky, Soziologie der Sexualität. Über die Beziehungen zwischen Geschlecht, Moral und Gesellschaft, Hamburg 1955, 94.

[32] Schelsky, Soziologie, 96; vgl. 99f.

[33] Johann B. Metz, Zeit der Orden? Fragen und These im Anschluss an den Synodentext ‚Unsere Hoffnung', in: Herder Korrespondenz 30/1976, 617-619, hier 618.

[34] Hans Joas, Welche Gestalt von Religion für welche Moderne?, in: Michael Reder/Matthias Rugel (Hg.), Religion und die umstrittene Moderne, Stuttgart 2010, 210-223, hier 214. Zum Begriff und der Erfahrung von ‚Selbsttranszendenz' s. ders., Braucht der Mensch Religion? Über Erfahrungen der Selbsttranszendenz, Freiburg/Basel/Wien 2004, bes. 17ff: „Ich schlage also vor, auf eine Art von Erfahrungen zu reflektieren, die nicht selber schon Gotteserfahrungen darstellen, ohne die wir aber nicht verstehen können, was Glaube, was Religion eigentlich ist. Ich nenne diese Erfahrungen der Selbsttranszendenz. Dies bedeutet: Erfahrungen, in denen eine Person sich selbst übersteigt [...] im Sinne eines Hinausgerissenwerdens über die Grenzen des eigenen Selbst, eines Ergriffenwerdens von etwas, das jenseits meiner selbst liegt".

stände möglicher Erfahrung), dann heißt ‚Säkularisierung' allenfalls, etwas oder jemanden aktiv oder aktiver, extensiver und intensiver zum Erfahrungsobjekt zu machen und aus der (ehemals religiös tabuisierten und kontrollierten) Erfahrungsverschließung (auch aus der Grauzone des Unbewussten und Unthematisierten) herauszuholen, also der Erfahrung zugänglich(er) zu machen. Daraus lässt sich dann auch die Fragestellung generieren, was von allen Gegenständen möglicher Erfahrung tatsächlich mit dem Ausdruck ‚Welt' verknüpft wird und was nicht, was als der Erfahrbarkeit entzogen gilt und was nicht, bzw. was einer der Erfahrung unzugänglichen ‚Überwelt', aber auch ‚Hinter-' und ‚Unterwelt' zugeschrieben wird und was offen, auf der ‚Vorderbühne' – das heißt der Erfahrung *anderer* zugänglich – gelebt werden darf. Diese Fragestellung zielt dann auf die selektiven semantischen Muster dessen, was unter ‚Welt' und was unter ‚Nicht-Welt' verstanden wird, und darauf, welches ‚Profil' man sich selbst gibt. Damit ist auch die Frage nach dem Verständnis von ‚Selbstsäkularisierung' bzw. ‚Säkularisierung nach innen' thematisierbar. Die Frage nach der Säkularisierung transportiert auch mit, ob und inwiefern Immanentes (‚Welt') unter dem Gesichtspunkt der Transzendenz und Transzendentes unter dem Gesichtspunkt der Immanenz (‚Welt') betrachtet wird. Letztlich geht es dabei um das Religionsverständnis der Befragten, ob und inwiefern sie davon ausgehen, dass es über oder hinter unserem Leben im Hier und Jetzt ein ‚Geheimnis' gibt, das nicht – oder jedenfalls nicht völlig – in dieser ‚Welt' des Erfahrbaren erschlossen werden kann.[35] Auch der theologische Dualismus von ‚Gott und Welt' hat einen solchen Weltbegriff zum Hintergrund. So führt die Frage nach dem Verständnis von Säkularität auch die Frage nach dem spirituellen Profil mit sich.

Wenn mit ‚Welt' (ad 2) aber der „Gegensatz zu einer Vorstellung von Selbstbehauptung"[36] gemeint ist, wie auch immer man sie begründen mag,

---

[35] Theologisch-christlich verweist Gottfried Bachl, Wir leben mit einem Gott der Zumutungen. Sexauer Gemeindepreis für Theologie, Heft 13, Sexau 1997, 13, im Anschluss an 1 Kor 13,12 auf den Begriff des Rätsels: „Neidlos setzt sich Gott", so Gottfried Bachl weiter, „dem Findeprozess aus und mutet sich der entdeckerischen Kraft der Geschöpfe zu, er will das Ergebnis nicht über sie hinweg erreichen, sondern durch sie, durch ihre innerste Kraft hindurch. Der in seinem Selbstsein unerreichbare Initiator wirft sich in die Rätselgestalt und wird im Herzen des Menschen geboren, der sucht und findet".

[36] Franz-Xaver Kaufmann, Entweltlichung. Anmerkungen zur Freiburger Rede von Papst Benedikt XVI, in: Jürgen Erbacher (Hg.), Entweltlichung der Kirche? Die Freiburger

stellt sich die Frage nach der Weltvorstellung anders. Von der Idee eines transzendenten Schöpfergottes her lässt sich ‚Welt' einerseits als gute Schöpfung bestimmen. ‚Säkularisierung' könnte dann verstanden werden als der Prozess, die ursprüngliche Schöpfungsidee freizulegen und ihr zum Durchbruch zu verhelfen. Welt wird zu einem positiven Horizont.[37] Daraus lässt sich dann die Fragestellung generieren, ob und inwiefern die Befragten der ‚Welt' und Prozessen der Säkularisierung positive Bezüge abgewinnen und mit welchen moralischen, ästhetischen oder religiösen Kriterien sie diese codieren. Welche Muster **positiver** Weltbetrachtung liegen vor und welche Funktionen haben sie (z.B. für die Stabilisierung der eigenen Biographie/Spiritualitätsform, die Profilbildung der eigenen ‚Gemeinschaft' bzw. für die Auslegungen und Anweisungen im Ordensleben)? Die Frage nach dem Verständnis von ‚Selbstsäkularisierung' bzw. ‚Säkularisierung nach innen' erfährt dann möglicherweise eine andere Antwort.

Von der Idee eines transzendenten Schöpfergottes her lässt sich ‚Welt' andererseits (ad 3) aber auch als gestörte, entfremdete, zuweilen geradezu ‚diabolisierte' Schöpfung bestimmen, als Welt der Sünde. ‚Welt' wird zu einem – ontologisch gemeinten – Gegenhorizont: „Nun aber gibt es nicht nur die ‚Welt' als Schöpfung Gottes. Es gibt auch die ‚Welt', die, wie der Apostel Johannes sagt, ‚im argen liegt' [1 Joh 5,19], und in der ‚Begierde des Fleisches, Begierde der Augen und Prahlerei des Vermögens' herrschen [1 Joh 2,16]; es gibt das Reich des Fürsten dieser Welt [Joh 12,31; Lk 4,6]; es gibt die ‚Welt', für die Christus der Herr nicht hat bitten wollen [1 Joh 17,9]. Es gibt nicht nur die Schöpfungswirklichkeit, sondern auch die Verkehrung der Schöpfungsordnung, gestaltgeworden im Wirken der Menschen und in den daraus erwachsenen objektiven Gebilden", so Josef Pieper.[38] „Durch die Ansprüche und Sachzwänge der Welt [...] wird dies Zeugnis immer wieder verdunkelt, werden die Beziehungen entfremdet und

---

Rede des Papstes, Freiburg 2012, 115-124, hier 116.

[37]   Obwohl Gundlach, Orden, 441f, auch von einer „‚Weltflucht' der Orden" spricht, schreibt er: „Die innere Verbindung des Ordens mit dem Christus der Kirche, also mit dem ‚fortlebenden Christus', enthält eine positive Einstellung zur Welt". Dementsprechend sieht er in der Klausur als einem „sichtbar-organisatorischen Ausdruck der ‚Weltflucht' [...] ein Positives": den „Aufbau einer Zelle aufzuspeichernder Energie von oft weittragender Wirkung für das umfassendere Sozialgebilde ‚draußen' in der Welt, für die Kirche".

[38]   Josef Pieper, Zucht und Mass. Über die vierte Kardinaltugend, München 1939, 61.

wird die Botschaft relativiert", schreibt z.b. Papst Benedikt in seiner Freiburger Rede über die ‚Kirche‘ und ihr Verhältnis zur ‚Welt‘,[39] wobei er
einen doppelten Weltbegriff verwendet: Er sieht die Versuchung, dass sich
die Kirche in dieser Welt, „zu der sie ja selber gehört", „einrichtet, selbst-
genügsam ist und sich den Maßstäben der Welt angleicht".[40] Unter dieser
‚Welt‘-Folie kämen dann eher negative Bestimmungen und konkurrierende
fremde und ähnliche Mächte und Normen zum Vorschein, welche der religiösen Orientierung nicht entsprechen können, diese spezifisch religiöse
Orientierung gefährden und darüber zur Haltung und Einübung der ‚Weltdistanz‘ führen. Auch und gerade aus einem solchen Dualismus heraus, der
letztlich auch noch das in der Einleitung gebrachte Zitat von Walter Dirks
leitet, ist über lange Zeit die Sinngebung für das Ordensleben erwachsen,
aber durchaus auch die ordensinterne Kritik an denjenigen, die zwar das
„weltliche Kleid" ablegen, aber „noch so sehr an der Welt kleben", weil sie
nicht an der „Ablegung weltlicher Sitten und Sinnes" arbeiten: „So kam es",
heißt es beispielsweise in einem „Handbüchlein für wirkliche Ordenspersonen" weiter, „dass diese unwürdigen Ordensleute nach und nach wieder
mit dem Weltgeist angefüllt wurden; die Weltluft wurde ihnen ein behag-
liches Element im Kloster, und innerhalb der Klostermauern begannen sie
dann wieder, als Weltmenschen zu leben".[41]

„Das öffentliche Zeugnis, das die Ordensleute für Christus und die Kirche ablegen sollen, bringt jene Trennung von der Welt („a mundo separa-
tionem") mit sich", heißt es im CIC (can. 607 §3), „die der Eigenart und
dem Zweck eines jeden Institutes eigentümlich ist". „Die Mitglieder aller Institute sollen sich bewusst bleiben, dass sie durch ihr Gelöbnis der
evangelischen Räte vor allem einem göttlichen Ruf geantwortet haben und
dadurch nicht nur der Sünde gestorben sind (vgl. Röm 6,1), sondern auch
der Welt entsagt haben, um Gott allein zu leben", heißt es im Art.5 des
Dekrets über das Ordensleben („Perfectae caritatis") des Zweiten Vatikanischen Konzils.[42] Welche Muster **negativer** Weltbetrachtung liegen vor und

---

[39] Die ‚Freiburger Rede‘. Ansprache von Papst Benedikt XVI. an engagierte Katholiken
      aus Kirche und Gesellschaft, in: Erbacher (Hg.), Entweltlichung, 11-17, hier 12.

[40] Freiburger Rede, 14.

[41] Jung, Ordensleben, 9, 11, 50.

[42] Dieser Artikel hat zu zahlreichen Kommentaren geführt. Sigisbert Regli, Das Ordens-
      leben als Zeichen in der Kirche der Gegenwart, Fribourg 1970, hier 284, geht im An-

welche Funktionen haben sie (z.b. für die Stabilisierung der eigenen Biographie/Spiritualitätsform, die Profilbildung der eigenen ‚Gemeinschaft‘ bzw. für die Auslegungen und Anweisungen im Ordensleben)? Die Antwort auf die Frage nach dem Verständnis von ‚Selbstsäkularisierung‘ bzw. ‚Säkularisierung nach innen‘ fällt auf diesem Hintergrund vermutlich anders aus (‚Angleichung‘, ‚Verdunkelung‘, ‚Relativierung‘, ‚Abfall‘) als unter ad 2, und ‚Entweltlichung‘ wird möglicherweise zum Programm. Vermutlich geht mit dieser Einstellung auch die weitgehende Gleichsetzung von (Selbst-)Säkularisierung und Entchristlichung bzw. Entkirchlichung einher – ein Fehler, den wir im Folgenden nicht begehen.

Nicht nur im Gegensatz zu Nordamerika, sondern auch zu Lateinamerika, Afrika, Indien und der islamischen Welt scheint Europa – so David Martin – „der einzig wirkliche säkulare Kontinent der Erde"[43] geworden zu sein. Was auch immer als Gründe für diese Ausnahmestellung vorgetragen wird, man wird den Begriff der ‚Säkularisierung‘ differenzieren müssen, um zu einem differenzierten Urteil zu gelangen. Allerdings lässt sich rasch sehen, dass es nahezu ausgeschlossen ist, unparteilich über ‚Säkularisierung‘ zu sprechen. Dies hängt nicht nur mit dem Weltbegriff, sondern auch mit dem Religionsbegriff zusammen, den es nicht nur einfach, sondern vielfach gibt, der in substantialem oder in funktionalem Kleid erscheint usw… [44] Ob oder was sich ‚säkularisiert‘, ist abhängig davon, was unter den Begriffsinhalt von ‚Religion‘ fällt. Hinzu kommt: ‚Säkularisierung‘ ist mehr oder weniger eine Eigenschaft bzw. Wirkung von Religionen selbst. Wie Arnold Gehlen gezeigt hat, stehen monotheistische im Unterschied zu polytheisti-

---

schluss an Karl Rahner davon aus, dass es sich nur um einen partiellen Weltverzicht handeln könne, da auch die Orden zur Welt gehören und in der Welt wirken sollen: „Absolute Weltentsagung wäre für ein menschliches Leben unsinnig und unmöglich"; vgl. auch Karl Rahner, Vollzugsmomente im konkreten christlichen Weltverhältnis, in: Franz Xaver Arnold/Karl Rahner/ Viktor Schurr/Leonhard M. Weber (Hg), Handbuch der Pastoraltheologie. Praktische Theologie der Kirche in ihrer Gegenwart, Band II/2, Freiburg/Basel/Wien 1966, 228-239; Ferdinand R. Gahbauer OSB, Das Dekret über die zeitgemäße Erneuerung des Ordenslebens *Perfectae caritatis*, in: Franz Xaver Bischof/Stephan Leimgruber (Hg.), Vierzig Jahre II. Vatikanum. Zur Wirkungsgeschichte der Konzilstexte, 2. Auflage, Würzburg 2005, 172-190, bes. 177f.

43   Martin, Europa, 170.

44   Vgl. Michael N. Ebertz, Artikel Religion, in: Beate-Irene Hämel/Thomas Schreijäck (Hg.), Basiswissen Kultur und Religion. 101 Grundbegriffe für Unterricht, Studium und Beruf, Stuttgart 2007, 116-118.

schen Religionen eben auch für „die schließlich vollkommen durchgeführte
Säkularisierung der Außenwelt. Es gibt dann keine Tiere mehr, die den Göt-
tern lieb sind, keinen heiligen Hain, keine Berge, auf denen Götter wohnen,
die Musen haben den Parnass verlassen, die Winde zur Seefahrt verlangen
keine Opfer mehr. Damit wird erst der Begriff der Diesseitigkeit wirklich
erreicht, und folglich wird das Übersinnliche, das vorher in ihr wohnte,
zum Jenseits, es hat sich aus dieser Welt zurückgezogen [...] Als die Götter noch, wie bei Homer, ihre Lieblinge schützten und die Pfeile lenkten,
hatten sie mit dem Totenreich nichts zu tun, das war ein Schattenleben.‘“[45]

Strittig ist auch, was unter „Säkularisierung“ verstanden, auf welche
Phänomene „Säkularisierung“ bezogen wird und ob „Säkularisierung“ als
legitim oder illegitim bewertet wird. Wenn Papst Benedikt XVI. in seiner
Freiburger Konzerthausrede davon sprach, dass „die Geschichte der Kirche
in gewisser Weise durch die verschiedenen Epochen der Säkularisierung zu
Hilfe [kommt], die zu ihrer Läuterung und inneren Reform wesentlich bei-
getragen haben“, und die Funktion der „Säkularisierungen – sei es die Ent-
eignung von Kirchengütern, sei es die Streichung von Privilegien oder ähnliches –“ in einer „tiefgreifenden Entweltlichung der Kirche“ sieht,[46] dann
hat er offensichtlich einen anderen Begriff der Säkularisierung vor Augen
als er im folgenden Zitat aufscheint: „Und wie mit dem Staate, so geht's
mit der Religion. Diese wird nicht ‚abgeschafft‘ [...] Ohne gewaltsamen
Angriff und ohne Unterdrückung der Meinungen [...] werden die religiösen Organisationen und mit ihnen die Kirchen allmählich verschwinden
[...], sobald die Erkenntnis des wirklichen Glückes und die Möglichkeit
seiner Verwirklichung die Massen durchdringt [...] Die Naturwissenschaft
machte die Lehre von der Schöpfung der Erde in sechs Tagen zur Mythe,
die Astronomie, die Mathematik und Physik machen den Himmel zu einem Luftgebilde, die Sterne am Himmelszelt, auf denen die Engel thronen,
zu Fixsternen und Planeten, deren Natur jedes Engelleben ausschließt [...]

---

[45]   Arnold Gehlen, Religion und Umweltstabilisierung, in: Oskar Schatz (Hg.), Hat die
Religion Zukunft?, Graz/ Wien/Köln 1971, 83-97, hier 94f; – Mt 10,29 zeigt freilich,
dass auch Vögeln die Liebe Gottes gelten, die Außenwelt also durchaus religiös gedeutet werden kann. Freilich kommt ihnen in einem monotheistischen – theozentrischen
– System keine eigenständige religiöse Bedeutung (mehr) zu. S. auch Langer, Mystik,
bes. 253ff.

[46]   Papst Benedikt XVI, Ansprache, 14f.

Für die neue Gesellschaft existieren keine Rücksichten. Der unausgesetzte menschliche Fortschritt und die unverfälschte Wissenschaft sind ihr Panier. Hat jemand noch religiöse Bedürfnisse, so mag er sie mit seinesgleichen befriedigen. Die Gesellschaft kümmert sich nicht darum."[47] Während Papst Benedikt XVI. Prozesse der Säkularisierung in ihren dialektischen Wirkungen positiv auf die Kirche bezieht, bezieht ihn August Bebel darüber hinaus auch auf das Christentum in seiner Lehre sowie auf „die Religion" und die „religiösen Bedürfnisse" im Allgemeinen, deren Zukunfts- und Bedeutungsverlust er für das Zusammenleben behauptet. ‚Säkularisierung' lässt sich deshalb auf Kirche und Kirchlichkeit beziehen und dann als *Entkirchlichung* begreifen: als Rückgang der normativen Verbindlichkeit spezifisch kirchlicher Einfluss- und Engagementerwartungen. „Säkularisierung" lässt sich aber auch auf eine konkrete Religion und deren Bedeutungsverlust beziehen, so dass sich für den Fall des Christentums von einer *Entchristlichung* als Distanzierung von spezifisch christlichen Sinngehalten sprechen lässt. Und schließlich kann ‚Säkularisierung' als Bedeutungsschwund von Religionen und Religiosität überhaupt verstanden werden. Diese pure Diesseitsorientierung kennt dann nicht einmal mehr ein ‚Jenseits' und lehnt die Unterscheidung von Immanenz und Transzendenz ab.

Diese drei unterscheidbaren Dimensionen von Säkularisierung (‚Entkirchlichung', ‚Entchristlichung' und ‚Säkularisierung' im engeren Sinn) verweisen darauf, dass weder Religionen im Christentum und das Religiöse im Christlichen aufgehen, noch das Christentum und Christliches im Kirchlichen. Das Christentum, dem weltweit 2,1 Milliarden Menschen zugerechnet werden, das auch und gerade in Europa Konkurrenz durch ‚Fremdreligionen' erhalten hat, hat sich im Verlauf seiner Geschichte auf verschiedenen Ebenen ausdifferenziert: auf Kirchen, Konfessionen, Sekten, Bewegungen – Sozialformen, mit denen in der Religionssoziologie auch die Orden verglichen werden.[48] Freilich werden viele Sinngehalte des Christentums auf der organisatorischen Ebene, d.h. „auf einen besonderen, als Kirche definierten Sozialzusammenhang hin erlebt und erfahren"[49], wenn auch nicht

---

47 August Bebel, Die Frau und der Sozialismus, Berlin/Bonn 1977, 444ff.
48 Schmelzer, Gruppen, 209.
49 Karl Gabriel, Religion und Gesellschaft revidiert: Religionssoziologie jenseits des Säkularisierungsparadigmas, in: Kristian Fechtner u. a. (Hg.), Religion wahrnehmen. Festschrift für Karl-Fritz Daiber zum 65. Geburtstag, Marburg 1996, 139-145, hier 140f.

ausschließlich. Entkirchlichung wäre dann entlang entsprechender Indikatoren zu bestimmen (z.b. der Teilnahme an der Eucharistiefeier; des Maßes der Verbundenheit mit der Kirche; der strukturelle Koppelung von sozialen Gebilden mit dem Kirchensystem).

Trotz deutlicher ‚Verkirchlichungstendenzen‘, die sich auch an den Orden und ihren Gemeinschaften zeigen, wie der inzwischen verstorbene Dominikaner Günter Schmelzer gezeigt hat,[50] können die Sinngehalte des Christentums nicht auf den kirchlichen Organisationsbereich beschränkt gedacht werden. Gerade die Reformation führte ja in gewisser Weise auch zu einer „christlichen Emanzipation von der Kirche", womit die Grundlage für die „Ausbildung eines nichtkirchlichen Christentums"[51] gelegt wurde. Dementsprechend müssen Prozesse oder Schübe der Entkirchlichung nicht mit Entchristlichung einhergehen. Zugleich verdichtet sich Christliches nicht nur in kirchenförmiger Sozialgestalt, sondern auch als Sekte, Freikirche, Bewegung und Mystik.[52] So können sich Einzelpersonen als Christ(inn)en verstehen, ohne sich einer christlichen Gemeinschaft zugehörig zu fühlen oder an ihr zu partizipieren. Der Satz, der einen Unterschied zwischen Christentum und Kirche markiert: *„Ich fühle mich als Christ, aber die Kirche bedeutet mir nicht viel,"* wird heute in Deutschland von gut 40 Prozent der Bevölkerung, auch von Kirchenmitgliedern, unterschrieben.[53] Außerdem überschreiten christliche Sinngehalte die organisierten Religionsgrenzen nicht nur in Richtung Einzelperson. Christliche Sinngehalte gehen auf vielfältige Weise auch ein in gesellschaftliche Kulturmuster – ins Familienbild, ins Verständnis von Wohlfahrtsproduktion, bis hinein in die klassische Musik und moderne Popkultur. Die Frage nach der Entchristlichung könnte dann mittels Indikatoren der subjektiven Iden-

---

[50] Schmelzer, Gruppen, 208: „Orden erscheinen heute nach ihrem normativen Verständnis als universal formalisierte Systeme, nach ihrer faktischen Verfassung als Organisationen multifunktionalen Charakters. Sie sind als Teilsysteme auf ein umfassendes Kirchensystem bezogen, von dem sie rechtlich, aber auch in ihrer Legitimation und ihren Wertverständnissen abhängig sind".

[51] Trutz Rendtorff, Zur Säkularisierungsproblematik, in: Joachim Matthes (Hg.), Religion und Gesellschaft, Reinbek 1967, 208-229, hier 225.

[52] Vgl. Ernst Troeltsch Die Soziallehren der christlichen Kirchen und Gruppen (= Gesammelte Schriften, 1), 3. Auflage, Tübingen 1923, 967ff.

[53] Vgl. Michael N. Ebertz/Meinhard Schmidt-Degenhard (Hg.), Was glauben die Hessen? Horizonte religiösen Lebens (= KirchenZukunft konkret, 10), Berlin 2014, 64.

tifikation mit dem Christentum als exklusiver Religion und des Glaubens an einen personalen Gott erfasst werden, wie er sich in Jesus Christus zu erkennen gegeben hat.[54]

Sucht man das Maß der ‚Säkularisierung' im engeren Sinn zu bestimmen, so lässt sich dies nicht allein über Entkirchlichungs- und Entchristlichungsprozesse fassen. Vielmehr wird man zu bestimmen haben, ob und inwiefern der „Glaube an eine transzendente Wirklichkeit" als der „Kern der Religion"[55] das Zusammenleben orientiert und möglicherweise auch von säkularen Weltsichten überlagert, durchdrungen oder verdrängt wird. Die Frage nach der Säkularisierung könnte darüber hinaus auch über Indikatoren der religiösen Zugehörigkeit, des Ausmaßes des Glaubens an eine transzendente Welt (Jenseits, Gott, Wunder), der religiösen Erfahrungen und der religiösen Selbstbeschreibung bestimmt werden.

Im Anschluss an die bisherigen Überlegungen und angeregt durch das Zitat von August Bebel, wird man analytisch auch nach verschiedenen ‚Bausteinen' oder Ebenen zu unterscheiden haben,[56] also danach, ob sich Prozesse der Entkirchlichung, der Entchristlichung und/oder der Säkularisierung im engeren Sinn in den Überzeugungen, Praktiken und Identitäten der Einzelpersonen vollziehen; in den tragenden gesellschaftlichen Ideen, Werten, Normen und sozialen Objektivationen, also auf der Ebene der Kultur; und/oder auf der Ebene der Sozialstruktur, also z.B. in der Sphäre des Staats, der Wirtschaft, der Wissenschaft, des Bildungssystems und der Massenmedien. Damit ist ein Neunfelder-Schema (vgl. *Abb.1*) gewonnen, das präzise zu bestimmen verhilft, in welchen Dimensionen und auf welchen Ebenen sich ‚Säkularisierung'sprozesse vollziehen:

---

[54] Vgl. Michael N. Ebertz, Ein Christentum ohne Christus? Was Umfragen über das Gottesbild der Deutschen offenbaren, in: Publik-Forum Extra 1/2007, 12-14; Ders., Männer und Religion – Christen ohne Christus, in: Zeitzeichen 10/2009, 37-39.

[55] Heiner Meulemann, Säkularisierung oder religiöse Erneuerung? Weltanschauungen in 22 Gesellschaften: Befunde und Hinweise einer Querschnittserhebung, in: Bertelsmann Stiftung (Hg.), Woran glaubt die Welt? Analysen und Kommentare zum Religionsmonitor 2008, Gütersloh 2009, 691-723, hier 692.

[56] Vgl. Thomas Luckmann, Die ‚massenkulturelle' Sozialform von Religion, in: Hans-Georg Soeffner (Hg.), Kultur und Alltag. Soziale Welt, Sonderband 6/1988, 37-48, hier 38.

	Sozialstruktur	Kultur	Einzelperson
Entkirchlichung	1	4	7
Entchristlichung	2	5	8
Säkularisierung	3	6	9

Abb. 1: Dimensionen und Ebenen der ‚Säkularisierung'

Die Sozialstrukturen in den deutschsprachigen wie in den anderen europäischen Ländern (Staat, Recht, Wirtschaft, Wissenschaft) dürften mehr oder weniger – eher mehr als weniger – entkirchlicht, entchristlicht, ja säkularisiert sein, während die Kultur eher entkirchlicht als entchristlicht oder säkularisiert erscheint. Selbst wenn sich aktuell deutliche Schübe einer Entkirchlichung bei einer Vielzahl von Einzelpersonen zeigen, entchristlicht oder gar religionslos sind sie deshalb noch lange nicht. Dass fast drei Viertel der von unserem Freiburger Zentrum für kirchliche Sozialforschung (ZEKIS) befragten Hessen daran glauben, *„dass es hinter oder über unserem normalen Leben ein Geheimnis gibt"*,[57] steht dafür, dass die Mehrheit nicht ‚diesseitsverbogen' ist und im Ausdruck ‚Geheimnis' einen kognitiven Platzhalter postuliert, der freilich keine alle verbindend verbindliche Füllung findet und dessen Gebrauch nicht zwingt, sich dogmatisch oder institutionell festzulegen. Es gilt also immer noch die Unterscheidung von Transzendenz und Immanenz. Dies ist möglicherweise aus christlich/kirchlich offizieller Sicht zu wenig, obwohl damit zumindest für die Mehrheit der Bevölkerung eine allgemeine religiöse Basis bzw. Ansprechbarkeit signalisiert wird. Eine gesellschaftliche Situation, deren Sozialstrukturen säkularisiert sind, nicht aber die Einzelpersonen,[58] bietet der Religiosität der Letzteren freilich nur wenig soziale Bestätigung und Halt. Sie sind zur religiösen „Autogestion"[59] befreit oder verdammt.

---

[57] Ebertz/Schmidt-Degenhard, Hessen, 29.
[58] So schon Thomas Luckmann, Säkularisierung – ein moderner Mythos, in: Ders., Lebenswelt und Gesellschaft. Grundstrukturen und geschichtliche Wandlungen, Paderborn/München/Wien/Zürich 1980, 161-172, bes. 172.
[59] Pierre Bourdieu, Die Auflösung des Religiösen, in: Ders., Rede und Antwort, Frankfurt 1992, 231-237, hier 236.

Ob dies auch für die befragten Ordensmänner in den Mendikantenorden gilt, die „durch die Wandlungen der letzten Jahre Strukturelemente der totalen Institution aufgegeben" haben und immer weniger in der Lage sind, ihren „normativen Anspruch, alle Aktivitäten der Mitglieder zu planen und zu kontrollieren",[60] gerecht zu werden, wird sich in den Ergebnissen der vorliegenden Studie zeigen.

---

[60] Schmelzer, Gruppen, 210.

KAPITEL 3

METHODEN

Um eine Vielzahl an subjektiven Perspektiven von den Mitgliedern der männlichen Mendikantenorden zu erfassen, wurde der Untersuchungsgegenstand bzw. die leitende Frage mit verschiedenen Methoden von mehreren Seiten aus betrachtet (Triangulation). Die Untersuchung fand in einem Dreischritt statt, an deren Ende eine Totalerhebung der deutschsprachigen männlichen Mendikanten stehen sollte.

Zu Beginn wurden 20 leitfadengestützte Einzelinterviews und Gruppendiskussionsrunden im gemeinschaftlichen Umfeld ausgewählter Probanden geführt, welche Einblicke in gelebte Alltagskontexte und die Binnen- oder Kontextsprache zuließen. Denn Sprache gibt es im praktischen Leben nie, sie erhält erst in der jeweiligen „konjunktiven Erfahrungsgemeinschaft" (Karl Mannheim) und in den Interaktionen der Handlungssubjekte ihren Sinn und ihre Bedeutung. Diese Interviews dienten außerdem dazu, die Items für die anschließende standardisierte Befragung generieren zu können. Es war den Forschenden ein Anliegen, diese ausschließlich den qualitativen Interviews entnehmen zu können, um Projektionen zu verhindern und nur die von den Ordensleuten selbst kommunizierten Vorstellungen aufzunehmen. Freilich war bei diesem Vorgehen nicht völlig auszuschließen, dass den ‚Fremden' gegenüber ein kluges Fassadenmanagement betrieben wurde und versucht wurde, bei den Forschenden – gewissermaßen dem ‚Publikum' der Einzel- oder Gruppendarsteller – ein auf verschiedene Art und Weise idealisierten Eindruck zu erwecken, unterstrichen vielleicht noch durch das Bemühen, mit einer eigenen Phraseologie oder Pose zu beeindrucken. Als mit dem Ordensleben vertraute und zumal als soziologisch geschulte Fachleute wussten die Forschenden natürlich, dass es ein solches Eindrucksmanagement mit einer begleitenden Phraseologie „nicht nur in der Theologie und Philanthropie, sondern auch in der Naturwissenschaft"[61] gibt. Andererseits war den Forschenden bewusst, dass es ihnen nicht um die Erschließung von faktischer Wahrheit und normativer Richtigkeit der von den Befragten gemachten Aussagen gehen konnte, sondern dieser Geltungscharakter von Aussagen einzuklammern war.[62] Manchmal musste den befragten Brüdern die anfängliche Skepsis oder gar Angst genommen werden, dass sie in den qualitativen Befragungen irgendeiner Art Prüfung oder Test unterzogen werden würden. Die Gesprächsführung der leitfadengestützten qualitativen Einzel- und Gruppeninterviews war so angelegt, dass eine offene und lockere Kommunikation entstehen konnte, in der zumindest einige Kommunikationstabus – Themen, Sachverhalte und Stilformen – aufgelöst wurden und zur Sprache kamen. Vor allem galt es sicherzustellen, dass die Befragten ihren jeweils subjektiven Perspektiven und Auslegungen Raum geben konnten. Alle Interviews konnten mithilfe von Tonträgern aufgezeichnet, transkribiert und nach fachlichen Standards inhaltsanalytisch ausgewertet werden. Ausschnitte daraus werden auch in der vorliegenden Arbeit zitiert, im Bemühen, die Anonymität der Interviewten zu respektieren.

Anschließend wurde in einer zweiten Phase eine standardisierte Befragung aller (mehr als 1000) Brüder der Mendikantenorden in Deutschland, Österreich und der Schweiz, mit Ausnahme der Unbeschuhten Karmeliten und der Franziskaner in Österreich und Südtirol, die sich aus unterschiedlichen Gründen nicht zur Teilnahme bereit erklärten, durchgeführt. Dabei wurden nur Ordensmänner befragt, die zum Zeitpunkt der Befragung in dem jeweiligen Land ihren Lebensschwerpunkt hatten. Ergänzend hierzu sollten alle Provinziale befragt werden.

In einer dritten Phase, parallel zur Auswertung der Fragebögen, fanden weitere Einzel- und Gruppeninterviews als Tiefeninterviews statt, um den einen oder anderen Aspekt der Befragungsergebnisse zu erhellen.

---

[61] Erving Goffman, Wir alle spielen Theater. Die Selbstdarstellung im Alltag, München 1983, hier 35, Charles Cooley zitierend.

[62] Vgl. Ralf Bohnsack, Dokumentarische Methode, in: Theo Hug (Hg.), Wie kommt Wissenschaft zu ihrem Wissen?, Band 2: Einführung in die Methodologie der Sozial- und Kulturwissenschaften, Baltmannsweiler 2001, 326-345, hier 326; Aglaja Przyborski/Monika Wohlrab-Sahr, Qualitative Sozialforschung. Ein Arbeitsbuch, München 2008, 278.

3.1 LEITFADENGESTÜTZTE EINZELINTERVIEWS

Um für die Interviews und Diskussionsrunden Brüder auszuwählen, wurden aus allen Provinzen Listen der dort zu dem Zeitpunkt der Erhebung lebenden Brüder angefragt. Ausgenommen waren Brüder aus dem Ausland, die nur für eine begrenzte Zeit in Gemeinschaften mitlebten und Mitglieder anderer Kommunitäten außerhalb Deutschlands, Österreichs und der Schweiz waren. Es wurden Unterlagen erbeten, die es möglich machten, das Lebensalter und das Kanonische Alter (hier: Verweildauer der Brüder in der Gemeinschaft ab dem Eintritt) zu erkennen, um eine möglichst große Vielfalt von Brüdern für die Interviews auszuwählen[63]. Da es sich als schwierig erwies, aufgrund von fehlenden Daten auf den zugesandten Listen die Eintrittsdaten aller Brüder – wie ursprünglich geplant – zu erfassen, wurde das Kanonische Alter ab dem Zeitpunkt der Ewigen Profess zugrunde gelegt. Darüber wurden Generationskohorten (vgl. *Tab A*) gebildet, die sich somit nach folgenden Merkmalen zusammensetzten: nach dem Lebensalter und nach der Verweildauer im Kloster ab dem Zeitpunkt der Ewigen Profess in Jahren.

Tab. A: Kohorten

Kohorte	Eigenschaft
A	Älter als 70 Jahre und mehr als 25 Jahre Profess.
B	50-70 Jahre alt und mindestens 10 Jahre Profess.
C	30-50 Jahre alt und höchstens 5 Jahre Profess.

Zu Beginn wurden die Provinziale den entsprechenden Kohorten zugeordnet. Dort, wo bei den Provinzialen Alter und Kanonisches Alter nicht den unsrigen Kohorten entsprechend zusammenpassten, präferierte das Lebensalter ohne Berücksichtigung der Verweildauer im Orden nach der Ewigen Profess. Wenn ein Provinzial für mehrere Provinzen verantwortlich war, so wurde er nur in einer Provinz der ihm entsprechenden Kohorte zu-

---

[63] Aufgrund der Verschiedenartigkeit der zugesandten Unterlagen (in Printform und digital) war eine vollständige und einheitliche Erfassung der Grundgesamtheit aller Mendikanten nicht zu gewährleisten.

geordnet, und in der/den anderen Provinz(en), in denen er auch noch Oberer ist, wurden drei andere Brüder befragt.

Im Anschluss daran wurden die übrigen Brüder der Provinzen per Zufall ausgewählt. Dazu wurden die Listen der Provinzen herangezogen und die Namen der Brüder alphabetisch geordnet. Anschließend wurde die Anzahl der dort aufgeführten Brüder durch zwei geteilt und dadurch in den Listen der jeweiligen Provinzen die Mitte ermittelt. Von dieser wurden dann jeweils in die eine wie auch die andere Richtung unter Berücksichtigung der generationellen Kohorten Brüder ausgewählt und angefragt. Bei Absagen wurde so fortgefahren. In zwei Provinzen wurde durch den Provinzial bei der Zusendung der Namenslisten darauf hingewiesen, dass es Sinn machen könne, Brüder der Generationskohorte A durch den Provinzial benennen zu lassen, da es in dieser Kohorte mitunter altersbedingte und gesundheitliche Beeinträchtigungen gab, die den Forschenden aus der Liste der Brüder nicht ersichtlich waren und die Interviewführung erschweren oder verunmöglichen könnten. In einer anderen Provinz in der Schweiz wurde ebenfalls die Hilfe des Provinzials in Anspruch genommen, um Brüder ausfindig zu machen, die der deutschen Sprache mächtig sind. In zwei Ausnahmefällen, in denen es nicht möglich war, gemäß aller Alterskohorten Brüder mit Ewiger Profess für die Teilnahme an Einzelinterviews zu gewinnen, wurden die Befragungen durch Interviews mit Brüdern mit Zeitlicher Profess ergänzt. In Zusammenarbeit mit dem Auftraggeber wurden die Kohorten auf die drei Länder wie folgt verteilt (vgl. *Tab. B*):

Tab. B: Verteilung der Interviews in den Ländern

Orden	Deutschland	Österreich	Schweiz
Kapuziner	A, B, C	C	A, B, C
Franziskaner	A, B, C	C	A, B, C
Minoriten	A, B, C	A, B, C	A, B, C
Dominikaner	B, C	-	A

3.2 GRUPPENINTERVIEWS

Ebenso wurden im Gespräch mit dem Auftraggeber Bedingungen für die Gruppen der Orden bestimmt, in denen leitfadengestützte Gruppeninterviews geführt werden sollten. Es handelt sich hier um Gruppen in allen teilnehmenden Orden: der Kapuziner, der Franziskaner, der Minoriten, der Dominikaner, der Augustiner, der Serviten und der Beschuhten Karmeliten. Bedingung für die Konstituierung einer Gruppe der Kapuziner, Franziskaner und der Minoriten sollte sein, dass es sich um eine ‚Realgruppe' handelte. Konkret ging es darum, Brüder zu finden, die einen gemeinsamen Interaktions- und Erfahrungszusammenhang teilen. Bei der Auswahl der Gruppen aus den Orden der Augustiner, der Serviten und der Beschuhten Karmeliten wurde darauf geachtet, dass es sich um eine Realgruppe handelte, die einen gemeinsamen Handlungsschwerpunkt in einem Arbeitsfeld hatte. Durch diese unterschiedlichen Bedingungen sollte ein gewisses Ausmaß an Heterogenität von Gruppen im Sample der Ordensgemeinschaften erreicht werden.

3.3 STANDARDISIERTE BEFRAGUNG

Auf der Basis der Auswertung der transkribierten Interviews wurden Fragen und Items zum Weltverständnis der Probanden, zu Aspekten ihrer kollektiven Identität als Mendikanten, zu ihren Spannungen und Dissonanzen als ‚kognitive Minderheit' innerhalb und außerhalb der Kirche sowie zu ihrem Religions-, Kirchen- und Sozialprofil generiert. Außerdem wurden Fragen und Items zu den aktuellen Herausforderungen der Gemeinschaften und Orden erstellt.

Es wurde gefragt, in welchen Dimensionen ihres alternativen Lebens die Befragten Veränderungs- bzw. Stabilisierungsbedarf sehen. Damit war ein umfangreiches Instrumentarium entstanden, das bis auf wenige Ausnahmen einem geschlossenen Fragebogen der quantitativen empirischen Sozialforschung entspricht: Die Fragen sind exakt vorformuliert und es gibt nur vorgegebene Antwortmöglichkeiten. Einige wenige Fragen wurden auch offen gestellt, d.h. sie waren von den Interviewten frei zu beantworten. Einige Fragenkomplexe wurden analog zu Frageformen öffentlich zugänglicher Studien entwickelt, um die erzielten Ergebnisse mit denjenigen aus der

einschlägigen Literatur und bereits durchgeführten Umfragen vergleichen
zu können.

Der **Fragebogen** gliedert sich in folgende Abschnitte:

1. Einen einleitenden Eröffnungsteil mit Angaben über die Zugehörigkeit zum Orden und den soziodemographischen Daten: Alter, Geschlecht,
Schul- und Berufsausbildung. Zusätzlich wurde das Land abgefragt, in wel-
chem sich die momentane Gemeinschaft des Mendikanten befindet, ob der
Ort eher städtisch oder ländlich geprägt ist und welchen Charakter das Gebäude, in dem die jeweilige Gemeinschaft beheimatet ist, hat.

2. Die Art der Arbeit der Einzelnen: Wo wird gearbeitet, mit wem und in
welchen Aufgabenbereichen?

3. Freundschaften: Wo bestehen die engsten Freundschaften?

4. Weltverständnisse der einzelnen Brüder.

5. Dissonanzreduktionen der einzelnen Brüder in Bezug auf die
   – innere Umwelt
   – äußere Umwelt.

6. Grad der Verbundenheit des Einzelnen mit:
   – der Gemeinschaft,
   – dem Orden
   – und der Kirche.

7. Ressourcen der Einzelnen in Bezug auf:
   – Gemeinschaft,
   – Orden
   – und Kirche.

8. Religionsprofil der einzelnen Brüder.

9. Die Art der Arbeit der jeweiligen Gemeinschaften: Wo wird gearbeitet,
mit wem und in welchen Aufgabenbereichen?

10. Dissonanzreduktionen der Gemeinschaften, aus Sicht des einzelnen
Bruders, in Bezug auf die
    – innere Umwelt
    – äußere Umwelt.

11. Häufigkeit der täglichen Gebetszeiten.

12. Häufigkeit der Feier der *gemeinschaftlichen* Eucharistie.

13. Verbundenheit der Gemeinschaft aus Sicht des Einzelnen mit dem Orden.

14. Unterstützungsbedarf der Gemeinschaft, aus Sicht des einzelnen Bruders, durch den jeweiligen Orden.
15. Notwendigkeit von Eigenschaften, damit gemeinschaftliches Leben (weiter) gelingen kann.
16. Dissonanzreduktionen der Gemeinschaft, aus Sicht des einzelnen Bruders, in Bezug auf einzelne Brüder.
17. Entwicklungs- und Veränderungsbedarf (reduzieren/abschaffen oder einführen/ausbauen) in der
    – Integrationsdimension
    – Wirtschaftsdimension
    – Zweckdimension
    – und Wertedimension.

Die Befragung fand zwischen dem 2. April 2013 und dem 10. Mai 2013 statt. Die Fragebögen wurden über den Auftraggeber per Email an die Provinziale der Orden (mit Ausnahme der Unbeschuhten Karmeliten und der Franziskaner in Österreich und Südtirol, s.o.) verschickt und von diesen an die Gemeinschaften der Orden weitergeleitet. Die Beteiligung an der anonymen Befragung geschah auf freiwilliger Basis, die Motivierung zur Teilnahme wurde den einzelnen Oberen und Brüdern überlassen. Es muss darauf hingewiesen werden, dass es möglicherweise Ordensbrüder gab, die keine Chance hatten, in die Rohstichprobe zu gelangen, da sie schon zu krank oder pflegebedürftig waren. Die Teilnahme an der Befragung zu steuern und zu kontrollieren, lag in der Selbstverantwortung der Brüder vor Ort. Anschließend wurden die ausgefüllten Fragebögen entweder persönlich durch den einzelnen Bruder zurückgeschickt, oder, in verschlossenen Briefumschlägen kollektiv gesammelt, über den Provinzial an das Zentrum für kirchliche Sozialforschung der Katholischen Hochschule in Freiburg zurückgesandt. Insgesamt konnten 296 Fragebögen ausgewertet werden, das entspricht einem Rücklauf von 28,1%, wenn davon ausgegangen werden kann, dass die Angaben, die uns über die Grundgesamtheit (N = 1054) vorliegen, zutreffend sind. Berücksichtigt man den hohen Altersanteil unter den Adressaten in der Grundgesamtheit, kann der Rücklauf als ‚gut' beurteilt werden. Davon war der Rücklauf, prozentual zu der Gesamtheit der Brüder der einzelnen Orden gesehen, wie folgt:

– Serviten (100%)
– Karmeliten (43,1%)
– Dominikaner (38,5%)
– Augustiner (33,8%)
– Kapuziner (24,9%)
– Franziskaner (18,2%).

Die Altersspanne der am Rücklauf Beteiligten (im Folgenden ‚die Befragten' genannt) reicht von 24 bis 93 und umfasst damit 69 Jahre. Das heißt, auch ältere Generationen von Ordensmännern haben an der Befragung teilgenommen. Das Durchschnittsalter der Befragten, soweit sie ihr Alter zu erkennen gegeben haben,[64] liegt bei 69 Jahren (= Median) bzw. bei 64,2 Jahren (= arithmetisches Mittel), was ziemlich genau die realen Verhältnisse in den männlichen Ordensgemeinschaften (in Deutschland) wiedergeben dürfte.[65]

---

[64] Nur 234 Befragte haben ihr Lebensalter mitgeteilt, das sind knapp 80%. Die auf das Lebensalter bezogenen Prozentzahlen können deshalb von den anderen Prozentzahlen abweichen.

[65] Laut Statistik der DOK (Deutsche Ordensobernkonferenz) liegt 2011 die Zahl der Ordensmänner insgesamt unter 5.000 (4.697), die der Ordensfrauen unter 25.000 (http://www.orden.de/index.php?rubrik=3&seite=t1s&e2id=71, abgerufen im Februar 2014). 1965 gab es in Deutschland noch gut 100.000 Schwestern. Von den Ordensmännern sind inzwischen mehr als 55% älter als 65 Jahre, von den Ordensfrauen sind dies ca. 84%. Vgl. auch Claudia Kunz, Katholische Orden und Kommunitäten heute, in: Materialdienst des Konfessionskundlichen Instituts Bensheim 57/2006, 68-71, bes. 70.

KAPITEL 4

ERGEBNISSE

4.1 DIE BEFRAGTEN UND IHR SOZIALPROFIL

Das **Durchschnittsalter** der Befragten, liegt, profan gesehen, um das Alter des Einstiegs in den Ruhestand herum. Bildet man vier Altersklassen, indem die Zahl aller Befragten in vier gleiche Teilmengen zerlegt wird (Quartilierung), erhält man folgende Ergebnisse:
- *Altersklasse 1: 24 bis 51*
- *Altersklasse 2: 52 bis 69*
- *Altersklasse 3: 70 bis 75*
- *Altersklasse 4: 76 bis 93.*

Drei Viertel der Befragten sind somit älter als 50 Jahre, mehr als die Hälfte aller Befragten hat ein Alter im profanen ‚Ruhestand'. Hiermit sind enorme Konsequenzen der Gemeinschaften verbunden, nicht nur wirtschaftliche: „Die Brüder werden weniger, der Altersdurchschnitt ist sehr hoch. Damit verbunden gehen die Einnahmen aus Gestellungen und Spenden zurück".[66] Prozesse der Provinz-Fusionierung, der Finanzverwaltungszentralisierung, der Rationalisierung und der Professionalisierung sind die Folge, die sich als Problemlösung verstehen und selbst wieder neue Probleme verursa-

---

[66] Wolfgang Gehra, Finanzwirtschaftliche Aspekte – Aufbau einer zentralen Finanzverwaltung am Beispiel der Deutschen Franziskanerprovinz, in: Thomas Dienberg/Markus Warode/Bernd Schmies (Hg.), Fusionsprozesse in Orden, Kirche und Gesellschaft. Band 3: Praktische und wissenschaftliche Aspekte, Münster 2013, 11-21, hier 13. Gehra bietet am Beispiel der Fusionierung zu einer deutschen Franziskanerprovinz seit 2010 einen interessanten Einblick in einen Prozess, der sich als Abkehr von der „vorkapitalistischen Ökonomie" beschreiben lässt, nach denen religiöse Unternehmen bislang geführt wurden; vgl. vgl. hierzu Pierre Bourdieu, Das Lachen der Bischöfe, in: Ders., Religion. Schriften zur Kultursoziologie 5, hg. von Franz Schultheis und Stephen Egger, Konstanz 2009, 231.

chen.[67] Aber auch an andere Folgen ist zu denken,[68] welche die – intergenerationelle und milieubezogene – Integrationsfähigkeit, die Zweckausrichtung und Zielorientierung und die Wertbindung einer Ordensgemeinschaft betreffen. Im Vergleich zu „schrumpfenden Gesellschaften"[69], die ihrer Reproduktionskrise durch z.b. Geburtsprämien und Zuwanderung entgegensteuern können, sind den ‚schrumpfenden' Ordensgemeinschaften weit mehr Grenzen gesetzt. Aber ähnlich wie in schrumpfenden Gesellschaften ist ihr Problem weniger die Überalterung als die ‚Unterjüngung' ihrer Mitglieder.[70]

Einige Ergebnisse der vorliegenden Studie legen nahe, dass die Altersvariable immer wieder für das Antwortverhalten der Befragten ausschlaggebend zu sein scheint. Von der jüngsten Altersklasse unter den Befragten, den 24 bis 51jährigen, gehört ein gutes Drittel (36,5%) zu den Dominikanern, etwa je ein Fünftel (22,2%) zu den Franziskanern, zu den Kapuzinern (20,6%) und zu den ‚Sonstigen' [= Minoriten, Serviten, Augustiner, Karmeliten] (20,6%). Die zweitjüngste Altersklasse, die 52 bis 69jährigen, führen die Kapuziner (30,9%) an, gefolgt von den Sonstigen (27,3%), den Dominikanern (23,6%) und Franziskanern (18,2%). Auch unter der dritten Altersklasse, den 70-75jährigen, dominieren die Kapuziner (34,5%), gefolgt von den Franziskanern (25,9%) und den Sonstigen (24,1%), während die Dominikaner nur 15,5% dieser Altersklasse stellen. Die älteste Altersklasse, die 76 bis 93jährigen, führen wiederum die Kapuziner (41,5%) an, gefolgt von den Sonstigen (26,2%) und schließlich von den Franziskanern (16,9%) und Dominikanern (15,4%). Somit haben sich von den Dominikanern die jüngeren Altersklassen am meisten beteiligt (Klasse 1 = 41,8%;

---

[67] Vgl. auch Michael N. Ebertz, Fusion als Problemlösung und Problem, in: Markus Warode/Bernd Schmies/ Thomas M. Schimmel (Hg.), Veränderungen als Chance begreifen. Fusionsprozesse in Orden, Kirche und Gesellschaft, Band 2: Erfahrungsberichte aus Orden und Kirche, Münster 2013, 81-93.

[68] „Die meisten Kommunitäten", so der Provinzial der Deutschen Provinz der Jesuiten, „sind wirkliche Senioren-Kommunitäten, die vor allem, um es etwas hart zu sagen, damit beschäftigt sind, ihr eigenes Sterben gut zu gestalten – worin allerdings für unsere den Tod verdrängende Zeit ein tiefes christliches Zeugnis liegt!"; so in Alexander Foitzik, ‚Wirklichkeit'. Ein Gespräch mit Jesuiten-Provinzial Stefan Kiechle, 343.

[69] Franz-Xaver Kaufmann, Schrumpfende Gesellschaft. Vom Bevölkerungsrückgang und seinen Folgen, Frankfurt 2005.

[70] Kaufmann, Gesellschaft, 94.

Klasse 2 = 23,6%; Klasse 3 = 16,4%; Klasse 4 = 18,2%) und von den Kapuzinern die ältesten Altersklassen (Klasse 1 = 16,9%; Klasse 2 = 22,1%; Klasse 3 = 26,0%; Klasse 4= 35,1%). Weniger von einer ‚Schieflage' in die eine oder andere Richtung geprägt ist die Altersverteilung bei den Franziskanern (Klasse 1= 28,0%; Klasse 2=20,0%; Klasse 3= 30,0%; Klasse 4=22,0%) und bei den ‚Sonstigen' (Klasse 1= 22,0%; Klasse 2= 25,4%; Klasse 3= 23,7%; Klasse 4= 28,8%). Die Frage, ob diese Altersverteilung auch für die Grundgesamtheit des jeweiligen Mendikantenordens gilt, kann hier nicht beantwortet werden.

Unter den Befragten stellen die ‚Patres', also die zu Priestern geweihten Ordensmänner, gut die Dreiviertelmehrheit (79,1%), dementsprechend liegt der Anteil der ‚Brüder' bei 20,9%.[71] Obwohl einzelne Rückmeldungen ergeben, dass diese Statusunterscheidung in einigen Mendikantenorden nicht mehr üblich oder gewollt zu sein scheint, spricht die kleine Zahl von neun Fragebögen, bei denen die Statusangabe verweigert wurde, jedoch dafür, dass diese – ehemals kirchenrechtliche – Unterscheidung durchaus noch üblich ist.[72] Auch die Deutsche Ordensobernkonferenz verwendet diese Unterscheidung, und die Deutsche Bischofskonferenz betont (für 2005), dass „mit etwa 3500 Ordenspriestern die Orden rund 20 Prozent aller Priester in Deutschland" stellen.[73]

Dementsprechend zeigen die Angaben über den höchsten Schulabschluss der Befragten die Dominanz derer, die ein Zeugnis der Hochschulreife (77,9%) bzw. der Fachhochschulreife (5,2%) vorweisen können. Mit 92,0% sind die Befragten mit (Fach-)Hochschulreife in der jüngsten Alters-

---

[71]   Im Folgenden werden nur die sogenannten gültigen Prozentwerte, d.h. ohne die ‚Missings' aufgeführt, und nur im Einzelfall wird davon abgewichen.

[72]   Wenn im Folgenden von ‚Brüdern' die Rede ist, sind die befragten Mendikanten gemeint. Die Zweiteilung von (Laien-)Fratres und Patres (Priester-Brüder), die bis in die jüngste Vergangenheit bestand, wurde als rechtlicher Unterschied nach dem Zweiten Vatikanischen Konzil (vgl. PC 15) beseitigt; vgl. Stephan Haering, Art. Bruder, in: Lexikon des Kirchenrechts, Freiburg/Basel/Wien 2004,134f.

[73]   Die Tagespost vom 19. Februar 2005, 5. – Auf einen geringeren Anteil, nämlich von 14%, kommt man allerdings, wenn man die Ordenspriester im Dienst eines Bistums mit den Weltpriestern im aktiven pastoralen Dienst in Bezug setzt. Dieser Anteil ist – nach eigenen Berechnungen der Daten der DOK – über die letzten Jahre weitgehend stabil geblieben, ja sogar leicht gestiegen: 2005: 14,0%; 2006: 13,78%; 2008: 14,14%; 2010: 14,57%; 2012: 14,79%.

klasse (Quartil 1) zu finden. Mit 78,2% und mit 80,3% sind die zweitjüngste Altersklasse (Quartil 2: 52-69 Jahre) bzw. die älteste Altersklasse (Quartil 4) unter den Befragten mit (Fach-)Hochschulreife unterrepräsentiert. Im Bevölkerungsvergleich haben wir es mit einem überdurchschnittlich hohen Bildungspotential der befragten Mendikanten zu tun. Die meisten von ihnen geben an, einen Hochschulabschluss (86,1%) zu haben. Auch hier zeigt sich eine deutliche Altersverteilung: Einen überdurchschnittlich hohen Anteil an Akademikern zeigt die jüngste Altersklasse, den niedrigsten Anteil die älteste der vier Altersklassen. Mehr als jeder zehnte Befragte (12,8%) ist promoviert, von denjenigen, die eine Altersangabe gemacht haben, sind es 14,1%. Auch hier zeigt sich eine deutliche Altersverteilung: Einen überdurchschnittlich hohen Anteil an Akademikern hat die jüngste Altersklasse, den niedrigsten Anteil die älteste der vier Altersklassen. In der jüngsten Altersklasse ist auch der höchste Anteil Promovierter (17,5%). Fast ein Viertel der befragten Dominikaner (23,1%) kann eine Promotion vorweisen.

Die meisten der Befragten teilen mit, in Deutschland zu leben (81,4%), jeweils unter 10,0 % leben in der Schweiz (8,8%) oder in Österreich (6,4%). Nur 3,1% antworten, in verschiedenen Ländern zu leben. Zwei Drittel der Befragten (66%) geben an, in eher städtisch geprägten Orten zu leben, was auch immer dies im Einzelnen heißt. Die Möglichkeiten, mit dem modernen Leben in Berührung zu kommen, d.h. auch mit der profanen oder weitgehend säkularisierten Sozialstruktur und Kultur, sind damit unmittelbar ,vor Ort' gegeben.[74] So erzählt ein Bruder z.B.:

„/Ehm/ ... die Nähe des Bahnhofs, /ehm/ ... ja, die Möglichkeit, mal am Abend noch rauszugehen, spazieren, am [Fluss] entlang, fand ich halt hier ... , ist [hier] schön. Das ist am Land weniger gegeben. Also, für mich überwiegen aktuell die Vorteile des Stadtlebens, deshalb sage ich... : ich wäre lieber in der Stadt... Ich genieße es, wenn ich hier ... – da drüben gibt es den guten Italiener ... , wenn ich da mal hingehen kann und /ehm/ Kaffee trinken kann. Wenn ich /eh/ in die Stadt gehe, um das Buch abzuholen und /ehm/ ... ((schnauft)) wenn ich durch das Tor rausgehe und nicht automatisch jeder erkennt mich" (I354OK)

---

[74] Vgl. Michael N. Ebertz, Kirche in der bürgerlichen Fremde. Citypastoral als Lernort der Seelsorge und Gesellschaftssorge, in: Lebendige Seelsorge 61/2010, 242-248.

Die **Wirkungsorte** der Dominikaner (90,8%) sind, den Angaben zufolge, mehrheitlich am städtischsten geprägt, gefolgt von den Kapuzinern (69,4%) und von den ‚Sonstigen' (57,4%). Die befragten Franziskaner verorten sich mehrheitlich (55,6%) in eher ländlich geprägten Gegenden. Dies gilt auch für die 3. Altersklasse, die 70-75jährigen.

Die Größe der Gemeinschaft ist in der Tradition von Ordensgemeinschaften kein Nebenthema.[75] Mehr als die Hälfte der Befragten – es sind zumeist die Jüngeren – wohnt in Gemeinschaften bis zu 10 Brüdern (56,0%), ein gutes Drittel (38,0%) in größeren Gemeinschaften. Nur gut jeder Zehnte (12,9%) lebt in einer Gemeinschaft mit mehr als 20 Brüdern, jeder Zwanzigste (5,1%) wohnt allein.

Tab. 1: Wohnformen der Mendikanten nach Ordenszugehörigkeit [in %]

	Mendikanten insgesamt	K	F	D	S
allein	5,1	5,1	3,2	9,2	2,9
bis 5	27,1	27,3	30,2	9,2	41,2
6-10	28,8	16,2	44,4	41,5	20,6
11-15	16,6	17,2	11,1	26,2	11,8
16-20	8,5	5,1	9,5	13,8	7,4
über 20	12,9	29,3	1,6	0,0	11,8
sonstiges	1,0	0,0	0,0	0,0	4,4
Summe	100,0	100,0	100,0	100,0	100,0

---

[75] Vgl. z.B. Franz Müller OP, Die Utopie des Predigerordens. Eine Skizze zum Wesen des Dominikanischen, in: Ulrich Engel (Hg.), Dominikanische Spiritualität (= Dominikanische Quellen und Zeugnisse, 1), Leipzig 2000, 70-77, hier 75. – Die Augustiner betonten in den qualitativen Interviews, dass die Pflege ihrer spezifischen ‚Beziehungs'-Spiritualität eine überschaubare Zahl von Mitgliedern nicht überschreiten dürfe. Zu dieser Spiritualität eines Ordens, an dessen Wiege „keine überragende Gründergestalt stand", s. Adolar Zumkeller, Die Spiritualität der Augustiner, in: Jill Raitt (Hg.), Geschichte der christlichen Spiritualität, Band 2, Würzburg 1995, 80-89.

Wie an der *Tab.1* ablesbar ist, unterscheiden sich die Wohnformen je nach Ordenszugehörigkeit deutlich: So wohnen Kapuziner (= K) – weitaus häufiger als die Dominikaner (= D) – sowohl in kleinen Gemeinschaften als auch in Gemeinschaften mit mehr als 20 Brüdern – eine Größenordnung, die andere Ordensgemeinschaften im Zusammenleben nicht wählen. Während die Dominikaner die meisten ‚Singles' zu haben scheinen, aber auch schwerpunktmäßig in Gemeinschaften mit 6 bis 15 Brüdern (67,7%) leben, bewohnen drei Viertel (74,6%) der Franziskaner (= F) Gemeinschaften in der Größenordnung bis zu 10 Brüdern. Die Ordensbrüder wohnen somit zumeist in ‚alternativen Lebensformen' unterschiedlicher Größe, die in diesem Zusammenhang in profanen Kontexten allenfalls Männer-WGs ähneln,[76] was auch die folgenden Zitate beispielhaft zum Ausdruck bringen. Sie zeigen zum einen, wie sich diese Gemeinschaften in ein Verhältnis zu anderen Gemeinschaften (z.B. zur ‚Familie') setzen, und zum anderen, dass man sich solchen profanen Wohngemeinschaften (aber auch anderen Ordensgemeinschaften) gegenüber faktisch abgrenzt und sich somit von anderen zu unterscheiden weiß. Hinzu kommt, dass solche Abgrenzungen offensichtlich nicht einfach gegeben sind, sondern als Gegenhorizonte konstruiert, wechselseitig bestätigt, sowohl positiv als auch negativ bewertet, in einer gemeinschaftlichen Übereinkunft ausgehandelt und auch verteidigt werden:

„Wenn ich denen erkläre, wie so unser Tagesablauf ist, dann ist der erste Spruch: ja, das ist wie in einer Männer-WG, was ist jetzt da der Unterschied? Und einfach zu sagen, ja ok, das ist eben gerade ein einfaches Leben, und in dieser Welt und in Armut und trotzdem in dem Ganzen so den, den geistlichen Anspruch zu haben, dass das so eine Perspektive auf Reich Gottes hin hat." (I284BF)

„Wir leben einen modernen Haushalt auf Augenhöhe, in Eigenverantwortlichkeit, ohne viel ‚Du-musst-das-oder-das', ja also, da müssen wir auch aufpassen, dass wir uns nicht zu sehr von der Welt abgrenzen, dafür sind die Kollegen zuständig, die Benediktiner." (I109HH)

„Wir sind hier zu fünft, da gibt es auch Reibereien in der Gemeinschaft, aber wir im Orden stehen über den Zerstörungskünsten der kreuzgemeinen Welt. Wir müssen uns behaupten, wir leben eine gewisse Solidarität und versuchen wenig

---

[76] Zu anderen Formen alternativen Lebens, die auch mit den Ordensgemeinschaften verglichen werden, s. Winfried Gebhardt, Charisma als Lebensform. Zur Soziologie des alternativen Lebens, Berlin 1994.

Kraft an Ärger innerhalb der Gemeinschaft zu verlieren. Jeder bringt sich ein, und die Hierarchie ist ein Schutzmechanismus, auch wenn man bei fünf Leuten nicht wirklich von einer Hierarchie sprechen kann. Wir sind wie eine Familie, da hat jeder seine Aufgabe und wir sprechen, denn Gerüchte gibt es genug, denn wir leben ja leider nicht aus der Welt." (I118KG)

In der Selbstbeschreibung der Lebensform wird oft die Familienmetapher bemüht, die zugleich aber auch als Gegenhorizont herhalten muss, da man sich auch von bestimmten familialen Strukturmerkmalen und Funktionen wieder absetzt. Im Verlauf der ersten Phase der vorliegenden Studie, die über qualitative Interviews die subjektiven und konjunktiven Perspektiven der Mendikanten zu erfassen versuchte, wurde ein ganzes Spektrum unterschiedlicher Gemeinschaftsformen erkennbar.

Sucht man deren Vielfalt idealtypisch zu reduzieren, dann lassen sich zwei polar entgegengesetzte **Gemeinschaftstypen** unterscheiden: der *,diskursive* Typus' und der *,präsentative* Typus'.[77] Charakteristisch für den hier so genannten ,diskursiven Typus' ist eine aktive Dauer(selbst)reflexion und Dauerdiskussion über den Status quo, dessen (projektförmige) Dauerüberwindung, die mediale Dauerkommunikation untereinander auch in Abwesenheit einzelner Brüder und die Betonung von induktiver Gemeinschaftserfahrung. Ebenfalls kennzeichnen diesen Typus expeditive persönliche und kollektive Selbstentfaltungswerte und das Aushandlungsprinzip bei Regelsetzungen. Sie haben eine Präferenz für die Selbstkontrolle der Einzelpersonen vor der Fremdkontrolle durch die Gemeinschaft, für partizipative Entscheidungsprozesse sowie für aktive Beziehungspflege untereinander. Sie wählen für sich eine flache Hierarchie sowie eine hochgradig durchlässige Außengrenze (von außen nach innen, wie auch umgekehrt). Dieser Gemeinschaftstyp hat seine Attraktivität, kann aber auch als belastend erlebt werden, ist jedenfalls nicht voraussetzungslos (*,,Unabdingbar ist die Bereitschaft, sich auf einen Prozess einzulassen. Wer das nicht tut, überlebt nicht in diesem Konvent"*, [I134KH]) und kennt – trotz aller Dauerdiskussion (*,,Wenn man den Mund nicht aufmacht, kommt man nicht vor, man muss hier aktiv sprechen"* [I153KN]) – Kommunikationstabus (*,,Alternativlos' ist ein böses Wort"* [I115KS]). Als Gegenhorizont kennt dieser

---

[77] In Anlehnung an die amerikanische Philosophin Susanne K. Langer, Philosophie auf neuem Wege. Das Symbol im Denken, im Ritus und in der Kunst, Frankfurt 1965.

Gemeinschaftstypus die Ablehnung autoritärer Entscheidungen und normativ gesetzter Auflagen (Oktrois), eine starke Außengrenzkontrolle (der Klausurgrenze), die Betonung von deduktiven Prinzipien und Pflichtwerten, die traditionale Legitimation von Entscheidungen und starke Kommunikationstabus. Sie lehnen das Lob der Routine und des Status quo ab, ebenso tendenziell formalisierte – unpersönliche – Sozialbeziehungen untereinander und die Bevorzugung präsentativer Formen der Kommunikation, wie Riten und Rituale.

Man kann hier die Umrisse und Formatierung eines zweiten Gemeinschaftstypus erkennen: Dieser lässt sich als der *präsentative Gemeinschaftstyp* bezeichnen. Viele der Gemeinschaften bewegen sich – so hat es den Eindruck – in Mischungsvarianten einzelner Elemente, sozusagen als *pragmatische Typen* zwischen diesen beiden Polen, auch zu Experimentierzwecken. Viele Gemeinschaften müssen sich aber auch mit Spannungen und Dissonanzen arrangieren, weil die Leitbilder *beider* Modelle positive Bezugsgrößen *unterschiedlicher* Bewohner der *gleichen* Gemeinschaft sein können.

Selbst diejenige Gemeinschaft, die wir im Rahmen der qualitativen Interviewphase als die *experimentellste* kennenlernen durften und die den Typus der Gemeinschaft repräsentiert, der hier der *diskursive Typus* genannt wird, betont – in Unterscheidung zu profanen Männer-WGs – ihre „*gemeinsame Kasse*", das „*gemeinsame Gebet*" (Hymnus, Psalm, Schriftlesung, Schweigen) und die spirituelle Ausrichtung im Sinne einer „*gemeinsamen Suche nach Gott*" (I144KG). Bei aller Innovations- und Experimentier-freudigkeit dieses Gemeinschaftstyps, der nur (vereinbarte) und jederzeit veränderbare Minimalnormen kennt („*Hier kann jeder kochen und Gäste einladen, aber jedes Mitglied des Konvents darf dabei sein*"[169KH]) und die Fülle der Möglichkeit von *Welt*-Erfahrungen nur minimal begrenzt, ist die Theozentrik des Gemeinschaftslebens ungebrochen. Sie ist anders, aber nicht gelöscht, sie sucht neue Ausdrucks- und Gestaltungsformen, ist aber nicht bedeutungslos, sie erkennt Säkularisierungsprozesse in ihrem Kontext an und lässt sie im Binnenbereich zu, ohne die religiöse Orientierung preiszugeben. ‚Säkularisierung', so hat es den Anschein, wird hier ernst genommen, um durch sie, in ihr und mit ihr das Religiöse neu zu formatieren.

Obwohl viele der Befragten ihren persönlichen **Tätigkeitsschwerpunkt** oder denjenigen ihrer Gemeinschaft in der Pfarrseelsorge sehen, geben nur 4,0% an, ein Pfarrhaus zu bewohnen. Etwa drei Viertel der Befragten wohnen in einem älteren (46,6%) oder neueren (28,0%) Klostergebäude, in ersterem eher die älteren, in letzterem eher die jüngeren Befragten. Mehr als jeder fünfte Befragte bewohnt ein Haus, das sich im Besitz des Ordens befindet (9,8%), oder eine Wohnung (4,4%)/ein Haus (7,1%) zur Miete. Somit ist der Wohnraum der meisten Befragten, wahrnehmbar für alle, als spezifisch religiös markiert und entsprechenden Regelungen unterworfen. Die befragten Mendikanten wohnen deshalb tatsächlich mehrheitlich in als ‚*religiös erkennbaren* Männergemeinschaften'. Die Sozialstruktur ihres privaten Lebens ist somit kaum als säkularisiert charakterisierbar, im Gegenteil: Sie ist territorial und sozial sichtbar als religiös, christlich und kirchlich zugleich formatiert und abgegrenzt.

Mehr als zwei Drittel der Befragten (71,5%) arbeiten hauptsächlich innerhalb des eigenen Landes, ein gutes Viertel aller befragten Mendikanten arbeitet grenzüberschreitend entweder im deutschsprachigen Raum (18,4%) oder im darüber hinausreichenden Europa (4,9%) oder ist weltweit unterwegs (5,2%). Die Kapuziner und Dominikaner sind in dieser Hinsicht überdurchschnittlich international unterwegs.

Nur weniger als 10,0% (8,7%) geben, trotz des hohen Durchschnittsalters der Befragten, an, nicht mehr zu arbeiten. Selbst von den Befragten der ältesten Altersklasse geht nur jeder Vierte (26,2%) keiner Arbeit mehr nach. Ordensleben scheint Arbeitsleben zu sein. Der Schwerpunkt der Handlungsfelder (s. *Abb.* 2) liegt bei gut zwei Dritteln der arbeitenden Mendikanten in der Seelsorge (69,3%) – dies gilt in noch stärkerem Maße für die 3. Altersklasse, also die 70- bis 75jährigen. Die Mendikanten sind primär „Seelsorgsorden"[78].

Bei einem Viertel aller Befragten liegt der Schwerpunkt in der Verwaltung ihrer Gemeinschaft (24,3%) und bei einem guten Fünftel in der Bildungsarbeit (21,6%). In diesen beiden Handlungsfeldern sind auch überdurchschnittlich viele Befragte der beiden jüngsten Altersklassen tätig. Häufig gibt es bei einzelnen Ordensmännern Überschneidungen, d.h. man hat in der Regel viele – interne und externe – ‚Jobs'. In der Sozialen Ar-

---

[78] Dirks, Antwort, 230.

Abb. 2: Arbeitsfelder der Mendikanten - gesamt

beit arbeiten unter 10,0% (7,8%), ebenso in der Medien- und Kulturszene (7,4% bzw. 5,7%), wo überdurchschnittlich viele Mendikanten der jüngsten Altersklasse tätig sind. Im Handwerk sind 6,4 % tätig, in der Wirtschaft oder Verwaltung außerhalb der Gemeinschaft sind dies zusammen nur 3,8 %. Die Arbeit der meisten Befragten – auch der jüngeren unter ihnen – ist somit durch eine religiös spezifische, genauer gesagt kirchliche Logik und durch den Charakter personaler sozialer Dienstleistungen geprägt. Von sozialstruktureller Entkirchlichung, Entchristlichung oder Säkularisierung also auch hier kaum eine Spur – unterstellt man nicht, dass die ‚Seelsorge‘ entkirchlicht oder entchristlicht sei! Erfahrungen mit agrarischer, handwerklicher oder gar industrieller – also tendenziell unpersönlicher – Arbeit jenseits einer religiösen Logik kommen kaum oder gar nicht vor. In Erfahrungsräume jenseits einer religiös spezifischen Logik und unpersönlichen, abstrakten Logik scheinen sich die Mendikanten kaum hinein zu bewegen. Es dominiert der binnenkirchliche und personenzentrierte Arbeitskontakt.

Die arbeitsbezogenen Sozialkontakte der meisten Befragten aller Mendikantenorden konzentrieren sich zudem auf die eigenen Konfessionsmitglieder, und zwar innerhalb (48,3%) wie außerhalb (45,6%) der Gemeinschaft. Nach Orden differenziert (s. *Tab.2*), erscheinen die einen ‚introvertierter' als die anderen.

Tab. 2: „Ich arbeite hauptsächlich zusammen . . . " – nach Orden [in %]

	Mendikanten insgesamt	K	F	D	S
. . . *mit Katholik- (inn)en innerhalb meiner Gemeinschaft.*	48,3	57,1	38,6	32,7	58,9
. . . *mit nichtkatholischen Christ(inn)en außerhalb meiner Gemeinschaft.*	3,9	4,4	3,5	7,3	0,0
. . . *mit Katholik- (inn)en außerhalb meiner Gemeinschaft.*	45,6	37,4	54,4	56,4	39,3
. . . *mit Nichtchrist- (inn)en außerhalb meiner Gemeinschaft.*	2,3	1,1	3,5	3,6	1,8
Summe	100,0	100,0	100,0	100,0	100,0

So liegen die arbeitsbezogenen **Kontakte** der Kapuziner (= K) und der Sonstigen (= S) stärker bei den Katholik(inn)en *innerhalb* der Gemeinschaft, diejenigen der Franziskaner (= F) und Dominikaner (= D) eher bei den Katholik(inn)en *außerhalb* der Gemeinschaft. Allerdings haben nahezu alle Befragten ihre Schwerpunkte in katholisch geprägten Milieukontexten. Nur eine kleine Minderheit der Befragten (6,2%) – überdurchschnittlich übrigens die Jüngsten (10,0%) und die Dominikaner (10,9%) – arbeitet mit nichtkatholischen Christen und Christinnen oder mit Menschen, die keine Christen oder Christinnen sind. Damit schlägt sich zumindest spurenhaft nieder, dass das „spezifische Tätigkeitsfeld der Predigerbrüder [. . .] die Randgruppen und die Menschen außerhalb der Kirche" sein soll[79] und die Mendikanten einmal ein „wichtiger Faktor für die Kulturbegegnung

---

[79] Müller OP, Utopie, 71.

und Kulturvermittlung"[80] außerhalb der christlichen Milieus waren. Somit konzentrieren 19 von 20 der befragten Mendikanten ihre arbeitsbezogenen Sozialkontakte auf die ‚katholische Welt‘, in denen die eigene konfessionelle Identität und Interpretation von Wirklichkeit, d.h. bestimmte Wahrnehmungs-, Bedeutungs- und Bewertungskategorien, in ihrer Selbstverständlichkeit eher bestätigt als in Frage gestellt werden. Auch dieses Element der Sozialstruktur der Mendikanten indiziert keine innere Säkularisierung, sondern eine konfessionelle ‚Milieuverengung‘. Ein ähnliches Ergebnis zeigt sich, wenn nach den arbeitsbezogenen Kontakten der jeweiligen Gemeinschaften gefragt wird (s. *Tab.3*):

Tab. 3: „Wir arbeiten in der Gemeinschaft hauptsächlich zusammen . . . “ – nach Orden [in %]

	Mendikanten insgesamt	*K*	*F*	*D*	*S*
. . . mit Katholik-(inn)en innerhalb der Gemeinschaft.	28,2	38,4	21,1	17,2	31,5
. . . mit anderen Christ(inn)en und mit Nichtchrist-(inn)en innerhalb der Gemeinschaft.	0,8	1,2	0,0	1,7	0,0
. . . mit Katholik-(inn)en außerhalb der Gemeinschaft.	67,1	55,8	77,2	74,1	66,7
. . . mit anderen Christ(inn)en und mit Nichtchrist-(inn)en außerhalb der Gemeinschaft.	3,9	4,7	1,8	6,9	1,9
Summe	100,0	100,0	100,0	100,0	100,0

---

[80] Klaus-Bernward Springer, Mobile Mendikanten im Kontakt zu Islam und Judentum, in: Claudia Kraft/ Eberhard Tiefensee (Hg.), Religion und Migration. Frömmigkeitsformen und kulturelle Deutungssysteme auf Wanderschaft, Münster 2011, 31-62, hier 49.

Schwerpunktmäßig konzentrieren sich auch die **freundschaftlichen Sozialkontakte** auf Katholikinnen und Katholiken. Allerdings fällt auf, dass doch eine Ein-Drittel-Minderheit angibt, *außerhalb* der Gemeinschaft mit nichtkatholischen Christen und Christinnen (22,3%) oder mit Nichtchristen und Nichtchristinnen (9,8%) in freundschaftlichen Beziehungen zu stehen – darin unterscheiden sich die Mendikantenorden kaum (s. *Tab.4*).

Tab. 4: „Engste Freundschaften … " – nach Orden [in %]
[Mehrfachnennung möglich]

	insgesamt	K	F	D	S
… innerhalb der Gemeinschaft.	49,7	54,0	49,2	47,7	45,6
… mit Katholik-(inn)en außerhalb der Gemeinschaft.	68,9	60,0	76,2	73,8	70,6
… mit anderen Christ(inn)en außerhalb der Gemeinschaft.	22,3	22,0	20,6	23,1	23,5
… mit Nichtchrist-(inn)en außerhalb der Gemeinschaft.	9,8	9,0	7,9	12,3	10,3

Bemerkenswert ist aber auch, dass die Mehrheit der befragten Ordensmänner überhaupt *mehr* Freundschaften außerhalb als innerhalb ihrer Gemeinschaft pflegt (s. *Tab. 5*). Auffällig ist dabei ein eindeutiges Gefälle zwischen den Altersklassen: Je jünger die Befragten sind, desto eher sind sie in ihren Freundschaften (mit Katholik(inn)en, mit anderen Christ(inn)en und mit Nicht-Christ(inn)en) außenorientiert, je älter, desto innenorientierter.

Tab. 5: Engste Freundschaften ... – nach Altersquartilen [in %]
[Machfachnennungen möglich]

	Mendikanten insgesamt	1	2	3	4
... innerhalb der Gemeinschaft.	50,2	44,4	50,9	51,7	53,8
... mit Katholik-(inn)en außerhalb der Gemeinschaft.	71,0	84,1	74,5	72,4	53,8
... mit anderen Christ(inn)en außerhalb der Gemeinschaft.	21,6	23,8	30,9	22,7	10,8
... mit Nichtchrist-(inn)en außerhalb der Gemeinschaft.	8,3	14,3	12,7	5,2	1,5

Der Anteil derjenigen Brüder, die *ausschließlich* gemeinschaftsintern engste Freundschaften pflegen, liegt, bezogen auf alle befragten Mendikanten, nur bei 18,3%. Die möglichen – und naheliegenden – Funktionen dieser privaten Netzwerke außerhalb der Gemeinschaften – zusätzliche soziale Anerkennung, sozialer Ausgleich, Akzentuierung einer persönlichen Identität neben der sozialen Identität und dem Totalitätsanspruch der eigenen Gemeinschaft – müssen hier unbeleuchtet bleiben. Eine mögliche Funktion von externen Kontakten könnte das Item ausdrücken: „*Ich sorge für mich, indem ich mir Räume, die mir gut tun, außerhalb der Gemeinschaft suche*". Insbesondere unter den Befragten der beiden jüngsten Altersklassen fand diese – möglicherweise auch tabubehaftete – Aussage mit 41,3% (Altersklasse 1) und mit 34,5% (Altersklasse 2) hohe positive Resonanz. In den beiden ältesten Altersklassen erhielt dieses Item erheblich geringere Zustimmung (Altersklasse 3: 24,1%; Altersklasse 4: 16,9%) – wohl auch mangels (physischer) Gelegenheiten, solche externen ,Räume' zu erschließen.

So lässt sich hier **zusammenfassend** festhalten: Nicht nur die Arbeit der meisten Befragten, die eine – im Vergleich zur Gesamtbevölkerung – überdurchschnittlich hohe Altersstruktur, aber auch Bildungsstruktur aufweisen, ist durch eine religiös spezifische, kirchliche Logik geprägt. In areligiöse, profane berufliche Erfahrungsräume scheinen sich die Mendikanten kaum hinein zu bewegen, auch nicht in solche, die eher unpersönlichen Beziehungscharakter tragen, obwohl die Mehrheit der Befragten in städtischen Biotopen lebt, wo sich das moderne Gesellschaftsleben verdichtet. Auch die Sozialstruktur des privaten Lebens der Mehrheit der Brüder ist kaum als ‚säkularisiert‘/‚profan‘ charakterisierbar, im Gegenteil: Man kann feststellen, sie ist territorial wie auch sozial – wenn man an die Wohnformen denkt – religiös, christlich und kirchlich zugleich formatiert. Von sozialstruktureller Entkirchlichung also kaum eine Spur! Beide Momente der Sozialstruktur – die private wie die berufliche – indizieren keine Neigung zur Entkirchlichung, sondern eine konfessionelle ‚Milieuverengung‘. Aber auch das persönliche Netzwerk scheint weitgehend durch bestätigende religionshomogene Sozialkontakte bestimmt zu sein, welche die eigene Sinnwelt und das eigene, im Orden bzw. in der Gemeinschaft übliche Alltagswissen vermutlich nicht allzu stark irritieren. Dabei geht es um „ein Wissen von vertrauenswerten *Rezepten*" (Vorstellungen und Normen), „um damit die soziale Welt auszulegen und um mit Dingen und Menschen umzugehen, damit die besten Resultate in jeder Situation mit einem Minimum von Anstrengung und bei Vermeidung unerwünschter Konsequenzen erlangt werden können".[81] Solche Rezepte haben eine doppelte Funktion. Sie fungieren „einerseits als eine Vorschrift für Handlungen" und sind Anweisungsschemata: Wer einen bestimmten Zweck erreichen will, muss sich gemäß dieser Rezepte verhalten. Andererseits dienen Rezepte als Auslegungsschemata: Wenn ein Verhalten, das dem Rezept entspricht, beobachtet wird, wird daraus geschlossen, dass der andere den entsprechenden Zweck realisieren will. Solche Rezepte dienen also der Koordination der eigenen Erwartungen mit den Erwartungen anderer, indem sie fertige Gebrauchsanweisungen anbieten, „um die schwer zu erreichende Wahrheit durch bequeme Wahrheiten zu ersetzen und um das Selbstverständliche mit dem Fragwürdigen zu

---

[81] Alfred Schütz, Der Fremde. Ein sozialpsychologischer Versuch, in: Ders., Gesammelte Aufsätze, Band 2, Den Haag 1972, 53-69, hier 58.

vertauschen".[82] Jeder Kontakt mit dem Fremden – dem Außerkirchlichen, Nicht-Katholischen, Nicht-Christlichen, dem Unpersönlichen – würde ein solches „Denken-wie-üblich" in Frage stellen, es unwirksam werden lassen und eine ‚Krisis' hervorrufen, d.h. die Ahnung befördern, dass die Anwendbarkeit der Rezepte auf eine spezifische Situation beschränkt ist und nur in ganz bestimmten Kontexten gilt.

4.2   Die Befragten und ihr Religionsprofil

Beinahe zwei Drittel der Befragten (63,8%) verneinen die Aussage, „*dass in religiösen Fragen meine eigene Religion Recht hat und andere Religionen Unrecht haben*". Fast jeder Fünfte (18,5%) hat diese **Überzeugung** und räumt somit – ‚exklusionistisch' – der eigenen Religion das Wahrheitsmonopol ein.[83] Übrigens hat gut jeder Vierte hierzu kein Urteil abgegeben. Der Vergleich der verschiedenen Mendikantenorden zeigt eine stärker ‚exklusionistische' Relationierung[84] unter den befragten Dominikanern; denn überdurchschnittlich viele Dominikaner (30,0%) stimmen dem Anspruch ihrer Religion auf das Wahrheitsmonopol zu.

Die in diesem Ergebnis bei einer Mehrheit der Befragten und erst Recht bei den Franziskanern und bei den Kapuzinern zum Ausdruck kommende Tendenz[85] einer positiven und zugleich ‚inklusionistischen' Relationierung der eigenen Religion zeigt sich auch in mit anderen Zielgruppen durchgeführten religionssoziologischen Untersuchungen (s. *Tab. 6*). Die exklusionistische Position, dass in religiösen Fragen nur die eigene Religion recht hat, findet mit 31,8% am meisten Zustimmung bei denjenigen Mendikanten, die *außerhalb* ausschließlich *mit Katholik(inn)en* befreundet sind. Ein

---

[82]   Schütz, Fremde, 58.

[83]   Im Folgenden wird der Ausdruck ‚Exklusionismus' verwendet, um die Zustimmung zu dem genannten Item zu bezeichnen. Der zweite Religionsmonitor der Bertelsmann-Stiftung verwendet für den gleichen Sachverhalt den Ausdruck „Dogmatismus", den wir allerdings für unpassend halten; s. Detlef Pollack/Olaf Müller, Religionsmonitor. Verstehen, was verbindet. Religiosität und Zusammenhalt in Deutschland, Gütersloh 2013, 13, 18f.

[84]   Zur Unterscheidung von ‚Relationierung' und ‚Relativierung' s. Karl Mannheim, Ideologie und Utopie, 5. Auflage, Frankfurt 1969,242.

[85]   Nur 10,3% der Franziskaner und 12,8% der Kapuziner bejahen die Aussage, „*dass in religiösen Fragen meine eigene Religion Recht hat und andere Religionen Unrecht haben*".

weiteres Viertel (25,0%) derjenigen, die diesem Satz zustimmen, hat seine Freundschaften *ausschließlich innerhalb* der Gemeinschaft, weitere 22,7% *innerhalb der Gemeinschaft und zugleich außerhalb mit Katholik(inn)en*. Auffällig ist, dass mehr als drei Viertel (79,5%) derjenigen, die diesem Satz zustimmen, ausschließlich enge Freundschaften *exklusiv mit Katholik(inn)en* pflegen. Ob diese Konzentration von signifikanten Beziehungen auf konfessionell homogene Sozialkontakte die ‚exklusionistische' Position hervorbringt oder sozial abstützt oder ob umgekehrt die ‚exklusionistische' Position die Auswahl der Sozialkontakte steuert, kann hier nicht geklärt werden.

Tab. 6: Zustimmung zu ‚Exklusionismus', ‚Inklusionismus' und ‚Synkretismus' bei den befragten Mendikanten und in der deutschen/ hessischen Bevölkerung [in %]

	Mendikanten insgesamt	Kath.	Ev.	Musl.	Hessen insgesamt 2012[86]
Meine eigene Religion ist im Recht, andere im Unrecht. (**,Exklusionismus'**)	18,5	12,0[87]	11,0[87]	39,0[87]	15,2[88]
Jede Religion hat wahren Kern. (**,Inklusionismus'**)	85,4	74,0[89]	66,0[89]	/	69,8[90]
Ich orientiere mich an verschiedenen religiösen Traditionen. (**,Synkretismus'**)	43,7	25,0[91]	25,0[91]	42,0[91]	39,7

Die inklusionistische Tendenz kommt unter den Befragten auch in der vergleichsweise hohen Zustimmung (85,4%) zum Item zum Ausdruck, „dass alle Religionen einen wahren Kern haben" (vgl. Tab.7). Die höchste Zustimmung zu diesem ‚inklusionistischen' Item zeigt die 3. Altersklasse (96,1%), die geringste die 1. Altersklasse (74,6%). Unter den Orden weisen die schwächste – gleichwohl ebenfalls noch mehrheitliche – Zustimmung die Dominikaner (ja: 76,7%; nein: 15,0%) auf. Auch die hohe Ablehnung (90,0%) der Aussage, „dass Menschen, wenn sie sich nicht zu Christus bekennen, verloren gehen", bestätigt diese Tendenz zur Inklusion anderer Religionen oder zumindest Wahrheitsanteilen von ihnen. Diese Offenheit gegenüber anderen möglichen Wahrheiten kann sich auch in der hohen Akzeptanz (95,2%) des Items ausdrücken, „dass alle Menschen die Barmherzigkeit Gottes erlangen können." Ob sich darin auch die Neigung zu einer kirchenoffiziell zurückgedrängten, wenn nicht anathematisierten Allerlösungs-Überzeugung ausdrückt,[92] kann nicht entschieden werden.

---

[86] S. Ebertz/Schmidt-Degenhard, Hessen, 70.

[87] Pollack/Müller, Religionsmonitor 2013, 17.

[88] Für die Protestant(inn)en in Hessen wurden 12,6%, für die Katholik(inn)en 18,5% und für die Muslime 37,5% ‚Exklusionisten' ausgemacht. S. Ebertz/Schmidt-Degenhard, Hessen, 70.

[89] Bertelsmann Stiftung, Religionsmonitor 2008, Tabellenband.

[90] S. Ebertz/Schmidt-Degenhard, Hessen, 69. Stärker als ihre Glaubensgenossen in Deutschland insgesamt relativieren die religiös Gebundenen in Hessen ihre eigene Religion, indem 81,8 Prozent der Katholiken, 71,4 Prozent der Protestanten und 70,8 Prozent der befragten Muslime unterstellen, dass „jede Religion einen wahren Kern" hat.

[91] Das Item in Pollack/Müller, Religionsmonitor 2013, heißt (wie im Religionsmonitor 2008): „Ich greife für mich selbst auf Lehren verschiedener religiöser Traditionen zurück", während das Item in der Hessenstudie lautet: „Ich orientiere mich in meinem Leben an verschiedenen religiösen Traditionen." In der vorliegenden Mendikantenstudie lautet das Item: Ich orientiere „mich in meiner Spiritualität an verschiedenen religiösen Traditionen".

[92] Vgl. hierzu Michael N. Ebertz, Die Zivilisierung Gottes. Der Wandel von Jenseitsvorstellungen in Theologie und Verkündigung. Ostfildern 2004.

Tab. 7: Einstellung zum religiösen ‚Inklusionismus' – nach Orden [in %]

	Mendikanten insgesamt	K	F	D	S	Hessen insgesamt 2012[93]
Verneinung: Meine eigene Religion ist im Recht, andere im Unrecht.	63,8	69,8	74,1	51,7	57,4	79,9
Bejahung: Jede Religion hat wahren Kern.	85,4	88,0	88,5	76,7	86,9	69,8
Verneinung: Menschen ohne Christus gehen verloren.	90,0	90,0	91,5	91,5	87,3	/
Bejahung: Alle Menschen können die Barmherzigkeit Gottes erlangen.	95,2	94,9	96,8	93,5	95,4	/

Nicht nur in der Haltung zum ‚Exklusionismus', sondern auch zum ‚Inklusionismus', insbesondere aber auch zum ‚Synkretismus', der sich in dem Item niederschlägt, *„mich in meiner Spiritualität an verschiedenen religiösen Traditionen zu orientieren"*, scheinen die Mendikanten der Gesamtbevölkerung (in Deutschland) ähnlich, wenn nicht sogar voraus zu sein (vgl. *Tab. 8).* Allerdings polarisiert innerhalb der Mendikantenorden die Haltung zum ‚Synkretismus': 43,7% bejahen, 44,4% verneinen eine solche Haltung. Polarisierungen zeigen sich in jedem einzelnen der teilnehmenden Mendikantenorden. Allerdings stellen die befragten Dominikaner zugleich den größten – und mehrheitlichen – Anteil derer, welche die Aussage ablehnen, sich in der eigenen Spiritualität an vielen religiösen Traditionen zu orientieren (vgl. *Tab. 8).* Dagegen stehen die Kapuziner, Franziskaner und die ‚Sonstigen' Anderem und Neuem offener gegenüber und scheinen so ‚synkretismusgeneigter'.

Tab. 8: Zustimmung zu ,Synkretismus'[94] und zu missionarischer Haltung[95] – nach Orden [in %]

	Mendikanten insgesamt	*K*	*F*	*D*	*S*	*Hessen insgesamt 2012[96]*
,Synkretismus': ja/eher ja	43,7	46,0	46,4	33,9	47,5	39,7
,Synkretismus': nein/eher nein	44,4	44,8	39,3	52,5	40,7	57,9
missionarisch: ja/eher ja	44,1	39,8	38,3	55,7	44,3	16,2
missionarisch: nein/eher nein	37,4	43,2	40,0	27,9	36,1	81,0

In *Tab. 9* ist ablesbar, dass sich die Mendikanten je nach Alters- bzw. Generations-zugehörigkeit ganz unterschiedlich, wenn nicht gegensätzlich zu dem Item „*mich in meiner Spiritualität an verschiedenen religiösen Traditionen zu orientieren*" positionieren. Überdurchschnittliche Ablehnung erhält dieses in der jüngsten Altersklasse (Altersklasse 1), überdurchschnittliche Zustimmung in der ältesten Altersklasse (Altersklasse 4). Es scheint einen Unterschied zu machen, ob ich toleriere, dass andere Religionen einen eigenen Heilsweg gehen, und ich auf einen monopolistischen Anspruch meiner eigenen Religion verzichte oder als Mendikant selbst sozusagen ,geistlich fremdgehe' und dies ebenfalls bei den eigenen Mitbrüdern billige, ich also im Binnenraum der Gemeinschaft eine je individuelle Suche nach anderen und eigenen Erfahrungen „letzter Wirklichkeit" zulasse.[97]

---

[93] Ebertz/Schmidt-Degenhard, Hessen, 70.
[94] „*Ich orientiere mich in meiner Spiritualität an verschiedenen religiösen Traditionen.*"
[95] „*Ich versuche, möglichst viele Menschen für meine Religion zu gewinnen.*"
[96] Ebertz/Schmidt-Degenhard, Hessen, 70.
[97] Der Ausdruck „letzte Wirklichkeit" ist Joachim Wach, Vergleichende Religionsforschung, Stuttgart 1962, 53ff, entnommen.

Tab. 9: ‚Synkretismus' – nach Altersquartilen [in %]

Mendikanten insgesamt	1	2	3	4
‚Synkretismus': ja	40,5	21,0	42,0	40,0	62,3
‚Synkretismus': nein	45,6	62,9	46,0	40,0	30,2
‚Synkretismus': Kein Urteil	14,0	16,1	12,0	20,0	7,5
Summe	100,0	100,0	100,0	100,0	100,0

Die befragten Mendikantenbrüder sind auch gespalten hinsichtlich der ‚missionarischen' Haltung, „*möglichst viele Menschen für meine Religion zu gewinnen*". Mehr als zwei Fünftel (44,1%) bejahen diese Haltung, ein gutes Drittel (37,4%) lehnt sie ab (vgl. *Tab. 8*). Am häufigsten bejahen diese Aussage – mehrheitlich – die Dominikaner. Diese nehmen auch am stärksten das Wahrheitsmonopol für ihre eigene Religion in Anspruch (30,0%), gefolgt von den ‚Sonstigen' (44,3%). ‚Wahrheit und Mission' hängen zusammen.[98]

---

[98] Vgl. Friedrich H. Tenbruck, Wahrheit und Mission, in: Horst Baier (Hg.), Freiheit und Sachzwang. Beiträge zu Ehren Helmut Schelskys, Opladen 1977, 49-86. – Vgl. auch die Ansprache von Joseph Kardinal Ratzinger vor den Bischöfen in Chile vom 13. Juli 1988, in: Die Tagespost vom 09. Juli 2013, 7: „Richtig aber ist, dass es in der geistigen Bewegung der Nachkonzilszeit vielfach ein Vergessen und ein Verdrängen der Wahrheitsfrage gegeben hat, ja, vielleicht ist dies sogar das eigentliche Problem für die Theologie und für die Pastoral von heute. ‚Wahrheit' schien plötzlich ein zu hoher Anspruch zu sein, ein ‚Triumphalismus', den man sich nicht mehr leisten durfte. Am deutlichsten ist dieser Vorgang zu sehen in der Krise, in die der Missionsgedanke und die missionarische Praxis geraten sind: Wenn es bei der Verkündigung unseres Glaubens nicht um die Wahrheit geht und wenn die Wahrheit nicht wesentlich ist für das Heil des Menschen, dann verliert Mission ihren Sinn." – Vgl. dagegen Claudio Monge OP, Multikulturelles und religiöses Zusammenleben in Europa. Ein notwendiger Dialog, in: Dominikanische Perspektiven für Europa – 4, 2008, 28-36, hier 36: „Würde man sich hingegen in die unnachgiebige Verteidigung der Wahrheit, in deren alleinigen Besitz man zu sein glaubt,

Tab. 10: ‚Missionsbereitschaft' – nach Altersquartilen [in %]

Mendikanten insgesamt	1	2	3	4
‚missionarisch': ja/eher ja	45,9	36,5	39,2	48,1	60,7
‚missionarisch': nein/eher nein	36,9	44,4	49,0	32,7	21,4
‚missionarisch': Kein Urteil	17,1	19,0	11,8	19,2	17,9
Summe	100,0	100,0	100,0	100,0	100,0

Dieser Zusammenhang ist allerdings nicht so eindeutig, wie er vielleicht auf den ersten Blick unterstellt wird, könnte man doch seinen Wahrheitsanspruch ‚pietistisch' auch für sich behalten, ohne andere davon überzeugen zu wollen. Solche elitären Neigungen zur Introversion kennt die Christentumsgeschichte, und die Religionssoziologie unterscheidet neben den konversionistischen, den adventistischen und den gnostischen Sondergemeinschaften eben auch den introversionistischen Typ.[99] So zeigt der Vergleich der Altersklassen (vgl. Tab. 10), dass die älteren Befragten deutlich missionarischer eingestellt sind als die jüngeren. Diese sind in der missionarischen Frage gespalten und mehrheitlich wenig geneigt, möglichst viele Menschen für die eigene Religion zu gewinnen. Somit zeigt sich eine Spaltung in der ‚Missionsfrage' sowohl zwischen den Generationen (36,5% vs. 60,7%) als auch innerhalb der Altersklassen (36,5% vs. 44,4%; 39,2% vs. 49,0%) der Mendikanten, wobei die älteste Altersklasse am wenigsten polarisiert ist.

---

versteigen, dann würde die Wahrheit selbst in Gefahr gebracht, da sie reduziert wird auf ein identifizierendes Element einer ethnokulturellen Identität, wobei sie ihren universalen und somit metakulturellen Status verlieren würde. Im pluralistischen Paradigma sind damit die Hindernisse für den Dialog (man denke an die Behauptung der Überlegenheit einer Wahrheit über die anderen Wahrheiten) auch Hindernisse für die Mission selbst, die als Zeugnis für den eigenen Glauben zu verstehen ist".

[99] S. Bryan Wilson, Eine Analyse der Sektenentwicklung, in: Friedrich Fürstenberg (Hg.), Religionssoziologie, Neuwied/Berlin 1970, 311-336, bes. 317f, 334.

Allerdings liegt in der Spaltung bezüglich der Missionsfrage kein Hinweis auf Säkularisierungstendenzen, sondern wir stellen hier eher einen Gegensatz in der Einstellung fest. Es geht darum, wie man das Verhältnis seines Glaubens zum Glauben anderer interpretiert und jenen wiederum kommentiert. Über Begriff und Methoden der Missionierung herrscht auch in der (deutschen) Gesamtkirche keine Einigkeit.[100] In den qualitativen Interviews hatte das Thema kaum Relevanz – es wurde häufiger von ‚Kommission' als von ‚Mission' gesprochen.

Orientiert man sich an einem System der **religiösen Selbsteinstufungen** des Instituts für Demoskopie Allensbach und des Heidelberger Sinus-Instituts (vgl. *Tab.11*), dann lassen sich die wenigsten der befragten Ordensmänner (39,2%) zu den sogenannten ‚gläubigen Kirchennahen'[101] (Typ 1: *„Ich bin gläubiges Mitglied meiner Kirche, fühle mich der Kirche eng verbunden"*) rechnen. Dies sind aber immerhin noch mehr als doppelt so viele wie unter den (deutschen) Katholik(inn)en insgesamt (17,0%), von denen ebenfalls die meisten (37,0%) ihr Kirchenverhältnis als ‚kritisch verbunden' beschreiben (Typ 2: *„Ich fühle mich der Kirche verbunden, auch wenn ich ihr in vielen Dingen kritisch gegenüber stehe"*). Diese kritische Sichtweise auf Kirche finden wir in einem noch höheren Ausmaß bei den von uns befragten Ordensmännern. Mehr als jeder zweite Befragte (51,7%) lässt sich als ‚kritisch verbunden' charakterisieren, was nicht mit Kirchendistanz gleichzusetzen ist. Während ein dritter Typ, der sich tatsächlich als ‚kirchlich distanziert' bezeichnen lässt (Typ 3: *„Ich fühle mich als Christ, aber die Kirche bedeutet mir nicht viel"*), unter den deutschen Katholik(inn)en immerhin ein Drittel (32,0%) ausmacht, finden wir diesen Typus unter den von uns Befragten kaum (*„Ich bin Ordensmann, aber die Kirche als Institution bedeutet mir nicht viel"*). Nicht einmal 5,0% der Befragten charakterisieren auf diese Weise ihr Kirchenverhältnis.

---

[100] Vgl. Matthias Sellmann (Hg.), Deutschland – Missionsland. Zur Überwindung eines pastoralen Tabus, Freiburg/Basel/Wien 2004.

[101] MDG-Trendmonitor Religiöse Kommunikation 2010, Band I, München, Allensbach/Heidelberg 2010, 40f.

Tab. 11: Stufen der Kirchenverbundenheit [in %]

	Mendikanten insgesamt	K	F	D	S	Katholiken Deutschland[102]
Ich bin gläubiges Mitglied meiner Kirche, fühle mich ihr eng verbunden.	39,2	37,6	32,1	51,6	35,4	17,0
Ich fühle mich der Kirche verbunden, auch wenn ich ihr in vielen Dingen kritisch gegenüber stehe.	55,1	60,0	66,1	43,5	58,5	37,0
Ich bin Ordensmann, aber die Kirche als Institution bedeutet mir nicht viel.	3,7	2,4	1,8	4,8	6,2	32,0[103]
Summe	100,0	100,0	100,0	100,0	100,0	/

Differenziert man nach den vier verschiedenen Altersklassen, dann zeigt sich, dass die ältesten Befragten mit 49,1% eine engere Kirchenverbundenheit bekunden (1: 32,8%; 2: 44,0%; 3: 34,6%, 4: 49,1%) als die jüngeren Altersklassen. Diejenigen Mendikanten, die sich dem zweiten Verbundenheitstyp („*Ich fühle mich der Kirche verbunden, auch wenn ich ihr in vielen Dingen kritisch gegenüber stehe*") zurechnen, finden sich neben der 1. Altersklasse (63,9%) am häufigsten in der 3. Altersklasse (63,5%).

---

[102] MDG-Trendmonitor 2010. Erste milieudifferenzierte Befunde einer Repräsentativbefragung unter Katholiken. Tabellenband, Heidelberg/Berlin 2010, 40.

[103] Das Item heißt: „*Ich fühle mich als Christ, aber die Kirche bedeutet mir nicht viel*". Vom Institut für Demoskopie und vom Sinus Sociovison werden noch weitere Abstufungen ‚jenseits' dieses Items abgefragt und von den Befragten auch belegt. Von daher ist die Vergleichbarkeit der Daten nur begrenzt möglich.

Die befragten Mendikanten erweisen sich somit – erwartungsgemäß? – als kirchenverbunden, ihr Verbundenheitsgrad erscheint höher als unter den (deutschen) Katholik(inn)en, wenn er auch in größeren Anteilen von den ‚kritisch Verbundenen‘ bestimmt wird. Überdurchschnittlich häufig finden wir diese ‚kritisch Verbundenen‘ unter den Franziskanern und Kapuzinern, häufiger als unter den Dominikanern. Bei diesen ist der Minderheitentyp der ‚gläubigen Kirchennahen‘ am stärksten verbreitet (51,6%). *Tab. 11* zeigt auch, dass sich die Ablehnung der Institution Kirche in allen Mendikantenorden deutlich in Grenzen hält – ganz anders als unter den Mitgliedern der katholischen Kirche in Deutschland, von denen jede/r Dritte von sich sagt: *„Ich fühle mich als Christ, aber die Kirche bedeutet mir nicht viel"*. Von einer Säkularisierung im Sinn einer ‚Entkirchlichung‘ oder ‚Entchristlichung‘ unter den Mendikanten kann folglich in diesem Zusammenhang nicht gesprochen werden, wenn auch die eine oder andere Kirchenkritik geäußert und eine Unterscheidung von Orden bzw. Kloster und ‚Kirche‘ von den Befragten explizit getroffen wird:

„Ja, unser Kloster ist mehr als einfach nur die Kirche. Ich würde die ‚Kirche‘ jetzt nicht so als Universalbegriff verstehen, sondern das, was es in der öffentlichen Meinung ist, doch eher so dieser geschlossene Raum mit einem kleinen Weltbild /eh/, wo rechts und links nichts darüber raus stehen darf." (1167TS)

„Also, wir werden, zu unserem Glück, nicht immer gleichgesetzt mit ‚der Kirche‘." (1109BM)

Die **rituelle Praxis** in den Gemeinschaften hat in zeitlicher Hinsicht ganz unterschiedliche Ausprägungen. In den meisten Gemeinschaften – so geben die Befragten (49,8%) an – wird siebenmal in der Woche gemeinsam Eucharistie gefeiert; 25,1% sagen: weniger als siebenmal, und es sind genauso viele (25,1%), die angeben, dass die Feier der Eucharistie „ganz unterschiedlich" stattfindet. Die Dominikaner und die ‚Sonstigen‘ kreuzten dies etwa doppelt so häufig wie die Kapuziner oder Franziskaner an (vgl. *Tab. 12*).

Tab. 12: Häufigkeit der Eucharistiefeiern in den Gemeinschaften pro Woche – nach Orden [in %]

	Mendikanten insgesamt	K	F	D	S
1 mal	8,0	6,3	5,0	11,9	9,8
2 mal	3,3	0,0	6,7	6,8	1,6
3 mal	2,5	3,2	0,0	0,0	6,6
4 mal	1,1	0,0	1,7	1,7	1,6
5 mal	2,2	2,1	1,7	1,7	3,3
6 mal	8,0	7,4	10,0	6,8	8,2
7 mal	49,8	65,3	56,7	32,2	36,1
ganz unterschiedlich	25,1	15,8	18,3	39,0	32,8

Was die **rituelle Praxis** der einzelnen Brüder angeht (vgl. *Tab. 13*), so feiert jeder zweite Befragte (56,4%) mehrmals in der Woche mit seinen Mitbrüdern in der Gemeinschaft Eucharistie. Gut jeder Dritte (36,3%) praktiziert dies sechs- oder siebenmal. Es ist nicht einmal jeder Zehnte (9,2%), der antwortet, nur einmal pro Woche in der Gemeinschaft an der Eucharistie teilzunehmen. Gut jeder Dritte (34,4%) gibt eine „ganz unterschiedliche" Frequenz seiner Teilnahme an der Eucharistiefeier an: die Kapuziner (22,8%) und Franziskaner (28,3%) liegen unter, die ‚Sonstigen' (48,4%) und die Dominikaner (44,1%) liegen deutlich über diesem Drittel. Daraus lässt sich schließen, dass – zumindest in einigen Gemeinschaften – die tägliche **gemeinschaftliche** Eucharistiefeier kein für die gesamte Gemeinschaft verlässlich konstitutiver Ort (mehr) ist. Damit stellt sich die Frage nach der Notwendigkeit von Flexibilität in Bezug auf die Erfahrung der gemeinschaftlichen Eucharistie als verlässlich konstitutiver Ort von Gemeinschaft.

Tab. 13: Häufigkeit der persönlichen Teilnahme an den Eucharistiefeiern in den Gemeinschaften pro Woche – nach Orden [in %]

Mendikanten insgesamt	K	F	D	S
1 mal	9,2	6,5	13,3	11,9	6,5
2 mal	5,1	4,3	8,3	5,1	3,2
3 mal	4,0	6,5	3,3	1,7	3,2
4 mal	3,7	4,3	5,0	1,7	3,2
5 mal	7,3	7,6	6,7	11,9	3,2
6 mal	12,1	10,9	13,3	15,3	9,7
7 mal	24,2	37,0	21,7	8,5	22,6
ganz unterschiedlich	34,4	22,8	28,3	44,1	48,4

Die „ganz unterschiedliche" Frequenz der Teilnahme bei den täglichen Gebetszeiten ist mit 14,5% weitaus geringer (vgl. *Tab.14*) als bei der Eucharistiefeier. Unter diesem Durchschnittswert liegen wieder die Kapuziner (9,7%) und Franziskaner (9,7%), die Dominikaner (20,6%) und die ‚Sonstigen' (20,0%) liegen darüber. Acht von zehn aller befragten Mendikanten (79,2%) nehmen an den Stundengebeten mehrmals teil, die meisten zwei- (21,2%) bis dreimal (42,4%) am Tag. Von den sieben Befragten, die angeben, täglich fünfmal gemeinschaftlich zu beten, sind fünf Kapuziner, ein Minorit und ein Dominikaner. In den meisten Gemeinschaften finden – den Angaben von 54,9% der Befragten zufolge – dreimal am Tag Gebetszeiten statt. Etwa jeder Fünfte (19,0%) kreuzte an, dass sogar vier- und fünfmal zum Gebet geläutet wird. Nur jeder Zwanzigste (4,9%) erlebt in seiner Gemeinschaft, dass die Stundengebete „ganz unterschiedlich" stattfänden.

In den meisten Gemeinschaften betet man – den Angaben von 54,9% der Befragten zufolge – dreimal am Tag gemeinschaftlich. Etwa jedem Fünften (19%) zufolge finden sogar vier- und fünfmal die gemeinsamen Gebetszeiten statt, und nur jeder zwanzigste (4,9%) gibt an, dass sich die

Brüder „ganz unterschiedlich" zum gemeinsamen Beten versammeln. Keiner der Befragten will die gemeinsamen Gebetszeiten abschaffen, niemand will sie reduzieren. Vier von fünf der befragten Mendikanten wollen sie „so lassen", eine Minderheit sogar ausbauen (17,4%). Dazu später im Kapitel 4.7.1.

Tab. 14: Häufigkeit der tägl. Teilnahme an gemeinsamen Gebetszeiten – nach Orden [in %]

	Mendikanten insgesamt	K	F	D	S
1 mal	6,4	3,2	6,5	9,5	7,7
2 mal	21,2	15,1	30,6	19,0	23,1
3 mal	42,4	48,4	35,5	39,7	43,1
4 mal	13,1	18,3	17,7	9,5	4,6
5 mal	2,5	5,4	0,0	1,6	1,5
ganz unterschiedlich	14,5	9,7	9,7	20,6	20,0

Diese unterschiedliche Frequentierung der gemeinschaftlichen Liturgie, insbesondere der Eucharistiefeier, hat ganz unterschiedliche Gründe. Sie hängt mit persönlicher Selbst- und auch Fremdkontrolle durch die Gemeinschaft ebenso zusammen wie mit unterschiedlichen Vorstellungen über die zeitliche Struktur des gemeinschaftlichen Lebens bzw. des Kontextes der Stundengebete oder aber auch mit anderen Verpflichtungen, die als vordringlich erachtet werden:

„Wenn ich jetzt [...] morgens zur Messe gehe ... , ja dann steh ich eben auf frühzeitig, dass ich eben zur heiligen Messe komm, ja. Das ist eine Sache. Wenn ich mal verschlafe, dann verschlafe ich eben, das ist keine Todsünde, aber ich sollte schon gucken, dass ich regelmäßig dann zur Messe geh oder mittags zum Mittagsgebet oder abends zur Vesper." (I179TM)

„Laudes, Mittagsgebet – einer der kleinen Horen –, Vesper. So. Anderes ist privat. Dann gibt's junge Brüder, die wollen unbedingt die Komplet um zehn Uhr. Jetzt nur als Beispiel. Gut. Könnte man auch gutheißen. Und nach der Komplet gucken die

noch zwei Filme an (Haut sich mit der Hand den Kopf). Komplet, das ist Schluss. Wenn die, die können von mir aus Filme gucken, das ist mir dann egal. Wenn die morgens da sind, können die von mir aus bis zwölf Uhr Filme gucken, müssen selbst entscheiden welche. Aber so eine Schizophrenie." (I122GK)

„Um sechs Uhr fünfzehn ist Laudes. Und beim Frühstück treffen wir uns, wir haben gemeinsames Mittagessen. Wir haben gemeinsame Rekreation. Wir haben Mittagsgebet … Wir treffen uns." (I155TW)

„Ja nicht, dass ich nicht, ich habe schon Messen gehalten usw., aber ich bin kaum um, ja in der Frühe war ich bei der Laudes, das war aber schon alles auch. Ja sonst keine, keine Vesper. Die ist ja abends um fünf Uhr oder sechs Uhr, ja da habe ich da die Leiter gehabt. Gespräche und Mütter, die Geld gebraucht haben und weil sie Kinder gehabt haben. Ich habe Nudeln gesammelt und alles Mögliche." (I177BK)

„Ich bin da um halb sieben in der Frühe bin ich da, so im Chor und dann beten und dann habe ich um sieben Uhr die Messe oder ich bin auswärts wie heute in […], im […], fahre ich mit dem Auto schnell rüber da, habe wieder drüben Gottesdienst oder ich habe auch mal nicht, dann habe ich heute halt mal keine Messe. Deswegen bin ich jetzt nicht, nicht mehr so, fühle ich mich nicht als weniger guter Kapuziner, wenn ich einmal an einem Tag oder zwei in der Woche, im Monat keine Messe feiere." (I192BK)

Anders als die Mehrheit der Katholikinnen und erst recht der Katholiken im deutschsprachigen Raum erfüllen somit alle befragten Ordensbrüder das zentrale, von ihnen freilich zu ‚überbietende‘[104] Kirchengebot, mindestens einmal in der Woche (in der Regel sonntags) an der Eucharistiefeier teilzunehmen. Die Gemeinschaften selbst feiern – wenn auch nicht unter der regelmäßigen Teilnahme aller Mitglieder – häufiger Eucharistie, wenn auch nicht alle regelmäßig und täglich. Auf eine Säkularisierung im Sinne einer Entkirchlichung lässt sich weder in dieser rituellen Ausprägung von Kirchlichkeit noch in der Ausprägung des täglichen Gebets schließen, das in vielen Gemeinschaften kollektiv wie individuell praktiziert wird.

Zusammenfassend lässt sich sagen: Im Blick auf die Ausprägung der Verbundenheit mit der Kirche lässt sich für die Mendikanten kaum von einer Säkularisierung im Sinne von Entkirchlichung sprechen, wenn auch der Anteil der kritisch Verbundenen vergleichsweise hoch ist. Dies erscheint uns aber weitgehend mit dem institutionskritischen Selbstverständnis, das

---

[104] Vgl. Müller, Utopie, 75.

sich Mendikanten und andere Ordensgemeinschaften geben, im Zusammenhang zu stehen.[105] Auch im Blick auf die von den meisten Befragten angegebenen Arbeitsschwerpunkte der Seelsorge, zumal in den Handlungsfeldern der Pfarrgemeinden, lässt sich nicht von Entkirchlichung sprechen. Im Gegenteil: Hier scheint eher der Terminus der ‚Verkirchlichung' – zumindest der strukturellen bzw. organisationellen Verkirchlichung – angebracht. Gemeint ist damit weniger die konzeptionelle und institutionelle Orientierung an der katholischen Kirche,[106] sondern die – auch mit finanziellen Abhängigkeitsverhältnissen einhergehende – organisatorische Einbindung in die Bistümer, die bestimmte Grade der Autonomie der Orden und Kommunitäten verhindert, ihren Aktionsraum einschränkt und sie zur affirmativen kirchlichen Binnenorientierung tendieren lässt.[107]

---

[105] Vgl. z.B. Chenu, Orden, 109: „Der Orden der Predigerbrüder ist radikal aus der Wahrnehmung, Einsicht, Analyse und der Liebe zu einer sich wandelnden Welt entstanden. Im Gegensatz zur Kirche als ganzer, als Hierarchie und zum praktizierenden kleinen Volk erkennen die neuen religiösen Gruppen, Minder- und Predigerbrüder an der Spitze, dass die Welt, so wie sie ist, und nicht nur die etablierte Ordnung, eine Herausforderung zu einem Leben gemäß dem Evangelium darstellt". – Vgl. dazu Gebhardt, Charisma, 121, der von einem „Spannungsverhältnis" zur Amtskirche spricht, aber nicht von einem „offenen Gegensatz".

[106] So betont schon Gundlach, Orden, 437, „dass der Orden nur auf dem Boden und innerhalb der Kirche möglich ist". – Die konzeptionelle und institutionelle „Verkirchlichung des Mönchtums" ist ein historisch wichtiger Vorgang der Christentumsgeschichte, wodurch alle anderen Formen des asketisch basierten persönlichen Charismas als häretisch definiert wurden, s. Ernst Troeltsch, Die Soziallehren der christlichen Kirchen und Gruppen, 3. Auflage, Tübingen 1923, 230ff; vgl. auch Max Weber, Wirtschaft und Gesellschaft, 5. Auflage, Tübingen 1972, 694ff; Hubert Treiber, Geschlechtsspezifische und andere Spannungsverhältnisse innerhalb der Kirche: Eine Problemskizze vornehmlich zum Mittelalter, in: Gisela Völger/Karin v. Welck (Hg.), Männerbande – Männerbünde. Zur Rolle des Mannes im Kulturvergleich, Band 1, Köln 1990, 149-162, bes. 150ff zu den Anfängen der Bettelorden als „ständige Herausforderung für die Kirche".

[107] Den ökonomischen Aspekt betont auch Engel, Orden, 80, und konstatiert mit Blick auf Deutschland „eine dem deutschen Kirchensteuersystem geschuldete finanzielle Gebundenheit der Orden an die Diözesen". Dem Pressebericht des Vorsitzenden der Deutschen Bischofskonferenz (Die Tagespost vom 19. Februar 2005, 5) über einen Studientag zu den Gemeinschaften geweihten Lebens am 16.02.2005 ist zu entnehmen: „Mit etwa 3500 Ordenspriestern stellen die Orden rund 20 Prozent aller Priester in Deutschland. 65 Prozent der Ordenspriester sind mit einem so genannten Gestellungsvertrag, den das Bistum mit der Ordensgemeinschaft schließt, in diözesanen Diensten. Da die Orden keine unmittelbaren Einkünfte aus Kirchensteuermitteln beziehen, sichern ihnen nicht selten die Gestellungsgelder ihre wirtschaftliche Existenz. Werden den Orden unter dem

Schon vor Jahrzehnten hat Johann B. Metz fragend auf solche Prozesse der Verkirchlichung hingewiesen: „Sind die Orden inzwischen nicht zu sehr in jene ‚Mitte' gerückt, wo alles ausgewogen und gemäßigt ist – gleichsam großkirchlich angepasst und gezähmt? – Wo ist heute die innerkirchliche Schockwirkung der Orden? [...] Sind die Orden überhaupt (noch) willens und in der Lage, solche kritisch-therapeutische Aufgaben wahrzunehmen? Oder sind sie selbst nicht schon zu sehr großkirchlich ‚vereinnahmt' und ausgesöhnt? Gibt es schließlich nicht so etwas wie eine ‚List' der Großkirche, die Orden anzupassen und den Antagonismus zu entspannen? Gehört vielleicht der Vorgang der zunehmenden ‚Verpriesterlichung' der Orden in der Neuzeit zu dieser Anpassungslist? [...] Sind inzwischen viele Orden oder doch eine große Zahl einzelner Ordenshäuser – zumindest bei uns – nicht schon viel zu fest ‚verplant' von Pastoralplänen, an deren Zustandekommen sie selbst kaum Anteil hatten?".[108]

Heinz Hürten zufolge kann „Verkirchlichung" auch der „Verlust von Welt bedeuten, von Ansatzpunkten, auf ihre Gestalt einzuwirken."[109] Am Beispiel der Laien, die sich über die Pfarrgemeinderäte als „Element der kirchlichen Struktur" enger an die verfasste Kirche gebunden haben, zeige sich, so Hürten, „das zentrale Problem für den deutschen Katholizismus der Gegenwart [...] Die Laien sind in großer Zahl innerhalb der kirchlichen Strukturen tätig geworden, als Mitglieder von Räten, als haupt- und ehrenamtlich Tätige im kirchlichen Dienst; aber die Organisationen und Institutionen, mit denen die Laien unmittelbar auf die Gestaltung der Welt einwirken, am ständigen Prozess der Meinungs- und Willensbildung der

---

Eindruck finanzieller Engpässe in den Bistümern diese Gestellungsverträge gekündigt, geraten auch sie unter zunehmenden wirtschaftlichen Druck". 1971 waren es noch 6.562 Ordenspriester in Deutschland, die 25,2% aller Priester stellten; s. Gregor Siefer, Sterben die Priester aus? Soziologische Überlegungen zum Funktionswandel eines Berufsstandes, Essen 1973, 73 (eigene Berechnung).

[108] Metz, Zeit, 617.

[109] Zu diesem Begriff vgl. Heinz Hürten, Verkirchlichung und Entweltlichung: Zur Situation der Katholiken in Kirche, Gesellschaft und Universität, Regensburg 2011, hier 15f. – In der Religionsforschung wird auch die organisationelle von der ‚institutionellen' und werden beide von der ‚konzeptionellen' Verkirchlichung unterschieden. Vgl. auch Ellen Ueberschär, Entkirchlichung und Verkirchlichung. Die evangelische Jugendarbeit in der DDR der 1950er Jahre, in: Norbert Friedrich/Traugott Jähnichen (Hg.), Gesellschaftspolitische Neuorientierungen des Protestantismus in der Nachkriegszeit, Münster 2002, 63-72, hier 69ff.

demokratischen Gesellschaft in allen Fragen der Kultur, Wirtschaft, Politik und Sozialordnung teilnehmen könnten, sind im Laufe der zurückliegenden Jahrzehnte schwächer und an Zahl geringer geworden." Damit einher geht „ein Verlust an Welt", „eine Konzentration des Bewusstseins auf theologische und innerkirchliche Fragen, während das Interesse an Politik und Gesellschaft eher zurückgeht".[110] Man wird die Laien nicht mit den Ordensgemeinschaften im Allgemeinen oder mit den Mendikanten im Besonderen gleichsetzen können, aber die Funktionen und Folgen einer Verkirchlichung sind vergleichbar. So weiß man gerade in den Mendikantenorden, dass sichere Einkünfte aus Pfründen mit festen Verpflichtungen verbunden sind und darum die Beweglichkeit einschränken. So weigerte sich z.b. Dominikus, aus diesem Grund „Pfarreien zu übernehmen".[111] Bei den Dominikanern wurde bereits Mitte des 13.Jahrhunderts „in die Konstitutionen das Verbot, Pfarreien anzunehmen, aufgenommen; aber in der Praxis hielt man sich bald nicht mehr daran. Der Ordensmeister P. Jandel lehnte 1868 die Übernahme einer Pfarrei in Berlin ab, nicht aus Gründen des Ordenszieles, sondern der Observanz. Aus demselben Grund verlangten die Konstitutionen von 1932 eine Einschränkung der Pfarrseelsorge."[112] Ein „stilles Durchdringen" der Gesellschaft, ein prophetisch-„kritisches Urteilen" über die Negativitäten der Gesellschaft oder gar ein „politisches Handeln" der Mendikanten in ihr kann damit ebenso gebremst werden, wie diese umgekehrt Risiken eingehen, gesellschaftliche Anregungen und Lernchancen zu übersehen.[113] Dazu später.

Tatsächlich ist es so, dass diese Tendenz zur Verkirchlichung von einigen Interviewpartnern als Kreativitätshindernis erlebt wird, ihre jeweilige Mendikantenspiritualität zur Entfaltung zu bringen oder für die Anliegen der Menschen außerhalb der Kirche resonanzfähig zu sein:

---

[110] Hürten, Verkirchlichung, 18, 23, 25.

[111] Müller, Utopie, 76. – Vom ursprünglichen Selbstverständnis der Dominikaner und Franziskaner her kam „für die ‚volksmissionarisch' tätigen neuen Apostel [...] eine einengende Bindung an die Pfarrkirche nicht länger in Frage [...] Mobilität war für die neuen Orden eine Grundbedingung ihres religiösen Lebens in der Hinwendung zur Welt", so auch Springer, Mendikanten, 32.

[112] Meinolf Lohrum OP, Zur dominikanischen Spiritualität, in: Engel (Hg.), Spiritualität, 16-42, hier 21.

[113] Vgl. hierzu Paul Tillich, Systematische Theologie, Band III, Stuttgart 1966, 246ff.

„Ich sag mal etwas provokant, ich wünsche mir, dass wir weniger kirchliche Aufgaben haben, sondern mehr Aufgaben, die vielleicht gar nicht in erster Linie was mit Kirche zu tun haben. Wobei ich jetzt nicht das meine, darum geht's mir gar nicht. Ich glaube, dass wir [...] Die großen Themen der Menschheit – formulieren wir es mal etwas anders – die großen Themen der Menschheit sind Themen, auf die wir keine Antwort haben, aber zu denen wir einen Beitrag leisten können aus der franziskanischen Spiritualität heraus." (I162PK)

„Ich glaube, dass /eh/ zumindest ergänzend zu den Orten, wo wir vielleicht Pfarrarbeit, Wallfahrtsseelsorge, Exerzitien, Begleitung oder sonst was machen, würde ich mich freuen, dass wir an ein paar Orten sind, [...] wo wir auch noch was anderes einbringen. Ich sag mal, so ein paar Visionen, Spinnereien entwickeln." (I192MP)

Entkirchlichungs- und auch Entchristlichungstendenzen zeigen sich unter den Befragten – blickt man nur auf das bisher Gesagte – allenfalls auf der Überzeugungsdimension, und zwar hinsichtlich einiger kirchenoffizieller Grundüberzeugungen. Es drängt sich die Frage auf, ob der Wahrheitsanspruch der christlichen Religion[114] nicht nur unter den evangelischen und den katholischen Kirchenmitgliedern (in Deutschland), sondern auch bei den befragten Mendikanten immer weniger Plausibilität, Resonanz und Rückhalt erfährt, oder ob es andere, kreative Gründe der ‚Selbstrelativierung' der eigenen Religion gibt. Es ist freilich nicht auszumachen, ob es ihnen an jenen „Gewissheiten, die kein Wissen bereitzustellen vermag",[115] wirklich fehlt, oder ob darin nicht vielmehr eine zivilisierte Haltung der Selbstreflexion, des Respekts und der Verstehensbereitschaft gegenüber anderen Religionen zum Ausdruck kommt, ohne damit der Intention zu folgen, den eigenen Wahrheitsanspruch aufzugeben.

Feststellbar ist aber auch: Wer der *eigenen* Religion den Wahrheitsmonopolanspruch bestreitet bzw. auch anderen Religionen Wahrheitsteilhabe zuschreibt, schreibt ‚Wahrheit' damit noch nicht ausschließlich ‚der Welt' zu, sondern der Religion, wenn auch nicht mehr der eigenen allein. Dies vermag inzwischen auch unter den bekennenden Atheisten Irritationen auszulösen und wird zum Anlass der Klage.[116] Fest steht, dass dieser ‚Inklu-

---

[114] Vgl. Tenbruck, Wahrheit, 49-86.

[115] Tenbruck, Wahrheit.

[116] Herbert Schnädelbach, Der fromme Atheist, in: Neue Rundschau 118/2, 2007, 112-119, hier 118f.

sionismus' den ,Rigorismus' in Sachen Religion begrenzt und auch unter
den Mendikanten in eine Minderheitslage manövriert, dort freilich in eine
relativ starke Minderheit. Man wird nicht fehlgehen, wenn man annäherungsweise die Minderheit derjenigen, die den Wahrheitsmonopolanspruch
der eigenen Religion bestätigt, als fundamentalistisch *geneigt* qualifiziert.
Diese Tendenz ist eindeutig stärker bei den befragten Mendikanten (am
stärksten bei den Dominikanern!) als unter den übrigen Katholik(inn)en
(in Deutschland) verbreitet. Wir können somit in der Ausprägung *bestimmter religiöser Überzeugungen* bei der Mehrheit von Mendikanten von Säkularisierungs*tendenzen* im Sinne von Entkirchlichungs- und Entchristlichungstendenzen sprechen, keineswegs jedoch im Sinne einer radikalen Sä-
kularisierungstendenz in Form einer ,Entzauberung' des Religiösen überhaupt. Wenn anderen Religionen *auch* Wahrheitskerne zugeschrieben werden, dann handelt es schließlich immer noch um religiöse Wahrheiten und
nicht um Wahrheiten, denen die spezifisch religiöse Plausibilität als solche abhanden gekommen ist. Dieser Befund könnte auf mögliche Polarisierungen – und damit auf Spannungen und Uneinigkeiten – innerhalb der
Gemeinschaften hindeuten.

4.3 DIE BEFRAGTEN UND IHR ORDENS- UND GEMEINSCHAFTSPROFIL

In den qualitativen Interviews wird durch zahlreiche Äußerungen deutlich,
dass sich die Brüder mit ihren Orden identifizieren, auch wenn dies manchmal klischeehaft auf Kosten anderer (Mendikanten-)Orden geschieht.[117]
Manchmal können sich aber auch die Klischees der Anderen in den Selbst-
beschreibungen einiger Ordensmänner bestätigt sehen.

So betonen z.B. einige der Dominikaner ihre intellektuelle Kompetenz,
ihren cönobitischen Charakter und ihre demokratische Struktur, müssen
sich dabei aber offensichtlich zugleich von den Jesuiten oder Franziskanern
abgrenzen:

---

[117] Abgrenzung wie Abwertung gehören gewissermaßen zum Stil der kollektiven Identi-
tätsvergewisserung in den Ordensgemeinschaften. Vom „fröhlichen Durcheinander à la
Franziskaner (Pardon!) ..." sprach etwa Marie-Dominique Chenu OP, Hat der Orden
des heiligen Dominikus noch eine Chance?, in: Engel (Hg.), Spiritualität, 97-112, hier
111.

„Die dominikanische Spiritualität, also das heißt, was einen Dominikaner ausmacht, ist die geistliche Lebenshaltung dessen, der mit humaner Offenheit und theologalem Gottessinn dem zeitgenössischem Lebens- und Weltgeschehen begegnet, zum Heil der Seele. Also hier geht es um humane Offenheit. Und das Ja, sagen wir mal, absolut eben dieses Vertrauen zur Welt. Also, das ist die humane Offenheit. Das heißt, dass wir aber eben nicht diese Welt eindimensional sehen, sondern eben, dass Gott da in irgendeiner Weise mitspielt. Also nicht jetzt irgendeine Theologie. Und aber auch nicht ein theologischer, sondern ein theologaler, also wir sollen Gott zur Sprache bringen. " (I195KO)

„Bei den Dominikanern war für mich /ehm/ herausragend /ehm/ dieser intellektuelle Aspekt." (I134LM)

„Wir müssen ... die ganze Welt umarmen, aber eben nicht als Einsiedler, sondern als Menschen, die mitten in diesen ganzen Gesprächskontakten drin sind und dabei immer wieder neue Begegnungen haben." (I127ML)

„Jesuiten machen das nicht als Konvent. Sondern als Einzelkämpfer. Sie sind zwar eine ‚Militia Christi‘, aber jeder ist da auf seinem einzelnen Posten. Er wird auch für den Posten versorgt. Man kriegt da zwei Assistenten, die einem das alles zuarbeiten, damit man das tolle Buch schreibt." (I144KT)

„Na gut, aber der Gemeinschaftsaspekt ist also für uns eben, glaube ich, entscheidend. Und, und, und dann würde ich bei uns noch sagen, auch der demokratische Aspekt. Den, zum Beispiel, die Franziskaner so nicht haben. Da werden die Oberen alle eingesetzt." (I198TM)

Einige der Franziskaner dagegen definieren sich in eine Position zwischen die Kapuziner einerseits, die als volksnah, d.h. mit den einfachen Leuten verbunden, beschrieben werden, und die Minoriten andererseits, die als exklusiv gesehen werden und sich ihrerseits als eigentliche Franziskaner von den anderen Franziskanern abgrenzen würden:

„Ich würde eigentlich schon sagen, dass, dass die Kapuziner auch über die Geschichte hinweg immer so ein Orden sind, der der sehr stark sich mit mit dem Volk identifizieren konnte." (I117BF)

„Mit den Minoriten – muss ich einfach sagen – hab‘ ich oft auch in der Begegnung nicht so die idealen Erfahrungen gemacht, also /ehm/ gibt einfach Brüder, die grenzen sich auch gegenüber den Franziskanern ab, so nach dem Motto, wir sind so die eigentlichen und richtigen Franziskaner." (I118TB)

„Da gibt es so ein bisschen so eine Befindlichkeitsstörung zwischen dem schwarzen und dem braunen Zeug jetzt, und ich bin ganz froh, dass ich, also, es erleichtert

mich manchmal in meiner Wahrnehmung, wenn ich merke bei Mitbrüdern, das geht den anderen ähnlich. Das ist schade und das ist dumm und ich kann es überhaupt nicht nachvollziehen, aber es ist leider so. Und vielleicht auch wirklich ein Ergebnis davon, dass die Gemeinschaften kleiner werden, dass das alles enger wird und dass man sich so ein bisschen gegeneinander profiliert. De facto merke ich keinen Unterschied, ich glaube nicht, dass die Kapuziner anders leben als wir, unterm Strich, und, und die Minoriten auch nicht. " *(I134GB)*

„Also da gibt es so ein Ideal, der Kapuziner ist so und so und wird auch in der Ausbildung so ein bisschen dahin gelenkt. " *(I177BF)*

Auf die Frage, was die jeweilige Eigenheit ihres Mendikantenordens aus- und zukunftsfähig macht, kamen die Befragten – analog des Karl Rahnerschen Diktums: „Der Fromme von morgen wird ein Mystiker sein, einer, der etwas erfahren hat, oder er wird nicht mehr sein",[118] – zu folgenden, ihre kollektive Identität markierenden Aussagen:

Der **Dominikaner** von morgen …

„… muss ein Mensch sein, der vor keiner einzelnen Struktur Angst hat, und mit eigenen Strukturen und den Menschen, die da drin sind, ins Gespräch kommt. Und, ein Mystiker sein, sonst kann er es gar nicht machen. " *(I155TM)*

„… sollte angstfrei sein und keine Angst auch vor, ja, vor, vor Gegenrede haben. Weil er sich ja eigentlich getragen weiß, von ja… von Gott. " *(I199TG)*

„… angstfrei sein, sonst geht er unter. " *(I133TD)*

„… muss ein angstfreier Verbündeter sein, der die Wahrheit sagt. " *(I160TM)*

„… muss ein Gottesmann sein. Also muss eine gute, tragende Beziehung zu Gott haben. Und er muss ein Mensch sein, der mit anderen Menschen leben kann. " *(I180MG)*

„… muss jemand sein, der, ja, mutig in die Welt hinausgeht, sich mit den Leuten auseinandersetzt. Ich glaube auch /ehm/ im Studium sich mit der Kultur auseinandergesetzt haben. /Ehm/ Und er muss fähig sein, dieses dann so runter zu brechen, dass die Leute ihn verstehen. " *(I190GD)*

„… wird ein Studierter, Seelsorger sein. " *(I183DT)*

… oder er wird nicht mehr sein.

---

[118]　Karl Rahner, Frömmigkeit früher und heute, in: Ders., Schriften zur Theologie, Band 7, 2. Auflage, Einsiedeln 1971, 22f.

Der **Kapuziner** von morgen ...

„ ... *muss Orte, wo wir noch sind und bleiben, auch mit guten ... Brüdern bestücken.*" *(I130KS)*

„... *muss versuchen das zu leben, was er vorgibt.*" *(I195MG)*

„... *muss gläubig sein; nicht bigottig, aber gläubig.*" *(I111TM)*

„... *darf nicht zu allem Ja und Amen sagen.*" *(I169LM)*

„... *muss (...) mit den Brüdern über alles reden und offen sein.*" *(I113SO)*

„... *muss sich in Kreise bewegen, die nicht mehr so gläubig sind.*" *(I113OS)*

„... *Charisma haben.*" *(I119KH)*

„... *sollte man nach Möglichkeit das, was Franziskus gesagt hat, nach dem Evangelium /eh/ tun und ... ja das auch /eh/ auch tun und machen.*" *(I192TM)*

„... *offen zu den Menschen sein.*" *(I100GK)*

„... *muss versuchen, die Anderen zu überzeugen durch sein Beispiel.*" *(I123US)*

„... *muss in Gott, dem Evangelium /eh/ oder in einer religiösen Erfahrung einen Rückhalt haben.*" *(I114HU)*

„... *muss ein frommer Mann sein. Also, das heißt, die Beziehung zu Gott leben.*" *(I143TM)*

„... *ein geistlicher Mensch sein, ich nenn' das: ein Freund der Menschen sein.*" *(I156KG)*

„... *an prägnanten Orten sein.*" *(I113PK)*

„... *die Vielfalt im Orden noch einmal mehr in den Dienst der Menschen stellen.*" *(I190OF)*

... oder er wird nicht mehr sein.

Der **Franziskaner** von morgen ...

„... *muss nach Assisi fahren und dort Exerzitien machen.*" *(I162OR)*

„... *muss sich an Jesus Christus, an, am Evangelium orientieren.*" *(I114BF)*

„... *muss nicht so sehr klösterlich sein, sondern ein Leben in der Welt führen.*" *(I185BF)*

„... *muss sich dem aussetzen, der Gegenwart, den weltlichen Vollzügen.*" *(I113BF)*

„... *muss in Gemeinschaft leben.*" *(I194TG)*

„... muss in der Kirche, Kirche im Sinn auch von Gemeinde, von /ehm/ also, wir, wir sind auch für, für die anderen Menschen da, in Kirche leben." (*I177SU*)

„... muss sich auch über unsere Aufgaben definieren, die wir für andere haben." (*I175FA*)

... oder er wird nicht mehr sein.

Einstellungen, die eine negative Distanz zum eigenen Orden zum Ausdruck bringen (*„Ich bin Ordensmann, aber mein Orden als solcher bedeutet mir nicht viel"*), sind unter den befragten Mendikanten so gut wie nicht verbreitet (vgl. *Tab. 15*). Im Gegenteil: Mehr als die Hälfte der Brüder (54,6%) charakterisieren das Verhältnis zu ihrem Orden als „eng verbunden", die befragten Dominikaner mit zwei Dritteln (65,0%) überdurchschnittlich, die ‚Sonstigen' (41,0%) allerdings unterdurchschnittlich. Unter Letzteren dominieren (55,7%) die mit ihrem Orden ‚kritisch Verbundenen' (*„Ich fühle mich meinem Orden verbunden, auch wenn ich ihn in vielen Dingen kritisch gegenüber stehe"*).

Tab. 15: Stufen der Ordensverbundenheit – nach Orden [in %]

	Mendikanten insgesamt	*K*	*F*	*D*	*S*
Ich fühle mich meinem Orden eng verbunden.	54,6	54,9	57,4	65,0	41,0
Ich fühle mich meinem Orden verbunden, auch wenn ich ihm in vielen Dingen kritisch gegenüber stehe.	43,2	44,0	41,0	31,7	55,7
Ich bin Ordensmann, aber mein Orden als solcher bedeutet mir nicht viel.	2,2	1,2	1,6	3,3	3,3
Summe	100,0	100,0	100,0	100,0	100,0

Eine Differenzierung nach Altersklassen (vgl. *Tab. 16*) zeigt einen über-durchschnittlich hohen und zugleich mehrheitlichen Anteil an ‚kritisch Verbundenen' in der Klasse der ältesten Mendikanten, also unter den 76-93jährigen.

Tab. 16: Stufen der Ordensverbundenheit – nach Altersquartilen [in %]

	Mendikanten insgesamt	1	2	3	4
Ich fühle mich meinem Orden eng verbunden.	54,7	57,4	60,0	57,4	44,8
Ich fühle mich meinem Orden verbunden, auch wenn ich ihm in vielen Dingen kritisch gegen-über stehe.	43,5	41,0	38,0	40,7	53,4
Ich bin Ordensmann, aber mein Orden als solcher bedeutet mir nicht viel.	1,8	1,6	2,0	1,9	1,7
Summe	100,0	100,0	100,0	100,0	100,0

Einstellungen, die eine negative Distanz zur eigenen **Gemeinschaft**[119] zum Ausdruck bringen, sind unter den befragten Mendikanten eher (als ge-genüber dem Orden) vorhanden, aber nur wenig verbreitet (vgl. *Tab. 17*). Weniger als die Hälfte der Befragten (45,6%) stufen ihr Verhältnis zu ih-rer Gemeinschaft als „eng verbunden" ein, knapp jeder zweite Mendikant (49,5%) ist seiner Gemeinschaft „kritisch verbunden". Asymmetrien hin-sichtlich der Verteilung der beiden Stufen der Gemeinschaftsverbunden-heit zwischen den einzelnen Orden erscheinen zunächst marginal. Wie in *Tab. 17* zu sehen, sind sie am ausgeprägtesten innerhalb der ‚Sonstigen'

---

[119] In der Unterscheidung von (Wohn-)'Gemeinschaft' und Orden(s-‚Gesellschaft') folgen wir weitgehend auch einer Unterscheidung von Emmerich K. Francis, Toward a Typo-logy of Religious Orders, in: The American Journal of Sociology 55/1950, 437-449.

und innerhalb der Franziskaner, aber auch zwischen diesen ‚beiden' Orden, nämlich auch mit umgekehrten Schwerpunkten auf den Verbundenheitsstufen. Franziskaner und Dominikaner sind, den Ergebnissen zufolge, mit ihren Gemeinschaften mehrheitlich enger verbunden als die Kapuziner und ‚Sonstigen'.

Tab. 17: Stufen der Gemeinschaftsverbundenheit – nach Orden [in %]

	Mendikanten insgesamt	K	F	D	S
Ich fühle mich meiner Gemeinschaft eng verbunden.	45,6	43,6	54,8	52,3	33,3
Ich fühle mich meiner Gemeinschaft verbunden, auch wenn ich ihr in vielen Dingen kritisch gegenüber stehe.	49,5	52,1	41,9	41,5	60,6
Ich bin Ordensmann, aber meine Gemeinschaft als solche bedeutet mir nicht viel.	4,9	4,3	3,2	6,2	6,1
Summe	100,0	100,0	100,0	100,0	100,0

Unterscheidet man die Selbsteinstufungen im Blick auf die Verbundenheit mit den eigenen Gemeinschaften nach den Altersklassen (s. *Tab. 18*), ergibt sich ein auffälliges Bild: Der Anteil der ‚kritisch Verbundenen' nimmt in den beiden höheren Altersklassen zu, um ihren Spitzenwert unter den 76- bis 93jährigen zu erreichen. Eine engere Gemeinschaftsverbundenheit ist in den beiden jüngeren Altersklassen erkennbar; überdurchschnittlich hoch ist sie unter den 52- bis 69jährigen.

Tab. 18: Stufen der Gemeinschaftsverbundenheit nach Altersquartilen [in %]

	Mendikanten insgesamt	1	2	3	4
Ich fühle mich meiner Gemeinschaft eng verbunden.	45,5	52,4	56,4	38,2	36,1
Ich fühle mich meiner Gemeinschaft verbunden, auch wenn ich ihr in vielen Dingen kritisch gegenüber stehe.	49,6	42,9	40,0	54,5	60,7
Ich bin Ordensmann, aber meine Gemeinschaft als solche bedeutet mir nicht viel.	4,7	4,8	3,6	7,3	3,3
Summe	100,0	100,0	100,0	100,0	100,0

Vergleicht man das Verhältnis der Befragten zu ihren Orden mit ihrem Verhältnis zu ihren Gemeinschaften, dann entsteht der Eindruck, dass die Verbundenheit der Befragten zu ihrem jeweiligen Orden enger ist als diejenige zu ihren jeweiligen Gemeinschaften. Am ausgeprägtesten erscheint diese Differenz unter den Dominikanern, am ‚ausgeglichensten‘ sieht das Verhältnis bei den Franziskanern aus (vgl. *Tab. 19*). Die geringsten Verbundenheitsgrade sowohl mit ihren Gemeinschaften als auch mit ihren Orden bringen die ‚Sonstigen‘ zum Ausdruck.

Tab. 19: Gemeinschafts- und Ordensverbundenheit im Vergleich [in %]

	Mendikanten insgesamt	K	F	D	S
Ich fühle mich meiner Gemeinschaft eng verbunden.	45,6	43,6	54,8	52,3	33,3
Ich fühle mich meinem Orden eng verbunden.	54,6	54,9	57,4	65,0	41,0

Diese engere Verbundenheit zum Orden könnte ein Spezifikum von Mendikanten und ihrer höheren überlokalen Orientierung sein und könnte hingegen in den monastischen Klöstern, wo sich die Brüder und Schwestern zur stabilitas loci in ihrer Gemeinschaft verpflichten, auf mögliche Spannungen in der lokalen Communio hinweisen. Die von den befragten Mendikanten zum Ausdruck gebrachte schwächere Verbundenheit mit ihren Gemeinschaften könnte allerdings auch solche Spannungen im Verhältnis von Individuum und Gemeinschaft hinweisen. Darin liegt aber kein Hinweis auf die mangelnde Bedeutung der Kommunität, im Gegenteil:

„*Also diese brüderliche Gemeinschaft spielt eine sehr große Rolle.*" (I179OR)

„*Also wir haben uns abgegrenzt, da gibt es jetzt plötzlich Gemeinde und es gibt Konvent als Gemeinschaft. Dieses Abgrenzen, würde ich sagen, funktioniert so mehr auf der Ebene von geistlicher Gemeinschaft, von Kommunität gegenüber der, der Großgemeinde.*" (I166US)

„*Also wenn der Konvent oder die Gemeinschaft Brüder in die Jugendarbeit schickt, dann ist auch die Entscheidung damit verbunden, dass die Brüder dann auf Achse sind, die sind dann fort, die sind dann außen vor und tauchen dann höchstens ab und zu mal in der Gemeinschaft auf. Und das muss eine Gemeinschaft akzeptieren.*" (I172KG)

„*Ich fühle mich auch stärker zu meinem Kloster verbunden. Weiß mich ganz stark verbunden auch mit meinem Ortsbischof.*" (I147NB)

„*Aber /eh/ eine Vision vom Reich Gottes im Kopf haben und gleichzeitig von diesem Reich Gottes noch gar nichts zu spüren und diese Spannung dazwischen aushalten. Das ist, das ist vielleicht eigentlich Armut. Und trotzdem diese Vision nicht aufgeben und auch da nicht weggehen. Aber das ist schwer und man verteufelt schon manches Mal die Gemeinschaft."* (I111VW)

Zusammenfassend lässt sich sagen:

- Die Befragten scheinen sich hochgradig mit ihren Ordensgemeinschaften zu identifizieren, was sich auch darin zum Ausdruck bringt, dass sie sich als Mendikanten von anderen Orden abgrenzen, dies aber auch innerhalb der mendikantischen ‚Familie' tun.
- Mit ihren Orden zeigen sie höhere Verbundenheitsgrade auf als mit ihrer jeweiligen Gemeinschaft, in der sie gerade leben, wobei sich dabei auch Unterschiede zwischen den Orden und den Altersklassen bemerkbar machen.
- Die ältesten Befragten haben eine kritischere Verbundenheit mit ihrem Orden als die jüngeren Altersklassen, insbesondere die Befragten aus dem zweiten Altersquartil.
- Die ‚Sonstigen' zeigen eine kritischere Verbundenheit mit ihrem Orden als die Befragten der anderen Orden, unter denen die Dominikaner mit überdurchschnittlich hohen Verbundenheitswerten herausragen.
- Die ältesten Brüder zeigen eine kritischere Verbundenheit mit ihrer Gemeinschaft als die jüngeren Altersklassen, insbesondere die Befragten aus dem zweiten Altersquartil. Diese Altersklasse ist sowohl ihrer jeweiligen Gemeinschaft als auch ihrem jeweiligen Orden am engsten verbunden.
- Die ‚Sonstigen' zeigen eine kritischere Verbundenheit mit ihrer Gemeinschaft als die Befragten der anderen Orden, unter denen die Franziskaner mit (leicht) überdurchschnittlich hohen Verbundenheitswerten herausragen.
- Im Vergleich zwischen den Verbundenheitsgraden zu den Orden mit denjenigen zu den Gemeinschaften lassen die Daten auf eine höhere Verbundenheit mit den Orden schließen. Die ausgeprägtesten Differenzen in der Verbundenheit zum Orden und zur Gemeinschaft weisen die Dominikaner auf. Die geringsten Verbundenheitsgrade sowohl mit ihren Gemeinschaften als auch mit ihren Orden bringen die ‚Sonstigen' zum Ausdruck.

4.4   DIE BEFRAGTEN UND IHR WELTPROFIL

Schon in den qualitativen Interviews der Studie war auffällig, dass über den Begriff ‚Welt' kein Konsens herrschte. Was der Eine als ‚weltlich' und damit als einen für ihn säkularen Gegenstand oder eine säkulare Situation definierte, war für den Anderen Teil seines Ordenslebens oder mehr noch: brauchte der Andere sogar notwendig für das Leben seiner persönlichen Spiritualität. Für den Weltbegriff wurden also ganz unterschiedliche Bezugspunkte gewählt:

– die Welt als das Gegenüber in Form von ‚dem Anderen', ‚dem positiv Anderen', ‚dem Fremden', ‚dem Schwierigen', ‚dem Feindlichen', ‚dem Schlechten';
– die Welt als Totalität und das Kloster/die Gemeinschaft als Teil der Welt;
– die Welt des Individuums.

Auffällig ist, dass nur ganz wenige Befragte den Weltbegriff für überflüssig erklären, indem sie dem Item zustimmen: *„Ich würde den Weltbegriff aus meinem Sprachgebrauch streichen" (3,4%)*. Die Minderheit derer, die den Weltbegriff aus dem Lexikon tilgen möchte, wird nicht größer, wenn es um die Zustimmung zu einer Variante dieses Items geht: *„Die Beschäftigung mit dem Weltbegriff ist für mich nicht relevant, da alles Welt ist" (3,7%)*. Der Weltbegriff scheint also – in welcher Semantik auch immer – eine Funktion (für das Ordensleben) zu haben. Eine seiner möglichen Bedeutungen hat Timothy Radcliffe OP in seiner Rede vor dem Generalkapitel der Franziskaner 2003 herausgestellt, indem er auf seine Bedeutung im Zuge der Globalisierungsprozesse verweist. Er betont den Gedanken des „Welt-Dorfs *(global village)*", in dem die meisten Menschen zu Nachbarn werden. Der Weltbegriff steht damit für Zusammenhänge, die ein neues Ganzes bilden.[120] Wie genau man sich jedoch zu den Nachbarn positioniert,

---

[120] „Wir Brüder sollten in dieser neuen Welt zuhause sein, in der nationale Grenzen an Wichtigkeit verlieren. Wir gehörten zu den ersten multinationalen Organisationen in der Geschichte. Nationale Grenzen bedeuteten Franziskus und Dominikus nichts. Dominikus wurde in Spanien geboren, gründete den Orden in Frankreich und errichtete sein Hauptquartier in Italien; und er hoffte bei der Predigt zu den Kumanen in Osteuropa zu sterben. Wir wurden im Mini-Welt-Dorf des dreizehnten Jahrhunderts geboren. Wir sollten in der größeren Welt des 21. Jahrhunderts erblühen", so Timothy Radcliffe OP, Frieden und Freude, Rede vor dem Generalkapitel der Franziskaner 2003, auf http://www.dominikaner.de/themen4.php, abgerufen im Januar 2014.

wie durchlässig man seinen ‚Gartenzaun' oder auch die Klostermauern ge-
staltet, wie häufig man sich besucht und besuchen lässt und wie sehr man
sich anpasst oder gar angleicht, darüber scheint es unterschiedliche Vorstellungen zu geben.

4.4.1 DIE WELT ALS GEGENÜBER

DIE WELT ALS DAS ‚POSITIV ANDERE'

Die meisten der Befragten sehen die Welt als das ‚positiv Andere'. So stimmen 60,1% dem theologisch und moralisch gefassten Item zu: „*Die Welt ist
Gottes gute Schöpfung, für die wir auch Verantwortung tragen*" (vgl. *Abb.
3*).

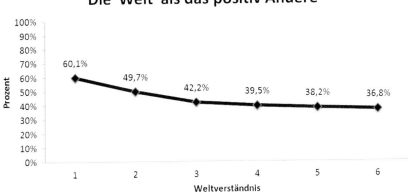

Abb. 3: Die Welt als das ‚positiv Andere' – gesamt

1	*Die Welt ist Gottes gute Schöpfung, für die auch wir Verantwortung tragen.*
2	*Die Welt ist für mich ein Gegenüber, wo ich auch die Stimme Gottes hören kann.*
3	*Der Anschluss an die Welt der Menschen um uns herum ist eine Voraussetzung dafür, dass wir deren Sprache sprechen lernen.*
4	*Wir können als Gemeinschaft viel von der Welt lernen.*
5	*Durch die Welt des Internets haben wir die Möglichkeit, schneller mit unseren Brüdern in anderen Kontinenten zu kommunizieren.*
6	*Die Welt ist für mich wertvoll, sinnvoll und herausfordernd zugleich.*

Vorneweg sind es die beiden mittleren Altersklassen der 52-69jährigen und die der 70-75jährigen, die ihre Vorstellung von Welt in dieser Aussage aufgehoben sehen: sie stimmen mit jeweils über 60,0% zu *(vgl. Tab. 20)*.

Tab. 20: Die Welt als das ,positiv Andere' – nach Altersklassen [in %]

	Gesamt	1	2	3	4
Die Welt ist Gottes gute Schöpfung, für die auch wir Verantwortung tragen.	60,6	57,1	63,6	63,8	58,5
Die Welt ist für mich ein Gegenüber, wo ich auch die Stimme Gottes hören kann.	49,8	50,8	50,9	56,9	41,5
Der Anschluss an die Welt der Menschen um uns herum ist eine Voraussetzung dafür, dass wir deren Sprache sprechen lernen.	41,9	57,1	30,9	50,0	29,2
Wir können als Gemeinschaft viel von der Welt lernen.	38,6	42,9	38,2	44,8	29,2
Durch die Welt des Internets haben wir die Möglichkeit, schneller mit unseren Brüdern in anderen Kontinenten zu kommunizieren.	34,9	42,9	50,9	24,1	23,1
Die Welt ist für mich wertvoll, sinnvoll und herausfordernd zugleich.	35,3	38,1	41,8	31,0	30,8

Vergleicht man die Befragten nach ihrer Ordenszugehörigkeit, fällt auf, dass diese schöpfungstheologisch positive Aussage bei den ,Sonstigen' weniger Zustimmung findet als bei Kapuzinern, Franziskanern und Dominikanern (vgl. *Tab. 21*).

Tab. 21: Die Welt als das ‚positiv Andere' – nach Orden [in %]

	Gesamt	K	F	D	S
Die Welt ist Gottes gute Schöpfung, für die auch wir Verantwortung tragen.	60,1	63,0	65,1	61,5	50,0
Die Welt ist für mich ein Gegenüber, wo ich auch die Stimme Gottes hören kann.	49,7	51,0	63,5	41,5	42,6
Der Anschluss an die Welt der Menschen um uns herum ist eine Voraussetzung dafür, dass wir deren Sprache sprechen lernen.	42,2	39,0	44,4	52,3	35,3
Wir können als Gemeinschaft viel von der Welt lernen.	39,5	41,0	38,1	36,9	41,2
Durch die Welt des Internets haben wir die Möglichkeit, schneller mit unseren Brüdern in anderen Kontinenten zu kommunizieren.	38,2	36,0	42,9	43,1	32,4
Die Welt ist für mich wertvoll, sinnvoll und herausfordernd zugleich.	35,8	31,0	38,1	40,0	36,8

Für fast die Hälfte (49,7%) der Befragten ist die ‚Welt' *„ein Gegenüber, wo ich auch die Stimme Gottes hören kann".* Dies gilt erst recht für die älteren Bruder der 3. Altersgruppe, der 70-75jährigen, denn sie bestätigen diese – wiederum theologische – Aussage überdurchschnittlich hoch mit 56,9%, ebenso die Franziskaner mit überdurchschnittlich 63,5%. Die älteste Gruppe der Brüder stimmt dieser Aussage am geringsten und nur minderheitlich zu, was mit ihrer ‚vorkonziliaren' Ordenssozialisation zu-

sammenhängen mag, aber auch andere Gründe haben kann. In den qualitativen Interviews war immer wieder auch von der mangelnden Mobilität aufgrund von Alter die Rede, die es den Brüdern erschwert, mit einem
bestimmten Spektrum der Erfahrung von ‚Welt' überhaupt konstruktiv in
Berührung kommen zu können

42,2% aller Befragten bejahen den eher pastoraltheologisch orientierten
Satz: *„Der Anschluss an die Welt der Menschen um uns herum ist eine Voraussetzung dafür, dass wir deren Sprache sprechen können"*. Überdurchschnittlich und mehrheitlich wichtig ist diese Aussage, den Daten zufolge,
für die Dominikaner, was sich auch immer wieder in den qualitativen Interviews bestätigte. Für ihren Predigtauftrag scheint es unabdingbar, den
Menschen *„auf den Mund (zu) schauen"* (I130GZ), wie es ein Dominikaner ausdrückt:

*„Also wir sollen uns ja mit den Menschen auseinander setzen und /ehm/ dann mit
/ehm/ mit ihnen predigen /ehm/ also ihnen also zuerst auf den Mund schauen, den
Leuten. /Ehm/ und dann so wie sie sprechen, /ehm/ in ihrer Gedankenwelt, in ihrem Weltbild die frohe Botschaft verkündigen. Und /ehm/ wenn wir uns abschotten,
wie sollen wir dann also /ehm/ mit den /ehm/, dann können wir super mit Thomas
über die Leute hinwegreden, wir können ihnen sämtliche Feinheiten der Trinitäts-
theologie darlegen. Aber sie verstehen uns dann schlicht und ergreifend nicht. Also
/ehm/ können wir Welt gar nicht aussperren von unserem grunddominikanischen,
so würde ich es zumindest nennen, von unserem grunddominikanischen Auftrag
her." (I130GZ)*

Für die jungen Brüder der 1. Altersgruppe aller Orden, die mitunter noch
nicht so lange im Kloster oder in der Gemeinschaft leben, scheint dieser
kommunikative Anschluss notwendiger (57,1% stimmen zu) zu sein als für
die älteren Brüder zwischen 76 und 93 Jahren. Diese bejahen nämlich dieses Item nur mit 29,2%. Von den Mendikanten im Alter zwischen 52 und
69 Jahren hielt nicht einmal ein Drittel (30,9%) das Erlernen eines neuen
‚Codes', einer neuen Sprache zur besseren Verständigung, für notwendig.

Deutlich weniger als die Hälfte der Brüder, die an der Befragung teilgenommen haben, sehen die ‚Welt' als ‚Lernressource', denn dem Satz:
„Wir können als Gemeinschaft viel von der Welt lernen" stimmen gerade
mal etwas mehr als ein Drittel (39,5%) zu. Wie schon in dem Item über die
Notwendigkeit der Vernetzung mit der Welt zum ‚Sprachelernen' sind es
auch hier die Altersgruppen 2 (42,9%) und 4 (44,8%), die besonders der

Meinung sind, dass es in der ‚Welt' Potenziale gibt, welche die Gemeinschaft sogar lehren können. Dabei ist auffällig, dass in den qualitativen Interviews weniger zu Sprache kommt, dass man *von* ‚der Welt' lernen kann, als vielmehr, dass die Kommunikation *mit* ‚der Welt', also die Interaktion zur Übung wird. So werden in den qualitativen Interviews immer wieder auch Projektionen der Menschen ‚aus der Welt' auf die Ordensleute angesprochen. Diese Projektionen verhindern mitunter aufgrund festgefahrener Vorstellungen, Bilder und Erwartungen die Weiterentwicklung von Kommunikation von Brüdern mit Menschen außerhalb der Gemeinschaften und fordern die Mendikanten nicht selten heraus. So vermutet ein Bruder:

„Das Klischee ist, glaub ich, wirklich so, (...) – Pater, 50er Jahre, irgendwie so. /eh/ Und die kommen dann oft selber gar nicht damit zurecht, dass die merken, wir leben in einer ganz normalen, modernen Welt und leben auch nicht anders. /eh/ Also diese Verbindung von geistlichem Leben und Welt, wo ich eigentlich schon versuch, das zusammenzubringen, da würden Jugendliche, glaub ich, sehr stark erwarten, dass es so eine Sonderexistenz, so eine abgeschirmte Sonderexistenz ist. Was ich ja überhaupt nicht lebe und hoffentlich auch nicht versuche zu vermitteln, aber da glaube ich, gibt es vielleicht so ein bisschen die Sehnsucht, dass es das doch noch irgendwie gibt und so ein bisschen so als Orientierungspunkt oder so." (I119GB)

Weiter erzählt dieser:

„Es gibt aber auch Situationen als katholischer Ordensmann, ursprünglich aus Bayern, wo ich manchmal das Gefühl hab, ich bin nicht kirchlich, ich bin nicht katholisch genug für das, was mir an Erwartungen auch entgegenkommt. Das hab ich ganz oft." (I134CH)

Ein anderer Bruder erzählt:

„Ich hab Ihnen ja gesagt: das Brudersein, das ist Ideologie und Ideologie ist für mich, die ist für mich abzulegen. Ideologie entsteht so: Wir haben viele Hochgebirgstouren gemacht, und da haben wir mit Schnee und mit Hilfe von Lawinenschaufeln einen Altar gemacht und so. Und da hab ich zelebriert und [...] die Leute saßen so wie in einem Amphitheater im Schnee [...] bei Sonne und so. /Eh/ Da hab ich natürlich immer /eh/ solche gehabt, die waren mit mir nicht zufrieden, weil ich zu wenig katholisch war. Andere waren fanden mich wieder großzügig. Andere sagten, du bist blöd, dass du das für solches kleines Entgelt, das du hast, tust, diese Arbeit machst und zu sehr arbeitest. Geh doch in einen Betrieb und ma-

che dort Personalchef oder Ausbildungschef, nicht wahr? (...) Aber ich, ich weiß nicht, ich hab Ihre Frage nicht recht verstanden. Also, klar gibt's, gab's Leute, die von mir etwas Spezielles erwarteten. Und die dann nachher verblüfft waren, dass ich jetzt Priester und Bruder bin. (1105BD)

Ob das Kloster auf dem Land oder in der Stadt liegt, scheint, den qualitativen Interviews zufolge, nicht unerheblich dazu beizutragen, wie stark die Brüder diesen Projektionen ausgesetzt sind. Einer von ihnen weist auf ein ganz bestimmtes Quartier seiner Stadt hin, das sich offensichtlich von anderen unterscheidet:

„Oder das ist, das ist das eine, ich muss sagen, das Quartier hier ist nicht sehr säkularisiert. Also, wenn man so richtige Säkularisierung dann im engen, straffen Sinn als /ehm/ also religiöse Entfremdung und so taxiert, dann ist das nicht so stark säkularisiert, da sind wir hier so bis an die bürgerlichen Leute. Und die haben so eine traditionelle Form von Religiosität und wir reagieren auch entsprechend, wenn man dann mal etwas anders macht, als sie erwarten. (1245GH)

Neben diesen Herausforderungen, welche ‚die Welt' an das Klosterleben stellt, hat man mit einigen von ihr inspirierten Veränderungen im Alltagsleben teilweise schon gute Erfahrungen gemacht und das ‚Weltliche' für die eigenen Interessen genutzt. Zur Aussage: *„Die Welt ist für mich wertvoll, sinnvoll und herausfordernd zugleich"* vermag sich immerhin jeder dritte Befragte zu bekennen. Besonders betont wird dies von den Brüdern der ersten und der zweiten Altersgruppe und des Dominikanerordens. 38,2% der Brüder geben an, durch die Welt des Internets die Möglichkeit zu haben, schneller mit den Brüdern in anderen Kontinenten kommunizieren zu können. Wenn man die Ergebnisse zu diesem Item getrennt nach Orden anschaut, weiß von den Dominikanern beinahe jeder Zweite (43,1%) diese Art der Vernetzung zu schätzen. Allerdings ist diese Wertschätzung mit ihrer Akzentuierung von den damit verbundenen Chancen generationenabhängig. Ein Bruder weist darauf hin:

„Man kann ja dadurch Verbindungen aufbauen, über das Internet, über alle Möglichkeiten und so und wie's früher in diese Richtungen ja nicht gegeben hat. (1119GC)

Nicht nur die „Digital natives"[121], wie Marc Prensky 2001 bereits die junge Generation nennt, die mit multimedialen Medien aufgewachsen ist und auch innerhalb der 1. Altersklasse zu finden ist, erleben die Vernetzung mit den Brüdern auf anderen Kontinenten als Beschleunigungsgewinn (42,9%); ebenso betont die zweite Altersgruppe der Mendikanten – sogar mehrheitlich – diesen Nutzen (50,9%). Es ist anzunehmen, dass in diesen Generationen die Grenzen zwischen realer und virtueller Welt verschwimmen. „,Digital Natives' sind mit Wikis, Blogs und Social Networks aufgewachsen und unterscheiden kaum mehr zwischen virtueller und realer Welt", heisst es in einem Managermagazin, und weiter: „Unternehmen sind gut beraten, die Web-Ureinwohner ernst zu nehmen. Denn sie können nicht weniger als unsere Gesellschaft verändern."[122] Was bedeuten jetzt aber reale und virtuelle Welt und welche Funktion hat diesbezüglich noch die Klostermauer, die in diesem Zusammenhang löchrig geworden zu sein scheint? „Wir müssen, ob wir wollen oder nicht, an die Realität einer ‚Realität' glauben", schreibt Manfred Negele, „der Glaube daran ist es letztlich, der ihre Wirklichkeit verbürgt. Aber das gilt nur für die, die an die eine oder andere Realität wirklich glauben. Für die, die es nicht glauben, bleibt es Schein, Irrtum, Phantasie. Das gilt nicht nur für subjektive Wahrnehmungen oder virtuelle Welten. Es gilt in gleicher Weise auch für unsere so unverrückbar dastehende Alltagsrealität. Will man den Begriff des Glaubens in diesem Zusammenhang vermeiden, weil er religiös besetzt ist, bietet sich der Begriff der Identifikation an. Wir identifizieren uns mit dem Wahrgenommenen, beziehen es auf unser Ich. Diese Bindung ist so stark, weil wir das eine ohne das andere nicht denken können. Ja sogar, weil es das eine ohne das andere gar nicht ‚gibt'. Die Identifikation des Ich mit dem Wahrgenommenen erzeugt erst die ‚Realität', des einen wie des anderen."[123]

Wenn Negele schreibt, dass subjektive Wahrnehmungen oder virtuelle Welten die je eigene kleine Welt jedes einzelnen Menschen ausmachen bzw. ergänzen, so gilt dies selbstverständlich in gleicher Weise für die befragten

---

[121] http://www.marcprensky.com/writing/Prensky%20-%20Digital%20Natives,%20Digital%20Immigrants%20-%20Part1.pdf eingesehen im Januar 2014.

[122] http://www.manager-magazin.de/unternehmen/it/a-625126.html, eingesehen im Dezember 2013.

[123] Manfred Negele, Virtualität – Anwesenheit des Abwesenden, in: Jesuiten 2012, H.4, 2-4.

Brüder, zumal in Zeiten, in denen sie sich unterschiedlich oft, unterschiedlich weit und an unterschiedlichen Orten mit unterschiedlichen Menschen
aufhalten. Sie erleben – jeder für sich – Dinge und Menschen in Situationen, die sie mitunter mit keinem anderen Bruder ihrer Kommunität teilen
können und die individuell und einzigartig ihre Welt und ihre Wahrnehmung ‚der Welt‘ mitbestimmen. Sie können gar nicht anders, als, wie es die
Theorie des symbolischen Interaktionismus annimmt, „‚Dingen‘ gegenüber
auf der Grundlage von Bedeutungen (zu) handeln, die diese Dinge für sie
besitzen. Unter ‚Dingen‘ wird hier alles gefasst, was der Mensch in seiner
Welt wahrzunehmen vermag – physische Gegenstände, wie Bäume oder
Stühle; andere Menschen, wie eine Mutter oder einen Verkäufer; Kategori-
en von Menschen, wie Freunde oder Feinde; Institutionen, wie eine Schule
oder eine Regierung; Leitideale wie individuelle Unabhängigkeit oder Ehr-
lichkeit; Handlungen anderer Personen, wie ihre Befehle oder Wünsche;
und solche Situationen, wie sie dem Individuum in seinem täglichen Leben
begegnen."[124] Außerdem ist „die Bedeutung solcher Dinge aus der sozialen Interaktion, die man mit seinen Mitmenschen eingeht, abgeleitet [...]
oder (entsteht) aus ihr."[125] Die Folge ist, dass diese Bedeutungen in einem
interpretativen Prozess, an dem die jeweilige Person in ihrer Auseinandersetzung mit den ihr begegnenden Dingen teilnimmt, gehandhabt und ab-
geändert werden.[126] Jeder ist ständig dabei, seine eigene Wirklichkeit zu
definieren und definieren zu lassen durch das, was er erlebt oder auch nicht
erlebt. Es gilt: „If men define situations as real, they are real in their conse-
quences."[127] So kommen in einer Gemeinschaft Menschen mit ganz unterschiedlichen Biographien zusammen und müssen in ihrer sozialen Unähn-
lichkeit erst eine gemeinsame Wirklichkeitsauffassung entwickeln. In zwei
Gruppeninterviews wurde diese Dynamik deutlich:

---

[124] Herbert Blumer, Der methodologische Standort des symbolischen Interaktionismus,
in: Arbeitsgruppe Bielefelder Soziologen (Hg.), Alltagswissen, Interaktion und gesellschaftliche Wirklichkeit, Band 1, Reinbek bei Hamburg 1973, 80-146, hier 81.

[125] Blumer, Standort, 81.

[126] Vgl. Blumer, Standort, 81.

[127] William I. Thomas/Dorothy S. Thomas, The Child in America, New York 1928, 572:
„Wenn eine Person eine Situation als real definiert, dann ist diese Situation in ihren Kon-
sequenzen real"; auch William I. Thomas, Person und Sozialverhalten, hg. von Edmund
H. Volkart, Neuwied/Berlin 1965, 114.

„Ich war /eh/ Controller und /ehm/ Qualitätsmanager in einer Software Firma die letzten acht Jahre, bevor ich eingetreten bin. Kenne die Welt also in – und auswendig ((lacht)) und bringe das auch mit ins Kloster rein. Es ist ja heute ja nicht mehr so, wie es früher war, dass Leute oftmals direkt von der Schule in, ins Kloster kommen. Das ist mittlerweile die Ausnahme. Hier sitzt eine rühmliche. Und /eh/ die meisten haben /eh/ entweder schon eine Berufsausbildung oder ein anderes Studium hinter sich und so weiter. Und sind eben schon in den fortgeschrittenen Zwanzigern oftmals.

PS (?): (Bei mir war es dreißig?)

PS V: Bei mir war es später. Wenn sie eintreten, das sind alles Dinge, die mit reinkommen, an Erfahrung. Dann auch aus den eigenen Familien und so weiter /eh/ die <u>natürlich beeinflussen</u>. Das ist Welt, die uns beeinflusst." (1122OF)

„Ich kann natürlich als Single irgendwo vor mich hinleben draußen /eh/ aber hier sind wir eine Gemeinschaft [. . .]. Ich muss hier manchmal ganz schmerzlich lernen mit den anderen zurecht zu kommen. Mit dem Einen versteh ich mich gut, mit dem Anderen nicht, mit dem gibt's mal Krach, dort wird mal geschmollt. /Eh/ das ist wie in einer normalen Familie und wie im, im, im Leben draußen genauso. [. . .] Ich war es gewohnt früher auch allein zu wohnen ein paar Jahre. Ich musste mich ganz schön umstellen hier bei dieser Gemeinschaft." (1191AD)

Wie aber ist es nun möglich, von Gemeinschaft zu sprechen, wo es anscheinend unausweichlich ist, dass diese vielen und unterschiedlichen Realitäten der einzelnen Brüder nebeneinander existieren, ohne dass sie geteilt werden können; und worin kann überhaupt noch eine gemeinsame Wirklichkeit bestehen, wie eine gemeinschaftliche Wirklichkeits*auffassung* entstehen? Man könnte in Anlehnung an Peter Berger und Thomas Luckmann die Frage formulieren, ob es überhaupt hinreichende Gelegenheiten gibt, dass gemeinschaftlich entwickeltes, vermitteltes und bewahrtes Wissen zur außer Frage stehenden Wirklichkeit gerinnt.[128] In einem Interview, das wir in einer längeren Passage wortgetreu wiedergeben, wird das Risiko der Desintegration und der Identitätsdiffusion ganz deutlich ausgesprochen und auch noch mit der Thematik der neuen Medien in Zusammenhang gebracht:

„PS: Wenn ich nichts mit Welt zu tun habe, dann kann ich nichts mehr predigen. Also, das merke ich ganz schnell. Wenn ich mit Leuten nichts zu tun habe, wenn ich

---

[128] Vgl. Peter L. Berger/Thomas Luckmann, Die gesellschaftliche Konstruktion der Wirklichkeit. Eine Theorie der Wissenssoziologie, Frankfurt a. M. 1996, 3.

nichts erlebe, nichts erfahre, <u>kann ich nicht</u> predigen. Da (?) ... kriege ich keinen ... also, ich glaube, dass wir mitten drin sein müssen. /Ehm/ und gleichzeitig brauche ich ... erstens einen <u>Raum</u>, ... in den ich mich zurückziehen kann. Also wenn ich sage, jetzt reicht es, dann gehe ich da rein. Und /eh/ ein Bewusstsein. Also, wann es zu viel wird. Und das Bewusstsein habe ich entweder <u>selber</u>, wird mir vorgegeben durch die <u>Ordnung</u> oder durch einen Bruder, der sagt: ,Hey, pass mal auf¡.

PS: /Ehm/ ... und da, wo wir uns <u>auf</u>lösen, ... wo wir unsere Identität vermischen oder ... wo die diffundiert mit allem Möglichen, was da herumläuft, /ehm/ ist, glaube ich, wo es diese Räume nicht mehr gibt und wo der Bruder das Bewusstsein verliert. ... Also da ... habe ich jetzt ein ganz erschreckendes Beispiel von einem [...] Bruder, der also ... eine Internetabhängigkeit an den Tag gelegt hat, wie ich sie noch nie ((schmunzelt)) wie sie mir noch nie begegnet ist.

PS: Und da würde ich sagen, sind diese Punkte ... verloren gegangen.

Also den R a u m, wo ich mal einfach ... /ehm/ ... wo es mal eine Schranke gibt, wo das Normale, was so ... in Anführungsstrichen das Normale ,weg' ist und das Bewusstsein, dass ich darüber reingehe in den Raum.

Also, da ... da wird vom ... vom I-Phone das Brevier gebetet /ehm/, das Hochgebet und ... die Tageszeitung. Also toujours dieses ... dieses Ding.

PS: Da würde ich sagen, da .... Da wird dann Identität gefährdet. " (I172DX)

Die jüngeren Brüder sehen im Internet nicht nur die Möglichkeit, räumliche Distanzen zu überwinden, sondern auch soziale Distanzen bei der Glaubensverkündigung:

„Da wird es sehr stark um die Frage gehen: ,Wie verkündigen wir in modernen Medien etc.' Also Internet als Verkündigungsplattform. Und für mich /eh/ heißt das, also in diesem Bereich, also einfach mal Menschen in Kontakt mit Gott bringen. Wir /ehm/ können ja nicht davon ausgehen, dass die Leute von also, jetzt noch, eine, eine große christliche Sozialisation haben. Das wird immer weniger. In den Familien wird relativ wenig vermittelt. Und da gehört es natürlich zu unseren Aufgaben. Gerade in diesen Bereichen, das halte ich für typisch dominikanisch, in Bereichen wo der Glaube nicht mehr da ist oder noch nie irgendwie richtig zur Sprache kam, da mal versuchen reinzukommen. Und da können wir an modernen Medien und so weiter nicht mehr vorbei. Also eigentlich, der, der Punkt ist für mich: Menschen in Kontakt mit Gott zu bringen. " (I144DL)

Während es für die jüngeren Brüder selbstverständlich ist, die neue Medien regelmäßig zu nutzen und auch mit ihrer Hilfe ihr Leben mit anderen Menschen zu teilen, sind die älteren zurückhaltend. So sagt ein jüngerer, dann ein Ordensmann der mittleren Generation (zu einem Älteren und dann zu einem Jüngeren):

„Man braucht hier nur mal rauszugucken und schauen Sie sich mal eines unserer Zimmer an. Sie werden fast in jedem Zimmer, jetzt mal mit wenigen Ausnahmen, einen Laptop und so weiter finden. Also insofern hat die Welt ohnehin Einzug genommen ins Kloster. Wir sind nicht da irgendwie in der Richtung anders ausgestattet als andere Leute." (I159LA)

„(. . .), Du hast es ja nicht miterlebt mit Internet und E-Mail oder dergleichen. Und das ist heute für euch, (sagen wir mal?) die jungen Mitbrüder, was Selbstverständliches. Handy, E-Mail, SMS, oder sonst wie modernen Medien und Ipads und wie das alles noch so heißt. Einiges von dem habe ich auch, aber nicht alles. /Ehm/ aber das war im Grunde /eh/ ein ganz neues Denken und Kommunizieren miteinander." (I178HA)

Die 70-75jährigen (24,1%) und die noch älteren Brüder (23,1%), die auch noch andere, mitunter heutzutage als veraltet und überholt geltende Formen der Kommunikation und des Transfers kennen, tun sich mit dem Gebrauch der neuen Medien oft schwer, sie sind ihnen gar fremd, und so finden sich in den Gruppengesprächen auch kritische Stimmen. Die neuen Medien, die eine Hilfe sein können, mit Brüdern weltweit in Kontakt zu treten, können auch zur Hürde werden, mit den Brüdern vor Ort face-to-face-Beziehungen zu pflegen. Oft stellen die Befragten das Treffen in der Rekreation den Treffen im Internet gegenüber und bringen die Herausforderung zur Sprache, dafür zu sorgen, dass sich diese beiden ‚Welten' die Waage halten:

„Das ist halt beides, ne. Das kommt drauf an, wenn zum Beispiel abends dann einer /eh/ vielleicht anstatt zur, in die Rekreation auf seinem Zimmer bleibt, und, man kann ja dann, man hat ja dann auch die Möglichkeiten, über's Internet auch Kontakte aufzubauen. Einfach über die, das, das ist ohne weiteres möglich. Man hat die Möglichkeit, das und das, ne. Es ist natürlich, man muss dann schon etwas schauen, dass man das andere dann nicht vernachlässigt, dass man nicht nur, dann ist ja sehr interessant, wenn man dann sitzt und hat einen Computer und so und hat alle Möglichkeiten, man kann da hin und kann überall hingehen auf die ganze Welt, kann man ja suchen und dass man dann, /eh/ ja das ist viel interessanter manchmal vielleicht, /eh/ anstatt sich mit der Gemeinschaft zusammenzusetzen zum Beispiel danach, indem man dann einfach in der Rekreation dann zusammen ist, ne. Das ist, das gehört ja auch dazu, und das müsste man, glaube ich schon

schauen, dass sich das ein bisschen die Waage hochhält. Dass man nicht plötzlich nur noch einseitig wird, ne. Früher gab's das nicht aber heute ist halt die Möglichkeit, und das, glaube ich, verführt manchmal auch einfach. Diese Möglichkeiten machten vielleicht auch mehr Spaß manchmal, ne?" (I155MG)

Allerdings scheinen in den Gemeinschaften die Mechanismen der sozialen Kontrolle weitgehend auszufallen oder – aus welchen Gründen auch immer – bewusst vermieden zu werden, jene angemahnte Balance herzustellen. An deren Stelle scheint weitgehend die Herausforderung zur individuellen Selbstkontrolle, zur Selbstführung („Autogestion") zu treten, der nicht jedermann gewachsen ist. Andere Brüder weisen daraufhin, dass die Möglichkeiten des Internet auch Risiken bergen, nicht nur die face-to-face-Kontakte, die Gemeinschaft mit den Mitbrüdern vor Ort zu vernachlässigen, sondern auch die eigene Spiritualität in eine Disbalance zu bringen. Es geht um die Filterung von Erfahrungen, die dem individuellen, aber auch gemeinschaftlichen Ordensleben als abträglich gelten, für die aber nur jeder Einzelne selbst in einer Art Selbstfilterung Sorge tragen kann:

„Es sind natürlich Gefährdungen, also ich erlebe für mich ganz konkret, dass der Computer, dass das Internet so etwas ist, was in die Individualität zieht so ein bisschen, was Arbeitsmittel ist, aber damit aber dann auch ständig zur Verfügung steht und noch andere Aufmerksamkeiten fordert. Die Herausforderung damit umzugehen, wobei ich da ja jetzt behaupten möchte, vielleicht hat man das früher durch eine strenge Disziplin fernhalten können, wenn man keine eigenen Bücher hatte, sondern nur die theologischen Bücher zur Benutzung aus der Bibliothek geholt hat, war, gab's vielleicht weniger Ablenkung. Aber wenn man das jetzt auf Kommunikationsmittel oder auf Moderne beschränken wollte, wenn ich mich nicht mit dem Internet ablenke, kann ich einen Krimi lesen, bin ich genauso abgelenkt. [...] Ich habe dieses Leben gewählt, weil ich gespürt habe, dass es mir gut tut, Gott da einen Platz einzuräumen und Zeiten einzuräumen. Und /eh/ ich halte es nicht für verwerflich, im Internet zu surfen und die aktuellen Geschehnisse zu verfolgen oder Sport zu verfolgen oder so was. Aber dann wenn ich das zu viel mache, kommt was anderes zu kurz, und da ist die Schwierigkeit: und zwar Zeit für Gebet, Zeit für Stille, Zeit ein gutes Buch zu lesen." (I136OA)

„I: Und dieser Satz von Franziskus, ‚Unser Kloster ist die Welt', wenn man den dann ein bisschen abwandelt: ‚Die Welt ist in unserem Kloster'?

GP: ((unterbricht)) Stimmt. Ist sie, natürlich.

I: Ist sie?

GP: Ja, ja. Also, gut, wir versuchen, die ein bisschen zu filtern. Also nicht alles kann rein, aber alles kommt rein. Also, ((nuschelnd, unverständliches Reden)) die ganze Technik vom Internet und so fort, nicht, das kommt natürlich rein

I: ((unterbricht)) Und was bleibt vor dem Filter?

GP: Dass, ja gut, dass ich mir als bestimmte Zeiten nehme und dass ich bestimmte Themen vor allem, das halt, ja, können andere halt weglassen, also, man filtert so, man kann ja nicht anders. Ich meine, wir haben keinen Filter, oder, sondern jeder Einzelne ist herausgefordert, im Sinne von, ja was machst du mit diesen Möglichkeiten? Ich meine, wir haben noch ein Auto, ich könnte jeden Tag wegfahren, wenn ich wollte. Aber ich brauche es einfach, wenn es nötig ist. [. . .] Und so ist natürlich, die ganze Technik kommt rein, dann natürlich die, die Strömung, was man denkt, sei es über die Leute, die mit uns Kontakt haben, sei es über das, was wir lesen, oder die, die Zeitungen, das ist natürlich auch da.

I: Was gibt es, wo Sie persönlich als [. . .] sagen: da muss ich gucken, dass ich aufpasse, damit ich mein Profil als [. . .] noch halten kann?

GP: Gibt es, natürlich. [. . .]. Dass da, dass wir da uns da selber kontrollieren. Und ich mich natürlich auch. " (I169HC)

„Ich finde, dass es überhaupt nicht widersprüchlich ist als franziskanischer Ordensmensch moderne Technik zu nutzen, ich finde, dass sich das überhaupt nicht widerspricht also ein Mobiltelefon zu nutzen oder ein Computer oder mit dem Internet zu arbeiten. Und ich finde, dass in der mobilen Welt es auch überhaupt nicht sich widerspricht, irgendwie mobile Dinge zu nutzen wie das Auto, das Flugzeug oder den Zug. Die Frage ist (. . .) ja wie mache ich das, in welchen Ausmaß mache ich das, mache ich mir da Gedanken drüber, mache ich mir da keine drüber, gibt es noch so was wie eine Überlegung, bevor man ein Auto kauft /eh/ wie ist das preislich, wie ist das (?), wie ist das von der ökologischen Seite her, wie ist das von der Nachhaltigkeit her, mit wie vielen Leuten kann man sich durchaus ein Auto teilen? Ich finde, das ist für mich, heißt das jetzt nicht, für mich heißt franziskanische Armut /eh/ nicht, wir nehmen uns da raus, und Franziskus hat sich da auch nicht raus genommen: der war damals sehr kritisch gegen das Geld. Aber der hat natürlich radikal einfach gelebt einerseits, andererseits, selbst wenn ich die ganz alten franziskanischen Klöster angucke und sie mit den damaligen Standard vergleich':, das waren Steinhäuser, das waren keine Strohhütten. Und für die Armen war irgendwie gesorgt, und spätestens, als die Bewegung wuchs und auch Anerkennung fand in der Kirche und auch in Gesellschaft waren sie gesicherter als jeder andere, ja. Und sonst gibt es ja den ganzen Armutsstreit. Was heißt Armut? In welcher Hinsicht war Jesus arm? Sagen wir mal so: Was ich gelernt habe ist: Armut ist keine romantische Geschichte. Armut ist auch nicht zu verwechseln mit mit Misere. Armut ist eigentlich was Schreckliches, wer will denn arm sein?

Ich nicht. Also Armut im Sinne jetzt des Armutsbegriffs: ich will nicht arm sein!"
(I188KF)

DIE WELT ALS ‚DAS ANDERE'

Die „Welt als das Andere", aus dem die Menschen „Erfahrungen ihrer Welten" hineintragen in die Welt der Gemeinschaft und damit die ‚Welten' innerhalb der Gemeinschaft pluralisieren, aber auch irritieren und belasten können, erlebt immerhin jeder vierte (25,7%) Befragte (vgl. *Abb. 4*) und vor allem jeder dritte Bruder der zweiten Altersgruppe (34,5%) (vgl. *Tab. 22*).

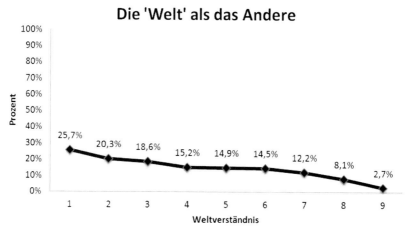

Abb. 4: Die Welt als ‚das Andere' – gesamt

1	Die Menschen tragen die Erfahrungen ihrer Welten hinein in unsere Gemeinschaft.
2	Wir würden es begrüßen, wenn ein bisschen weniger Welt in unseren Gemeinschaften vorhanden wäre.
3	Die Welt hat Einzug genommen in unsere Gemeinschaft.
4	Es ist zu viel Welt in unserer Gemeinschaft.
5	Ich glaube, ich vertrage viel Welt.
6	Wir leben in unserer eigenen Welt.
7	Die Welt hat in mein Leben als Ordensmann Einzug gehalten.
8	Welt klingelt bei uns am Telefon.
9	Unsere Welt ist die des Rückzugs aus der Welt.

Tab. 22: Die Welt als ,das Andere' – nach Altersklassen [in %]

	Gesamt	1	2	3	4
Die Menschen tragen die Erfahrungen ihrer Welten hinein in unsere Gemeinschaft.	25,3	30,2	34,5	13,8	23,1
Wir würden es begrüßen, wenn ein bisschen weniger Welt in unseren Gemeinschaften vorhanden wäre.	18,3	17,5	10,9	17,2	26,2
Die Welt hat Einzug genommen in unsere Gemeinschaft.	12,9	15,9	12,7	8,6	13,8
Es ist zu viel Welt in unserer Gemeinschaft.	15,8	17,5	23,6	6,9	15,4
Ich glaube, ich vertrage viel Welt.	13,7	19,0	14,5	10,3	10,8
Wir leben in unserer eigenen Welt.	14,9	20,6	20,0	8,6	10,8
Die Welt hat in mein Leben als Ordensmann Einzug gehalten.	12,9	15,9	12,7	8,6	13,8
Welt klingelt bei uns am Telefon.	6,6	1,6	14,5	3,4	7,7
Unsere Welt ist die des Rückzugs aus der Welt.	2,9	3,2	5,5	1,7	1,5

Jeder Fünfte (20,3%) aller Mendikanten, besonders der 76-93jährigen (26,2%), würde es begrüßen, „*wenn ein bisschen weniger Welt in unserer Gemeinschaft vorhanden wäre*". Allerdings ist daraus nicht zu schlussfolgern, dass diese Befragten auch der logischen Konsequenz zustimmen und

sagen: „*Es ist zu viel Welt in unserer Gemeinschaft*". Dieses Item bejahen
nämlich nur 15,2%. Auch in den Altersgruppen geht das Bejahen des einen
Items („*Wir würden es begrüßen, wenn ein bisschen weniger Welt in unserer
Gemeinschaft vorhanden wäre*") nicht unbedingt einher mit dem Bejahen
des anderen Items („*Es ist zu viel Welt in unserer Gemeinschaft*"). Dieser
(scheinbare?) Widerspruch lässt sich nicht auflösen. Allerdings wird an ihm
deutlich, dass das Thema ‚Grenzziehung' (innen und außen) hoch komplex
zu sein scheint und inzwischen wahrscheinlich, dem symbolischen Interaktionismus zufolge, so vielfältig bewertet wird, wie es Brüder mit ihren unterschiedlichen Interaktionsgeschichten und zusammenhängen in den Gemeinschaften gibt. Dieses Thema der ‚Grenzkontrolle' wird in Kapitel 4.7.1
noch einmal zur Sprache kommen.

Tab. 23: Die Welt als ‚das Andere' – nach Orden [in %]

	Gesamt	*K*	*F*	*D*	*S*
Die Menschen tragen die Erfahrungen ihrer Welten hinein in unsere Gemeinschaft.	25,7	26,0	20,6	29,2	26,5
Wir würden es begrüßen, wenn ein bisschen weniger Welt in unseren Gemeinschaften vorhanden wäre.	20,3	23,0	25,4	16,9	14,7
Die Welt hat Einzug genommen in unsere Gemeinschaft.	12,2	9,0	9,5	12,3	19,1
Es ist zu viel Welt in unserer Gemeinschaft.	15,2	15,0	12,7	20,0	13,2
Ich glaube, ich vertrage viel Welt.	14,9	12,0	17,5	23,1	8,8
Wir leben in unserer eigenen Welt.	14,5	12,0	11,1	15,4	20,6
Die Welt hat in mein Leben als Ordensmann Einzug gehalten.	12,2	9,0	9,5	12,3	19,1
Welt klingelt bei uns am Telefon.	8,1	11,0	4,8	7,7	7,4
Unsere Welt ist die des Rückzugs aus der Welt.	2,7	2,0	1,6	6,2	1,5

Im Vergleich der Orden (s. *Tab. 23*) fällt ins Auge, dass diese sich zu den Items der Liste „die Welt als ‚das Andere‘", abgesehen von minimalen Abweichungen, sehr ähnlich positioniert haben. Lediglich das Item „*Ich vertrage viel Welt*" belegen die Dominikaner mit überdurchschnittlich höheren Zustimmungswerten (23,1%) als die übrigen Befragten (14,9%). Grundsätzlich macht die Auswertung dieser Items deutlich, dass das Leben in den Mendikantenorden für fast keinen der Brüder (im Durchschnitt für 2,7%) in erster Linie ein Rückzug aus der Welt darstellt.

Damit erteilen die meisten Befragten explizit oder implizit auch dem Programm einer ‚Entweltlichung‘ eine Absage. Die folgenden Auszüge aus einigen qualitativen Einzel- und Gruppeninterviews bringen diese Reserve sehr deutlich zum Ausdruck:

„*I: In der Freiburger Rede des Papstes ging es eben tatsächlich auch um diese Entweltlichung der Kirche. Und, was würden Sie sagen, wie weit gilt dieses Postulat auch für Ihre Ordensgemeinschaft?*

B: Ich würde erstmal sagen, der Heilige Vater hat bestimmt Recht, weil es der Heilige Vater [ist], und wahrscheinlich hat er da auch was Gutes mit gemeint. Ich finde auch spannend, was dieses Wort, allein dieses Wort ausgelöst hat. Ich persönlich würde, hätte das, wenn ich Papst gewesen wäre nicht so formuliert. Ich hätte (lacht) wahrscheinlich von meinem Denken und Lebensgefühl her gesagt: Die Kirche muss sich noch viel mehr verweltlichen." (I289KS)

„*I: Und jetzt kommt aber der Papst in Freiburg und fordert die Entweltlichung der Kirche.*

B: Das habe ich eh nicht kapiert, was das eigentlich ist [...] Ja, erstens einmal, der Papst ist noch nicht der liebe Gott, das müssen wir ja auch wissen, und jeder Papst hat andere Vorstellungen auch vom Glaubensleben. Ich tu den Papst schon verteidigen immer, weil das, das halte ich für auch für wichtig und richtig, dass wir zusammenstehen da auch, aber nicht jede Aussage muss unbedingt, ich habe es halt nicht kapiert, ich sage es ehrlich, was soll denn das heißen eigentlich. Ich weiß nicht, was es heißt, sage ich ehrlich. Entweltlichung, ja wenn ich natürlich das darunter verstehe, dass die Kirche meint, es, wenn man, das Geld ist das allerwichtigste oder der, die, dann müssen wir entweltlicht werden, weil das eben nicht das Wichtigste ist. Und ähnliche Dinge. Das ist klar." (I182MA)

„*I: Jetzt hat ja der Papst gerade die Entweltlichung gefordert, als er bei uns in Freiburg war.*

B: ((unterbricht)) die <u>Entweltlichung.</u>

I: Die Entweltlichung der Kirche.

B: Ja.

I: Inwieweit würden Sie dieses Postulat auch für Ihre Gemeinschaft anwenden wollen?

B: ((unterbricht)) Was heisst Entweltlichung?

I: Da müssen Sie den Papst fragen

B: ((unterbricht)) da müssen, da müssen wir den Papst fragen ((lachend))."
(I166KK)

„I: Der Papst hat ja eine Entweltlichung der Kirche gefordert. Inwiefern sind Sie da schon Vorbild oder wie weit trifft das auch für Ihr Kloster, ihre Gemeinschaft zu?

B: Die Frage ist, was meint er damit. ... Das kann man ja so ganz naiv verstehen, das soll alles so ein bisschen, nach dem Motto, es soll alles so ein bisschen abgehobener und weltferner werden und so und, ich glaub, dem Ratzinger unterstellt man auch leicht, dass er es so meint. Dann kann ich da, also, da kann ich mich da nur davon distanzieren. ... Ich glaube aber, dass er es anders gemeint hat in der Situation, und, und, und dann /ehm/ also Entweltlichung ist ja auch ein negativer Begriff. Man kann es ja mal positiv formulieren und sagen /ehm/: das würde eine eine eine /ehm/ <u>Vergeistlichung</u> der Welt eigentlich. Also der, der Gegenbegriff von Entweltlichung oder das Äquivalent wäre Vergeistlichung, oder?" (I122lM)

„I: Der Papst war ja bei uns in Freiburg und hat ja diese berühmte Konzerthausrede, ja Freiburger Rede gehalten. Er hat gesagt, die Kirche müsse sich mehr entweltlichen...

B: Ja, aber das war wieder ein bisschen, er hat das, das ist er. Oder, der spielt mit den Worten. Oder, dann sagt er, man müsse, man muss dieser Welt auch was zeigen, oder, die, die, es gibt, natürlich in der Welt gibt es Tendenzen, die entwickeln sich sehr unbedacht, nicht, Moden und so weiter. Und dann sagt, meine, der Papst meint natürlich, dann brauchen wir nicht auf jede Mode aufzuspringen, sondern wir haben ja eine eigene, einen eigenen Beitrag zu leisten. Oder, in dem Sinn (und ?), aber wenn man dann sagt ‚entweltlichen‘, was heißt das dann? Ins Kloster gehen oder was? Also das ist sehr sehr missverständlich, wenn er sowas redet.

I: Und in wie weit würden Sie sagen, /ehm/ gilt dieses Postulat auch für Ihre Gemeinschaft?

GP: Entweltlichen?

I: Das, was der Papst gesagt hat.

GP: Ja. Das ist im Programm. In dem Sinn von, wenn ich sage, wir wollen eine Alternative sein, dann ist das immer im Programm. Aber gleichzeitig sind wir natürlich in der Welt. Also die Welt ist für uns nicht ein Gegenüber, einfach so, sondern wir sind da drin und haben natürlich sehr konkret auch da, da drin zu leben und einzelne Sachen, die passieren, da distanzieren wir uns, andere, da solidarisieren wir uns. Also, ich meine, soziale Bewegung, da würden wir sagen, ja da machen wir mit, oder. Und bei meinetwegen Kriegshetzerei, da müssen wir uns distanzieren, und wenn halt, sagen wir mal, Tendenzen da sind, so was wie Fremdenhass oder so Sachen, dann, da müssen wir uns wieder distanzieren und sagen: ‚Nee, nee, also bitte, wir sind alle Menschen‘, oder: die nehmen wir auf und so." (I182UO)

„Also ich habe immer größte Probleme mit dem Begriff ‚Entweltlichung‘, genauso wie mit dem gerne daneben verwendeten Begriff /eh/ ‚Relativismus‘ et cetera pp. Heißt ein enger Kontakt zur Welt, in der Welt, in der Welt zu stehen? Heißt das automatisch, dass man /eh/ sich sozusagen auf einen /eh/ Relativismus runterbegibt, wo man sagt: ‚Na ja, das können wir jetzt nicht alles, nicht so, nicht so /eh/ streng beurteilen‘. Oder wir können hier nicht so hart reden oder sonst irgendwas. Keine Ahnung. /Ehm/ für mich hat, /eh/ sind, stehen solche Begriffe sehr, sehr häufig unerklärt *da. In der /ehm/ Kirche, auch der Begriff ‚Wahrheit‘ zum Beispiel. In der Enzyklika Centesimus Annus kommt 44 Mal das Wort Wahrheit vor, und es ist an keiner einzigen Stelle* erläutert, *was die Wahrheit* ist. *Sondern es wird vorausgesetzt. Das gleiche gilt in solchen Sachen wie mit ‚Entweltlichung‘. Es wird so /ehm/ gesagt, aber es wird so selten mit wirklichem /ehm/ Inhalt gefüllt. Da stimme ich dir zu. Das müsste sehr klar, müsste das definiert werden, um was es eigentlich dann wirklich geht. Und solange der Begriff einfach nur verwendet wird /eh/, was ich jetzt so dem Papst nicht unterstelle... Aber allgemein in /eh/, es wird sehr gerne so davon gesprochen ... ist das für mich ein leerer Begriff. Mit dem, den ich weder unterschreiben kann, noch ablehnen kann. Oder sagen wir mal, solange [er undefiniert] ist, lehne ich ihn so, wie er ist, ab. Also das müsste* sehr klar *mit Inhalt gefüllt werden.*

PS VI: Du hattest es gerade /ehm/ mit dem ‚Hinabsteigen‘. Ich glaube das ist bei /ehm/ Entweltlichungsbegriff /ehm/ ein ganz wichtiger Aspekt. Dass man im Grunde die Vorstellung hat von zwei Ebenen. Einmal auf der oberen Ebene die Kirche, und auf der unteren Ebene die Welt. Und die Kirche hat sich in die böse Welt hineinbegeben und soll nun wieder /ehm/ durch ‚Entweltlichung‘ im Grunde reingemacht werden /ehm/ sauber gemacht werden von eben diesen ganzen weltlichen /ehm/ Schund, /ehm/ gesäubert.

PS (?): ((flüstert im Hintergrund)): Schmutz
PS VI: Schmodder.

PS: IV: Schmodder

PS I: Und da hängt mit auch, /eh/ wie sehen wir die Welt? Sehen wir sie, oder
haben wir Angst vor der Welt? Können wir auch (hier?) sagen: ‚Wir schließen
uns zurück. Türe zu.‘ Die böse Welt brauchen wir gar nicht an uns heranlassen.
Wir leben unsere eigene Welt. Manchmal gibt es auch heute da und dort auch,
so /eh/ auch geistliche Gruppen, die sich eher, wie ich sagen würde, aus der Welt
rausziehen wollen. Das halte ich für sehr problematisch. Also ich denke /eh/ wir
müssen keine Angst haben vor Berührung mit der Welt oder vor den Menschen,
sondern wir setzen uns mit denen auseinander, (?) vielleicht auch kreativ, oder
vielleicht auch aus Überzeugung.“ (I111KK)

DIE ‚WELT‘ ALS DAS FREMDE

Nur wenige der befragten Brüder erleben die Welt als etwas wirklich Frem-
des (s. *Abb.5*). Allerdings ist es mehr als einem Drittel der Befragten wichtig, „*nicht permanent*“ ‚Fremden‘ in den eigenen Wänden begegnen zu
müssen (32,1%). Den Franziskanern liegt dieses überdurchschnittlich mit
41,3% am Herzen (vgl. *Tab.25*), etwas mehr als einem Drittel (33,0%) den
Kapuzinern, den Dominikanern mit 21,5%, und in den Orden der ‚Sonstigen‘ (Serviten, Karmeliter, Augustiner und Minoriten) sind es 32,4%. Dabei scheint die Betonung auf „*nicht permanent*“ zu liegen, denn auch in den
qualitativen Interviews findet dieser Wunsch nach einem sozialen Raum, in
dem man sich geschützt weiß und in dem man „*einfach sein*“ (I167PD)
darf, immer wieder Ausdruck, ohne dass damit impliziert wäre, dass man
Fremden gar nie in der Klausur begegnen möchte: Ein Bruder betont, dass
er einen reservierten rekreativen Raum benötige, „*... wo man sich auch*
zurückziehen kann, denn wenn wir nicht auftanken, können wir auch nichts
predigen.“ (I178TM)

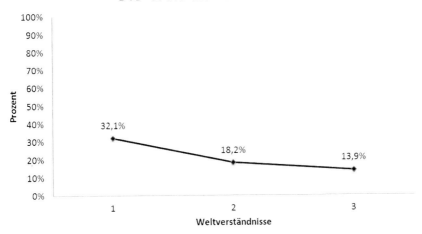

Abb. 5: Die Welt als ‚das Fremde' – gesamt

1	*Ich möchte nicht permanent Fremden in unserer Gemeinschaft begegnen.*
2	*Manche Menschen meinen, wir seien nicht von dieser Welt, und schauen uns an, als wären wir von einem anderen Stern.*
3	*Ich spreche oft von Welt und frage mich aber: Kenne ich diese Welt, von der ich rede?*

Ein anderer unterstreicht dies:

„Es ist wichtig einen Ort zu haben, wo man einfach /eh/ zur Ruhe kommt. Wo man gemeinsam /ehm/ lebt, wo man gemeinsam betet. Da kommt dieser Aspekt ‚auftanken'." (I198GD)

Wieder ein anderer Bruder erlebt es ganz anders und kann sich auch, ohne die Metapher einer für andere unzugänglich aparten ‚Tankstelle' zu bemühen, körperliche, geistige und geistliche Rekreation vorstellen. Er spricht davon, dass er Grenzen *„gern abschaffen"* (I196KP) wolle. Das sei seiner Meinung nach wichtig, damit man zu einer *„Unterwegsgemeinschaft Rich-*

tung Gott" (I198WK) mit den Menschen, die einem tagtäglich begegnen, werden könne.

Im Unterwegssein mit und zwischen solchen Menschen, die sich auch durch eine andere Art vestimentärer Kommunikation, nämlich äußerlich durch das Tragen ziviler Kleidung von den Brüdern unterscheiden, erleben lediglich 18,2% immer wieder, dass sie von diesen angeblickt werden, als seien sie, die Ordensleute, *„von einem anderen Stern"*. Dieses Empfinden ist besonders bei den Brüdern der jungen Generation ausgeprägt (vgl. *Tab.* 24), was auch mit der noch schwach ausgeprägten Habitualisierung des Habit-Tragens oder damit zusammenhängen könnte, dass sie sich z.B. im Studium, wie ein Bruder sagt *„zwischen Leuten bewegen, die gar keine Ahnung mehr von Kirche haben, also in einer Generation, die nicht mehr kirchlich sozialisiert ist"* (I155WK).

Tab. 24: Die ‚Welt' als das Fremde – nach Altersklassen [in %]

	Gesamt	1	2	3	4
Ich möchte nicht permanent Fremden in unserer Gemeinschaft begegnen.	31,5	31,7	29,1	39,7	26,2
Manche Menschen meinen, wir seien nicht von dieser Welt, und schauen uns an, als wären wir von einem anderen Stern.	16,6	33,3	9,1	12,1	10,8
Ich spreche oft von Welt und frage mich aber: Kenne ich diese Welt, von der ich rede?	13,3	12,7	14,5	12,1	13,8

Die Welt als das Fremde – dass ‚die Welt' dies auch insofern ist, als sie begrifflich nicht eindeutig zu fassen ist, wurde im Verlauf der Studie immer wieder festgestellt. Aber zusätzlich zu der Ungewissheit, was ‚Welt' meint und welche Funktionen und Folgen mit der Verwendung des Weltbegriffs einhergehen, war sich eine Minderheit (13,9%) der Brüder nicht sicher, ob sie, wenn sie von ‚Welt' sprechen, diese auch wirklich kennen. Für sie ist sie gewissermaßen das ‚kognitiv Fremde'. Dabei gibt es deutliche Unterschiede zwischen den Orden (vgl. *Tab. 25*): Während sich jeder vierte Franziskaner (25,4%) diese Frage stellt, scheint sie für die Dominikaner (1,5%) kein Thema zu sein. Ein Bruder betont sogar, dass er den Begriff ‚der Welt' gar nicht mehr benutzen möchte, da er in seiner semantischen Bedeutung als das Fremde, das Andere und dabei immer auch als etwas moralisch Inferiores tradiert wurde. Er will ‚die Welt' schon fremd nennen, aber in einem positiven, herausfordernden Sinn von Neuland, das es zu entdecken gilt. Er spitzt seine Einstellung sogar zur Vorstellung zu, die Welt als einen „*fremden Propheten*" (I157WK) sehen zu wollen, der ihm als Bruder den Weg weist. Dieses Konzept der ‚umgekehrten Prophetie'[129] ist vielleicht auch einigen Zustimmungen zu den oben bereits genannten Items (s. oben: Die Welt als das ‚positiv Andere', Items 2, 5, 6) inhärent.

---

[129] Diese Einstellung, der ‚Welt' selbst eine prophetische Kraft zuzuweisen, erinnert an das Konzept der „umgekehrten Prophetie" von Tillich, Theologie, 246ff. In seiner Betrachtung des Verhältnisses von Kirche (!) und Gesellschaft (!) unterscheidet er drei Arten der wechselseitigen Funktion (in Analogie zum priesterlichen, prophetischen und königlichen Amt Christi): 1. Stilles Durchdringen, 2. kritisches Urteilen, 3. politisches Handeln. Zur zweiten Art der Beziehung, der prophetisch-kritischen Funktion, schreibt er: „Auch hier ist die Beziehung wechselseitig, denn umgekehrt kritisiert auch die Gesellschaft die Kirche, und diese Kritik ist ebenso berechtigt wie die prophetische Kritik der Kirche an der Gesellschaft. Es ist die Kritik an der ‚heiligen Ungerechtigkeit' und an der ‚heiligen Unmenschlichkeit' innerhalb der Kirchen und innerhalb der Beziehung der Kirchen zu der Gesellschaft, in der sie leben [...]. Es war eine Art umgekehrter Prophetie, eine unbewusste prophetische Kritik an der Kirche von außen her, ähnlich dem Einfluss, den die immer sich verändernden Kulturformen auf die Kirche ausüben, und den man als einen unbewussten priesterlichen Einfluss seitens der Kultur auf die Kirche bezeichnen könnte".

Tab. 25: Die ‚Welt' als das Fremde – nach Orden [in %]

	Gesamt	K	F	D	S
Ich möchte nicht permanent Fremden in unserer Gemeinschaft begegnen.	32,1	33,0	41,3	21,5	32,4
Manche Menschen meinen, wir seien nicht von dieser Welt, und schauen uns an, als wären wir von einem anderen Stern.	18,2	19,0	14,3	27,7	11,8
Ich spreche oft von Welt und frage mich aber: Kenne ich diese Welt, von der ich rede?	13,9	18,0	25,4	1,5	8,8

Das Konzept der ‚Fremdprophetie' hat bekanntlich auch in der praktischen Theologie Bedeutung, wobei damit zum Ausdruck gebracht wird, dass die in der *eigenen* Tradition vergessenen, verdrängten oder verloren gegangenen Elemente in außertheologischen Wissenschaftsdisziplinen an die Oberfläche geratenen können und deshalb wieder angeeignet werden sollten.[130] Analog gesehen wäre dann allerdings ‚die Welt' nicht das Fremde, sondern das fremd gewordene Eigene. Nicht nur hier wird deutlich, wie die Außengrenze der Gemeinschaft, wie auch immer sie aussehen mag, von individuell ganz unterschiedlicher Bedeutung ist.

---

[130] Vgl. Norbert Mette/Hermann Steinkamp, Sozialwissenschaften und Praktische Theologie, Düsseldorf 1983, 169.

DIE WELT ALS ‚DAS SCHWIERIGE'

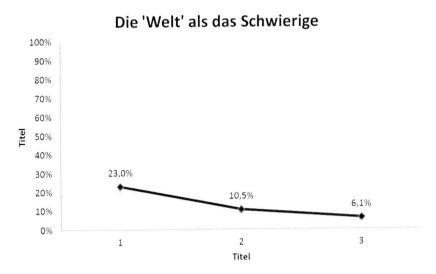

Abb. 6: Die Welt als das Schwierige – gesamt

1	*Die Welt des heutigen Wirtschaftens, die auf Gewinn aus ist, passt nicht zu unserer Berufung.*
2	*Manche Brüder sind zu viele in der Welt unterwegs, vor allem in den neuen Medien, und kommen manchmal nicht mehr in die Rekreation.*
3	*Oft habe ich den Eindruck, dass mir weltliches Zeug, wie Immobilien, Personalangelegenheiten und Buchhaltung für die Beschäftigung mit dem Wesentlichen keinen Raum mehr lässt.*

Dass es unterschiedliche Wahrnehmungen und Interpretationen von ‚Welt' und ihren Grenzen und Funktionen gibt, lässt sich auch feststellen in der nur geringen Zustimmung von 23,0% der Brüder zu der Aussage: *„Die Welt des heutigen Wirtschaftens, die auf Gewinn aus ist, passt nicht zu unserer Berufung".*

Wenn man die geringen Unterschiede überhaupt beachtet, stimmen diesem Item die Brüder der beiden ältesten Altersklassen verhältnismäßig (insbes. im Vergleich zum jüngsten Altersquartil) häufiger zu (vgl. *Tab. 26*). Auch hier scheinen sich die Brüder nicht einig. Am meisten diskutiert werden dürfte dieses Thema, den Ergebnissen zufolge, bei den Franziskanern, von denen knapp ein Drittel (31,7%) diese wirtschafts- bzw. kapitalismuskritische Auffassung vertritt (vgl. *Tab. 27*).

Tab. 26: Die ‚Welt' als das Schwierige – nach Altersklassen [in %]

	Gesamt	1	2	3	4
Die Welt des heutigen Wirtschaftens, die auf Gewinn aus ist, passt nicht zu unserer Berufung.	22,8	17,5	21,8	24,1	27,7
Manche Brüder sind zu viel in der Welt unterwegs, vor allem in den neuen Medien, und kommen manchmal nicht mehr in die Rekreation.	10,0	11,1	12,7	5,2	10,8
Oft habe ich den Eindruck, dass mir weltliches Zeug, wie Immobilien, Personalangelegenheiten und Buchhaltung für die Beschäftigung mit dem Wesentlichen keinen Raum mehr lässt.	5,8	7,9	12,7	1,7	1,5

Als für eine Minderheit der Befragten schwierig stellt sich auch der Umgang mit den ‚neuen' Medien heraus: Jeder zehnte Befragte stimmt dem Item zu: „*Manche Brüder sind zu viel in der Welt unterwegs, vor allem in den neuen Medien, und kommen manchmal nicht mehr in die Rekreation*". Insbesondere jedem fünften Kapuziner scheint diese Tatsache schwer (20,0%). In den Gemeinschaften der Franziskaner (3,2%) und der Dominikaner (3,1%) hat dieses Thema, das auch oben schon ausführlich zur Sprache kam, offensichtlich keine Relevanz.

Tab. 27: Die Welt als ‚das Schwierige' – nach Orden [in %]

	Gesamt	K	F	D	S
Die Welt des heutigen Wirtschaftens, die auf Gewinn aus ist, passt nicht zu unserer Berufung.	23,0	27,0	31,7	21,5	10,3
Manche Brüder sind zu viel in der Welt unterwegs, vor allem in den neuen Medien, und kommen manchmal nicht mehr in die Rekreation.	10,5	20,0	3,2	3,1	10,3
Oft habe ich den Eindruck, dass mir weltliches Zeug, wie Immobilien, Personalangelegenheiten und Buchhaltung für die Beschäftigung mit dem Wesentlichen keinen Raum mehr lässt.	6,1	5,0	3,2	9,2	7,4

In den qualitativen Interviews wurde immer wieder angesprochen, dass das Verwalten von Immobilien und Umstrukturierungen Kräfte binden. So sagt ein Bruder:

„Wir haben zwei (...). Hier in (...) und in (...). Spielt für die Brüder eine unglaublich große Rolle, wir sind (...). Das werden wir alles nicht halten können, strukturell. Ist auch so wirklich so, so ein organisatorischer Wasserkopf." (I119TG)

„Das wäre für mich schon ein Zukunftsprojekt, zu sagen, wir, wir ziehen uns diese Organisationsgeschichten nicht mehr selber an Land. Wir steuern das nicht selber, wir machen das nicht selber. Sondern mehr so, vielleicht so dieser franziskanische Gedanke: Wir tun Dienst in diesen Vollzügen, ohne selber da drin der Chef und der Leiter zu sein. Ohne das selber besitzen zu müssen ... Und das geht für mich eigentlich schon in die Richtung. Wir, wir haben das nicht selber (...) Wenn wir das jetzt als eigene (...) hätten, dann würde ich wahrscheinlich die meiste Zeit

am Schreibtisch sitzen und würde mich mit Arbeitsverträgen und, und Finanzie-
rungsmöglichkeiten rumschlagen und hätte wahrscheinlich keine Zeit mehr für re-
al existierende Menschen. Und das mein ich damit. Also ist da eigentlich, das wäre
vielleicht so ein Beispiel für eine, eine Entweltlichung, sozusagen. " (I139BF)

Ein Bruder bemerkt:

„Wir sind in einer Phase des Rückbaus und der Umstrukturierung und sind nicht
in einer Aufbruchsphase als Provinz, als Ganze, ja, und das ist momentan unsere
Situation, mit der müssen wir uns auch, der müssen wir uns stellen (...) Das ist
auch alles sehr wichtig und das finde ich auch ok, nur ich sehe schon ein bisschen
die Gefahr, dass wir natürlich /eh/, dass wir so eine zu starke Binnensicht entwi-
ckeln und in Gefahr sind, so im eigenen Saft zu schmoren, ja. Also ich würde mir
von daher wünschen, dass wir eigentlich wieder mehr /eh/ erkennen, dass wir nicht
für uns da sind, sondern dass wir eben für Menschen da sind und mit Menschen
leben und auch vom Menschen lernen und etwas von ihm bekommen, wie ihm et-
was geben können. Aber gut, ich glaube wir können das auch nicht überspringen. "
(I133UV)

Die Dramatik und metaphorische Drastik („Wasserkopf"), mit der diese
Thematik in den qualitativen Interviews verbalisiert wird, spiegelt sich
nicht in den ja nur schwachen Zustimmungen im Fragebogen wider. Dies
überrascht angesichts der drängenden wirtschaftlichen und administrati-
ven Herausforderungen, vor denen derzeit viele Gemeinschaften stehen.
Die diesbezüglichen Sorgen, die in den Interviews häufig angesprochen
wurden, werden jedenfalls von der Mehrheit der Befragten nicht bestätigt.
Wenn es um Immobilien, Personalangelegenheiten und Buchhaltung geht,
geben lediglich 6,1% der Mendikanten ihren Eindruck wieder, dass ihnen
diese Dinge *„für die Beschäftigung mit dem Wesentlichen keinen Raum"*
mehr lassen. Möglicherweise sind durch die Arbeitsteilung unter den Brüdern die wenigsten von ihnen direkt mit wirtschaftlichen und administrati-
ven Fragen befasst bzw. die meisten von ihnen davon entlastet. Hauptträger
dieser Sorgen scheint die zweite Altersklasse (vgl. *Tab. 26*) zu sein.

DIE ‚WELT' ALS DAS FEINDLICHE

Die ‚Welt' wird von nur einer ganz geringen Minderheit als eine feindliche angesehen und erlebt; wenn, dann aber in drastischen Worten, die
ein (über)lebensbedrohliches Ausmaß zum Ausdruck bringt, wie es in dem
Item *„Die Welt ist für mich ein Krebsgeschwür"* (14,9%) artikuliert wird

(s. *Abb. 7*). Die jungen Brüder stimmen dieser Aussage mit einem Fünftel zu (s. *Tab. 28*), und unter den Orden sind es vor allem die Franziskaner, die mit 27% ,die Welt' als etwas Erkranktes wahrnehmen. Die Dominikaner weisen mit nur 7,7% Zustimmung diese Form der Weltinterpretation eher zurück (vgl. *Tab. 29*)

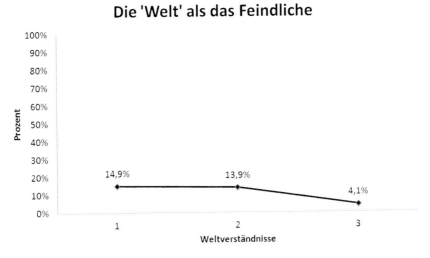

Abb. 7: Die Welt als ,das Feindliche'- gesamt

1	*Die Welt ist für mich ein Krebsgeschwür.*
2	*Wir müssen akzeptieren, dass uns die Welt anfeindet. Wo Christus am Werk ist, da kommt auch das Böse, das angreift.*
3	*Teile der Welt sind für meine Berufung bedrohlich.*

Tab. 28: Die Welt als „das Feindliche' – nach Altersklassen [in %]

	Gesamt	1	2	3	4
Die Welt ist für mich ein Krebsgeschwür.	13,3	20,6	12,7	12,1	7,7
Wir müssen akzeptieren, dass uns die Welt anfeindet. Wo Christus am Werk ist, da kommt auch das Böse, das angreift.	13,3	7,9	20,0	8,6	16,9
Teile der Welt sind für meine Berufung bedrohlich.	3,7	6,3	5,5	0,0	3,1

Tab. 29: Die ,Welt' als das Feindliche – nach Orden [in %]

	Gesamt	K	F	D	S
Die Welt ist für mich ein Krebsgeschwür.	14,9	13,0	27,0	7,7	13,2
Wir müssen akzeptieren, dass uns die Welt anfeindet. Wo Christus am Werk ist, da kommt auch das Böse, das angreift.	13,9	13,0	20,6	7,7	14,7
Teile der Welt sind für meine Berufung bedrohlich.	4,1	3,0	4,8	4,6	4,4

Der Ordensmann, der diesen Satz in einem Gruppengespräch formulierte, führte im Folgenden noch aus, wie bedrohlich die Welt für ihn sei und dass er gefordert sei „ihr immer wieder zu widersagen und sich rückbesinnen" (I173GK) zu müssen. In diesem Gruppeninterview wurde auch klar, dass manche Dinge, Situationen, Begegnungen für den einen Bruder ein Fluch sind und für den anderen Bruder zum Segen im Klosteralltag werden. Manch einer sieht es als lebensbedrohlich, der andere als lebensnotwendig an, dass es gewisse Dinge und Möglichkeiten des Umgangs mit ihnen innerhalb oder außerhalb der Gemeinschaft gibt.

Obwohl einige Brüder jener doch sehr krassen Metapher des Krebsgeschwürs zustimmen, fällt in der quantitativen Erhebung auf, dass nur vergleichsweise wenige die ‚Welt' tatsächlich als Bedrohung für ihre Berufung erleben (4,1%). Gleichgültig, ob wir die Daten nach Orden oder Alter differenzieren, steigt die Zustimmung zu diesem Item nie über 6,0%.

Obwohl die Existenz von Minderheiten unter den Brüdern, die zu einem eher pessimistisch-dualistischen Weltbild neigen, nicht geleugnet werden kann, scheint das Bild der ‚Welt' als das Feindliche nicht das die Mendikanten bestimmende zu sein.

Mit ‚dem Bösen' hingegen wird schon gerechnet, wenn man für oder mit „Christus am Werk" ist. So stimmen auch hier die Franziskaner überdurchschnittlich zu – jeder Fünfte (20,6%) von ihnen.

4.4.2 Die ‚Welt als Totalität' und das Kloster als Teil der Welt

Neben der Neigung, mit dem Ausdruck ‚Welt' das ‚positiv Andere' zu assoziieren, findet unter den befragten Ordensleuten auch die ‚Welt als Totalität und das Kloster als Teil der Welt' hohe Zustimmung. Außer der Vorstellung von ‚Welt' als „*Gottes guter Schöpfung*" repräsentiert dieses Item eines der von den meisten Brüdern anerkannten Weltverständnisse (vgl. *Abb. 8*).

So nimmt sich beinahe jeder zweite Bruder (44,6%), vor allem der beiden ersten Altersgruppen (50,8% und 54,5%), als „*Ordensmann mitten in der Welt und damit [als] Teil der Welt*" wahr (vgl. *Tab. 30*). Am stärksten ist dieses Bild von den Dominikanern (mit 58,5%) akzeptiert (vgl. *Tab. 31*). In einem Gruppeninterview mit Mitgliedern des Dominikanerordens ist dieses Weltverhältnis wie folgt entfaltet worden:

„*PS VI: Nein, der Konvent ist Teil der Welt, es ist /ehm/: wir sind eine Teilmenge.*

PS I: Ja, vom Mathematischen.

PS V: Ich kann mich dem anschließen. Er ist ein Teil der Welt oder eine Teilmenge der Welt, die aber auch gleichzeitig, und da komme ich wieder auf diesen Fingerzeig nach oben, wo ich vorhin kurz gesagt habe. Wir haben schon noch eine Aufgabe, eine wesentliche Aufgabe, über die Welt hinaus zu weisen. Und /eh/ insofern, versuchen wir auch Antworten /ehm/ den Menschen zu geben, um ihnen

Unterstützung in /eh/ auf /eh/, auf ihren, in ihren Lebensweg zu geben. Indem wir auf etwas hinweisen, was über die Welt hinausgeht. "

PS VI: [. . .] Also, ich versuche es nochmal zu erklären. Also, es gibt eine Welt. Und wir, wir sind innerhalb dieser Welt als /ehm/ Teilmenge, die dann wie Johannes gesagt hat, nochmal ein Fingerzeig nach oben hat. Und /ehm/ werden von dieser Welt beeinflusst, wesentlich, als Dominikaner. Also wir sollen ja weltoffen sein, wir sollen uns ja mit der Welt auseinanderzusetzen, aber wir versuchen dann auch, wie der Sauerteig, in der Welt nach außen zu wirken. Und versuchen dann, (wenn es dann?), dass jetzt meinetwegen das Christentum ist, das /ehm/ weiterauszubreiten. Das von Christus weiter zu erzählen und /ehm/ soeben verkündigend in der Welt tätig zu sein.

PS VI: Aber wir sind kein /ehm/ abgeschlossener Raum /ehm/ neben der Welt. Wo dann, wo es dann Interaktion vielleicht gibt. Aber wir sind in eine

PS IV: Es gibt auch ungerechte Welt.

I: Wie?

PS IV: es eine ungerechte Welt. Es ist eine Welt der Ungerechtigkeit, der Friedlo- sigkeit. Also Welt ist ja nun ein sehr großer Begriff. Wenn das das Ganze ist. Und natürlich gibt es Punkte dieser Welt, die aber hoffentlich schon durchsetzt sind mit, mit (lautes Geräusch) (?). Deswegen ist ja auch oben, was der Mitbruder sagt, mit oben verstehe ich 'wenn Gott in die Welt geht, inkarniert, in Jesus Christus', dann ist er ja auch mittendrin. Also mir gefällt dieses Oben als ausschließliches Prinzip des Gottesbezugs nicht. Gott ist in der Welt.

I I: (zustimmendes Geräusch)

PS IV: Also wenn wir schon mal hier bei diesen grammatikalischen wichtigen For- meln sind, dann muss das in dazu. Gott ist in der Welt.

PS III: Also wir haben dann jetzt noch eines zu bedenken, glaube ich. /Ehm/, bei dem Orden: Also wir sind ja eine Gemeinschaft von Leuten, die /ehm/ sich erst einmal zusammenschließt, und also jetzt müssen wir auch miteinander irgendwie Konsense finden. Und wir können dann nicht einfach sagen, ja, das ist egal. Die Welt sagt uns, wir könnten jeder seine eigene Meinung haben. Also dann ist da schon eine Bremse da. Also wir müssen also diesen Konsens irgendwie leben dann auch, ja. Und nicht sagen, ich bin eine autonome Persönlichkeit und kann machen was ich will. Nein, das ist es nicht. Zweitens sind wir auch, sagen wir mal, gemein- same Gütergemeinschaft. Ja, also kann ich auch nicht einfach leben in Saus und Braus, wie ich will – was ja viele Menschen in der Welt können. Dass so die, in dem Sinne darf die Welt nicht bei uns sein. Gut, der eine Bruder braucht mehr, der andere weniger. Aber es muss doch in einem Rahmen bleiben, und wenn der über-

schritten wird, muss man auch von der Gemeinschaft her einschreiten können."
(I191CX)

Die ‚Welt' als Totalität und
Kloster als Teil der Welt

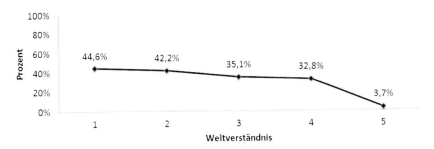

Abb. 8.: Die Welt ‚als Totalität und das Kloster als Teil der Welt' – gesamt

1	*Ich bin als Ordensmann mitten in der Welt und damit Teil der Welt.*
2	*Unsere Berufung ist eine von vielen in dieser Welt.*
3	*Die Welt ist dort, wo wir als Gemeinschaft hineingestellt sind.*
4	*Ich bin verwurzelt in dieser Welt, wo sich Religiöses und Säkulares mischen.*
5	*Die Beschäftigung mit dem Welt Begriff ist für mich nicht relevant, da alles Welt ist.*

Viele reihen ihren Lebensentwurf, ihre „*Berufung*", als „*eine unter vielen in dieser Welt*" (42,2%) ein – gut die Hälfte der Franziskaner (50,8%) steht hinter dieser Aussage (vgl. *Tab. 31*).

Tab. 30: Die Welt als Totalität – nach Altersklassen [in %]

	Gesamt	1	2	3	4
Ich bin als Ordensmann mitten in der Welt und damit Teil der Welt.	43,2	50,8	54,5	44,8	24,8
Unsere Berufung ist eine von vielen in dieser Welt.	40,7	42,9	41,8	36,2	41,5
Die Welt ist dort, wo wir als Gemeinschaft hineingestellt sind.	34,4	33,3	29,1	36,2	38,5
Ich bin verwurzelt in dieser Welt, wo sich Religiöses und Säkulares mischen.	32,8	41,3	32,7	32,8	24,6
Die Beschäftigung mit dem Welt Begriff ist für mich nicht relevant, da alles Welt ist.	3,3	4,8	1,8	6,9	0,0

‚Die Welt' scheint wichtig als Ort, den man sich nicht – aktiv – gesucht hat, sondern von dem man glaubt, von Gott in ihn „*hineingestellt*" worden zu sein (35,1%). Sie scheint für ein Drittel (32,8%) als ‚Nährboden' oder ‚Halt' sogar lebensnotwendig, wenn die befragten Ordensmänner dem Item zustimmen: „*Ich bin verwurzelt in dieser Welt, wo sich auch Religiöses und Säkulares mischen*". Vorrangig wird diese Aussage von den Brüdern der jüngsten Altersgruppe, den 24-51jährigen (41,3%), und damit auch der Generation getroffen, die oft durch ihre Multimedialität mehr Außenkontakte hat als die Brüder älterer Generationen.

Tab. 31: Die Welt als Totalität – nach Orden [in %]

	Gesamt	K	F	D	S
Ich bin als Ordensmann mitten in der Welt und damit Teil der Welt.	44,6	42,0	36,5	58,5	42,6
Unsere Berufung ist eine von vielen in dieser Welt.	42,2	41,0	50,8	41,5	36,8
Die Welt ist dort, wo wir als Gemeinschaft hineingestellt sind.	35,1	36,0	38,1	36,9	29,4
Ich bin verwurzelt in dieser Welt, wo sich Religiöses und Säkulares mischen.	30,9	34,0	31,7	33,8	30,9
Die Beschäftigung mit dem Welt Begriff ist für mich nicht relevant, da alles Welt ist.	3,7	2,0	1,6	12,3	0,0

4.4.3 Die Welt als das ‚Individuelle‘

Neben der hohen Plausibilität, welche die Vorstellung von der ‚Welt als Totalität‘ erhält, als dessen Teil dann auch das Kloster gesehen wird, und der noch höheren Akzeptanz eines positiven, schöpfungstheologischen Weltbegriffs ist auffällig, dass auch die ‚Welt des Individuums‘ eine starke Gewichtung erhält. So weist die Auswertung der Zustimmung zu dem Item „Wir leben in Gemeinschaft, aber ein jeder von uns Brüdern hat nochmals seine eigene kleine Welt", darauf hin, dass es trotz eines gewissen Minimalkonsenses im bisherigen Weltverständnis für knapp die Hälfte (49,3%) der befragten Brüder mindestens eine weitere für sie relevante ‚Welt‘ zu geben scheint, nämlich die jeweils eigene.

Tab. 32: Die ‚Welt' des Individuums – nach Altersklassen [in %]

	Gesamt	1	2	3	4
Wir leben in Gemeinschaft, aber ein jeder von uns Brüdern hat nochmals seine eigene kleine Welt.	51,5	63,5	50,9	48,3	43,1

Damit wird auch eine Relation mindestens zweier ‚Welten' angesprochen, die eine Quelle von Konflikten darstellt und deren Balance immer gefährdet ist und ständig wieder neu hergestellt werden muss, soll es nicht zu Desintegrationsprozessen kommen. Es sind hauptsächlich die Franziskaner bzw. in den Altergruppen die jüngeren Brüder, die mit 61,9% (vgl. *Tab. 33*) bzw. mit 63,5% (vgl. *Tab. 32*) dieses Item gewichten und dabei auf die Welt des Individuums jenseits der Welt der Gemeinschaft und der Welten anderer Brüder, aber auch ihrer gesellschaftlichen Umwelten aufmerksam machen.

Tab. 33: Die ‚Welt' des Individuums – nach Orden [in %]

	Gesamt	K	F	D	S
Wir leben in Gemeinschaft, aber ein jeder von uns Brüdern hat nochmals seine eigene kleine Welt.	50,7	41,0	61,9	56,9	42,6

Wenn auch die „Alltagswirklichkeit der Orden [...] durch die Wandlungen der letzten Jahre Strukturelemente der totalen Institution aufgegeben" hat und sie nicht mehr ihren ehedem normativen Anspruch verfolgen kann, „alle Aktivitäten der Mitglieder zu planen und zu kontrollieren",[131] stehen in den einzelnen Gemeinschaften immer noch die Arbeit der Einzelnen, ihre Freizeit und ihr Wohnen unter einer vergleichsweise hohen sozia-

---

[131] Schmelzer, Orden, 210; zum Typus der ‚totalen Institution' s. Erving Goffman, Asyle, Frankfurt 1972.

len Kontrolle von Mitbrüdern, zumal sie sich als Ordensmänner wechselseitig und vor Gott dazu verpflichtet haben, bestimmte Erfahrungen (von
‚Welt') aus ihrem Leben auszuschließen. Selbst in dem in der vorliegenden Arbeit so genannten ‚*diskursiven Gemeinschaftstyp*' (s. oben), der am
radikalsten mit den Typ der totalen Institution und seiner hohen Regle-
mentierung der Einzelnen gebrochen hat, kann jedes Verhaltensdetail eines einzelnen Mitbruders – und sei es dessen Verweigerung von aktiver
Kommunikation – Gegenstand von Kommunikation und damit Sozialkon-
trolle werden. Wie dem auch sei, Orden und ihre Gemeinschaften sind „als
religiöse Gruppen und nach ihrer Tradition darauf angelegt, Einfluss auf
die Mitglieder zu nehmen [...] durch die Etablierung und Stabilisierung
von Wert- und Sinnverständnissen, d.h. durch die Formalisierung von Ver-
haltenserwartungen und Bedürfnisstrukturen".[132] So ist es zunächst nahe-
liegend, die „*eigene kleine Welt*" des Individuums bedürfnistheoretisch zu
deuten. Es ist, bedürfnis- und sozialisationstheoretisch gesehen, nicht unplausibel, dass es vor allem die jüngeren Brüder sind, die ganz besonders
erleben oder erinnern, dass sie in ihrer Gemeinschaft so beeinflusst wurden
und werden, dass ihre Einstellungen und Bedürfnisstrukturen den erstrebten
Werten der Gemeinschaft entsprechen. Damit kann freilich an dieser Stelle
nicht plausibilisiert werden, weshalb auch die befragten Franziskaner diese „*eigene kleine Welt*" des Individuums gegenüber der Gemeinschaft so
überdurchschnittlich hoch akzentuieren.

Aus bedürfnistheoretischer Sicht käme zunächst die Person als Körper, also ihre physische Beschaffenheit, in den Blick,[133] aber auch ihre damit einhergehenden Veränderungen, die als ‚Kranksein', ‚Gesundwerden',
als ‚Wachsen', ‚Reifen' und, ‚Altwerden' bezeichnet werden. Die ‚eigene kleine Welt' der Person nimmt allerdings nicht nur ihren Körper, seine
Veränderungen und seine – sich wandelnden – Bedürfnisse wahr, sondern
auch Veränderungen in der Natur und in den sozialen Beziehungen, die
ihrerseits die Bedürfnisorientierung und Bedürfnisbefriedigung betreffen

---

[132] Schmelzer, Orden, 211.
[133] Man denke auch daran, was George H. Mead, Geist, Identität und Gesellschaft, Frankfurt 1973, 216ff, hier 218, als „I" („Ich") – im Unterschied zum „Me" („ICH") – genannt hat: „Das ‚Ich' ist die Reaktion des Organismus auf die Haltungen anderer, die
man selbst einnimmt. Die Haltungen der anderen bilden das organisierte ‚ICH', und
man reagiert darauf als ein ‚Ich'".

und z.b. Ängste oder Frustrationen auslösen können: Ein bereits erreichter Stand der Befriedigung von Bedürfnissen (der physiologische Bedürfnisse [Sexualität, Nahrung], Sicherheitsbedürfnisse, Bedürfnisse nach Zugehörigkeit und Liebe, Bedürfnisse nach Achtung, Bedürfnisse nach Selbstverwirklichung)[134] scheint dann durch die neue Situation gefährdet, neue Möglichkeiten der Bedürfnisbefriedigung werden wahrgenommen, ohne dass sie (schon oder überhaupt) realisiert werden können usw. Oben wurden bereits dafür Beispiele – etwa im Zusammenhang mit den neuen Medien – angesprochen. Sofern Bedürfnisse einen Mangel oder Not ausdrücken, verbunden mit dem Bestreben, ihn oder sie zu beseitigen, erzeugen sie in der ‚eigenen kleinen Welt‘ einen Spannungs- oder Konfliktzustand mit ‚Motiven‘ zur Spannungsreduktion, mit ‚Wünschen‘ (nach neuem Erleben, nach Sicherheit, nach Erwiderung und nach Anerkennung)[135] und mit ‚relativen Deprivationen‘.[136] Diese kleine Welt der Bedürfnisse entsteht zwar nicht unabhängig von den sozialen Beziehungen, ist also sozial ‚verformt‘, doch kann sie auch in Spannung dazu erlebt werden, zumal die Mittel der Bedürfnisbefriedigung „zugleich Instrumente sind, die eingesetzt werden können, um Personen zu belohnen oder zu bestrafen. Wer über diese Mittel verfügt, kann Personen und soziale Systeme lenken".[137] Solche Mittel dürften in den Gemeinschaften der Brüder nicht nur bei den Oberen bewusst oder unbewusst angewandt werden.

---

[134] Diese klassische Klassifikation von gestuften Bedürfnissen stammt von Abraham H. Maslow, Motivation and Personality, New York 1954/1970, 88ff. – Vgl. Karl Otto Hondrich, Menschliche Bedürfnisse und soziale Steuerung, Reinbek bei Hamburg 1975, 29ff.

[135] Thomas, Person, 163ff, nennt hauptsächlich diese vier fundamentalen Wünsche der Einzelpersonen, die durch ihre Integration in das soziale Leben befriedigt werden müssen. So stellt er etwa heraus, dass das vom Verlangen nach neuem Erleben beherrschte Individuum dazu neigt, „die herrschenden Normen und Gruppeninteressen zu missachten" (172).

[136] Vgl. hierzu und zu diesen Ausführungen insgesamt Hondrich, Bedürfnisse, hier bes. 28: „Relative Deprivation liegt vor, wenn jemand wahrnimmt, a) dass er ein Mittel der Bedürfnisbefriedigung (materielle Objekte, soziale Beziehungen etc.) nicht hat; b) dass andere Personen, ihn selbst zu einem früheren oder späteren Zeitpunkt eingeschlossen, über das Mittel verfügen; c) dass er das Mittel haben will und d) dass er die Möglichkeit sieht, es zu bekommen".

[137] Hondrich, Bedürfnisse, 32.

Kommt es zu Veränderungen in der Umwelt der ‚eigenen kleinen Welt‘ (in der Gemeinschaft, in der Gesellschaft), hat die Einzelperson mehrere Möglichkeiten, darauf zu reagieren:[138] Sie kann sich gegen die Wahrnehmung möglicher neuer Mittel der Bedürfnisbefriedigung (z.b. des Internets) sperren, sie kann ihre Bedürfnisorientierungen differenzieren („*die Waage halten*"), sich auf frühere Stufen der Befriedigung zurückziehen oder gegebene Bedürfnisbefriedigungsmöglichkeiten einschränken. Neben diesen „intrapersonalen" Anpassungsmöglichkeiten hat die Einzelperson auch die Möglichkeit, in der Auseinandersetzung mit Anderen, in der Solidarität mit anderen in den sozialen Konflikt zu gehen, um Einfluss auf die Umwelten (der Gemeinschaft, der Außenkontakte) zu nehmen, um sich die Mittel der Bedürfnisbefriedigung (neu) zu beschaffen. Die Einzelperson kann dies aber auch heimlich tun, indem sie bestimmte soziale Grenzen unterläuft („*Schwarzgeld von Muttern*" [I155UA]) und Neben-, Hinter- oder Unterwelten aufbaut, mit denen nur die ‚eigene kleine Welt‘ in Kontakt steht.

Mit der Akzentuierung der ‚eigene kleine Welt‘ kann freilich auch die permanente Herausforderung gemeint sein, die persönliche Identität bewahren und die Einzigartigkeit der Person mit ihrer eigenen biographischen Geschichte im Kontext starker Gemeinschaftserwartungen sicherstellen zu müssen – starker Gemeinschaftserfahrungen, die bis zum Aufbau von „Indifferenzzonen gegenüber der Person"[139] reichen, wie sie etwa im Tragen des Habits zum Ausdruck kommen.[140] Freilich kann mit der Betonung der Unterscheidung der Welt des Individuums von derjenigen der Welt der Gemeinschaft auch ein anderer Aspekt dessen, „was ein Individuum von allen anderen unterscheidet", gemeint sein, nämlich „das Innerste seines Seins [...], ein allgemeiner und zentraler Aspekt seines Wesens, der es durch und durch anders macht, nicht nur identifizierbar anders, als diejenigen,

---

138 Vgl. Hondrich, Bedürfnisse, 35f.
139 Cornelia Bohn, Kleidung als Kommunikationsmedium, in: Dies., Inklusion, Exklusion und die Person, Konstanz 2006, 95-125, hier 117.
140 Erving Goffman, Stigma. Über Techniken der Bewältigung beschädigter Identität, 4. Auflage, Frankfurt 1980, 73, verweist auf die Tuaregs in Westafrika, „deren Männer ihre Gesichter bedecken, so dass nur ein kleiner Schlitz zum Heraussehen bleibt; hier wird offenbar das Gesicht als ein sicherer Halt für persönliche Identifizierung durch Körpererscheinung und physischen Stil ersetzt".

die ihm am meisten gleichen".[141] Die Betonung der eigenen kleinen Welt
kann auch damit im Zusammenhang stehen, dass sie es ist, aus der heraus
der Umgang mit der ‚Welt' als Fülle der – zunächst einmal positiv, schöpfungstheologisch ausgelegten –Erfahrungen zu steuern ist, dass sozusagen
die Regie dessen, was Ordensleben heute meint, von der (totalen) Institution auf die Person übergegangen ist.

Zusammenfassend lässt sich folgendes festhalten:
- Die ‚Welt' wird von nur einer ganz geringen Minderheit als eine feindli-
  che angesehen und erlebt. Die ontologisch negativen – dualistischen –
  Weltauffassungen sind allenfalls noch unter kleinen Minderheiten der
  Mendikanten verbreitet.
- Andere negative Assoziationen, die der Weltbegriff auslöst, werden von
  stärkeren Minderheiten getragen, aber eben nur von Minderheiten.
- Dagegen herrscht unter den Befragten die Neigung vor, die Semantik des
  Weltbegriffs mit neutralen bis positiven Eigenschaften zu belegen.
- Die mehrheitliche, über neunzigprozentige Absage an die Vorstellung,
  dass es für die Bettelorden einen Rückzug aus der Welt geben könne,
  kann sozusagen als die **negative Konsensformel** unter den Mendikanten
  gesehen werden, und zwar intergenerationell.
- Einer der Spitzenwerte (44,6%) in der Befragung unterstreicht die Vorstellung von der ‚Welt als Totalität', die damit auch das ‚Kloster als Teil
  der Welt' ebenso inkludiert wie die eigene Berufung und insofern auch
  nicht zu einer ontologischen Abwertung der Welt führen kann. Dieses
  Ergebnis kommt dem im Theoriekapitel angeführten Verständnis von
  ‚Welt' als „Inbegriff aller Gegenstände möglicher Erfahrung"[142] nahe,
  weshalb sich niemand, auch kein Ordensmann, ihr entziehen kann. Allerdings ist festzustellen, dass dieses Verständnis von ‚Welt als Totalität'
  unter den befragten Mendikanten, obgleich mit hoher Zustimmung versehen, nicht durchgehend mehrheitsfähig ist und damit auch als Konsensformel nicht in Frage kommt. Allein unter den Dominikanern ist dieses
  Weltverständnis mehrheitsfähig (58,5%).
- Eine andere theologische Weltvorstellung („Die Welt ist für mich ein
  Gegenüber, wo ich auch die Stimme Gottes hören kann"), die – im An-

---

[141] Goffman, Stigma, 74.
[142] Lexikon für Theologie und Kirche, 3. Auflage, Bd. 10, Freiburg 2001, 1059.

schluss an Paul Tillich – als die prophetische Weltauffassung bezeichnet werden könnte, findet zwar unter den Befragten eine hohe Zustimmung (49,7%), wird aber nur von einer Majorität der Franziskaner und Kapuziner getragen. Intergenerationell verweigern in diesem Zusammenhang die Ältesten ihre Akzeptanz.

– Auch die pastoraltheologische Funktion der Welt, deren Sprache zum Anschluss der Kommunikation des Evangeliums dient, erweist sich nur unter den Dominikanern als mehrheitsfähig (52,3%). Auch zwischen den Generationen zeichnet sich kein Konsens ab.

– Weder zwischen den Orden noch zwischen den Altersklassen mehrheitsfähig ist auch die Vorstellung von Welt, die sich auf das Individuum bezieht. Allerdings wird diese ‚eigene kleine Welt‘ von vielen Befragten, insbesondere von den Jüngeren akzentuiert und steht höchstwahrscheinlich für die in vielen Gemeinschaften gegebene Situation, dass die Regie dessen, was Ordensleben heute meint, von der (totalen) Institution und ihren ehemaligen Reglementierungen und Standardisierungen (auch) auf die Einzelperson des Bruders übergegangen ist.

– Als mehrheitsfähig unter allen befragten Mendikantenorden erweist sich ausschließlich die schöpfungstheologische Vorstellung von Welt (60,1%). Sie taugt auch insofern als **mendikantische Konsensformel**, als sie intergenerationell von allen Altersklassen mehrheitlich mitgetragen wird. Sie allein dominiert alle anderen Weltbegriffe in den mendikantischen Gemeinschaften, auch die Vorstellung von der Welt als Totalität.

– Zwischen den beiden negativen und positiven Elementen einer **mendikantischen Welt-Konsensformel** (‚kein Rückzug aus einer Welt, die Gottes Schöpfung ist‘) eröffnet sich ein breites und plurales Spektrum von Weltauffassungen, die innerhalb und zwischen den Mendikantenorden und -gemeinschaften dissensanfällig sind. Die Dissensanfälligkeit dürfte allerdings begrenzt sein durch die schöpfungstheologische Klammer der mendikantischen Welt-Konsensformel. Weltbegriffe, die eher im dualistischen Denkschemata verhaftet sind und mit Elementen verknüpft sind, die der Welt einen inferioren ontologischen Status zuweisen, dürften es schwer haben, sich gegen den – freilich nur schwachen – mendikantischen Grundkonsens durchzusetzen.

Die Frage stellt sich, ob diese tendenziell positive Weltauffassungsneigung eher für Säkularisierung oder für Pluralisierung steht. Gegen die Säkularisierungsthese stehen die Spitzenwerte (60,1% und 49,7%), welche ausdrücklich die theologischen Deutungen des Weltbegriffs finden. Die These einer inneren Säkularisierung wird auch von den anderen Befragungsergebnissen nicht gestützt. Diejenigen Aussagen, die für eine gefährliche Invasion anderer, störender Welterfahrungen in die Gemeinschaften stehen, finden nur bei Minderheiten der Befragten Resonanz. Für die Pluralisierungsthese stehen der schwache Konsens in der Weltauffassung bzw. die unterschiedlichen Akzentuierungen in der Semantik des Weltbegriffs, die von unterschiedlichen Ordensgemeinschaften und Generationen vorgenommen werden.

4.5 Die Befragten und ihre Muster der Reduktion von Dissonanzen

„I:Und gibt es auch <u>Dinge</u>, von denen Sie sagen würden, das passt nicht zu einem [...] oder sie könnten gar schädlich für einen Bruder sein?"

Bruder 2: „Also, es würde mich stören, wenn jeder sein eigenes Auto hat. Oder es stört mich, wo ein Bruder sein eigenes Auto hat. Das ist für mich so ein ... Aber alle diese Dinge ... das stört mich ... das stört mich ... das sind so! ... Das ist sehr ... /eh/ ... /eh/ ... <u>ekklektizistisch</u>, da so. Der eine greift halt das raus, was ihn stört, und ich eben das.(...)" (I765FD)

Bruder 3: „Also erst mal, habe ich mittlerweile das akzeptiert, dass man mit Männern <u>nicht</u> vern<u>ünftig</u> und <u>sachlich</u> über Autos reden kann. Also die Diskussion, wie viele Autos sind notwendig, ... /ehm/ die ist im Kloster, glaube ich, nicht möglich. Es würde mich

„I:Was bedeutet für Sie Armut?

Bruder 1: Ich tue mich im Moment fast schwer mit solchen Fragen, weil ich glaube, dass wir /eh/ <u>einen Weg gehen wollen</u>, das wieder neu auch für uns zu definieren. Dass ich /ehm/, zum Beispiel wenn ich Geld bekomme /ehm/ ... dass ich das abgebe, dass das nicht für mich nur, das ist nicht mein Geld, dass ich das hier, was ich mache, was ich verdiene ... Das ist nicht mein Geld, sondern das fließt in den gemeinsamen Topf.
Ich habe jetzt ein Auto /eh/ gebraucht[...]. Welches Auto holen wir dann? Wo auch ich mir was sagen muss, also das ist ... ich sage jetzt mal, nehme ich 140 oder nehme 105 PS?
I: ((unterbricht)) Was haben Sie denn genommen?
Bruder 1: 105. Und mich schon geärgert ((lachend)).

stören, weil das ... ist so ein ... (sage ich mal?) relativ teu-res Teil, was Statussymbolcharak-ter hat in der Gesellschaft ... und das gehört jetzt mir. Und da-mit fährt niemand. Weil die ande-ren ... sind zu doof zum Fa h r e n oder die tanken falsch oder die machen einen Kratzer rein; das ist mein Eigentum.(...)
Das gibt mir eine ... das sieht so aus, als wäre es Unabhängigkeit, und in Wirklichkeit ist es die tota-le Abhängigkeit.
*Aber da habe ich ein wenig ei-ne Schlagseite. /Ehm/ ... also so ... sage ich mal, selbst in **unserer Provinz, würde ich wahrschein-lich wenige Brüder finden, die das so ... scharf sehen da wie ich.***"
(T812UI)
Bruder 4: „Es liegt an der Schwachheit des Menschen.

Also, ich merke das auch bei mir, wir haben so ... /eh/ ein Auto ... halt mehrere Autos.

Und wenn dann /ehm/ nur drei Brüder da sind und die Autos rei-chen alle, dann ist ganz schnell,

War so ein Jahreswagen und... billiger auch /eh/ jetzt dann spä-ter. Sprit, Steuer, Versicherung.

Bis auf einen... Bruder... /eh/ der hat sein Auto für sich gepach-tet, sagen wir mal so. Aber der, das müssen Probleme seit Jahrzenten sein. Aber auch im Persönlich-, Persönlichkeitsproblem. /Eh/ Das ist, der gibt das Auto nicht... her... da kann man, das kann man jetzt nicht mehr ändern.
I: Und in wieweit ist der Schlüs-sel für alle zugänglich?

Bruder 1: Wie Schlüssel für...
     I: ((unterbricht)) Kann da je-

dass man sagt: *Ach, jetzt lasse ich den ... den Schlüssel mal im Zimmer! Das Auto nimmt sowieso jetzt keiner. Zack, gehört es mir!"* (O999KL)

Bruder 4: *„Und weil das Thema ‚Auto' bei Männern irrational ist.*

Fragen Sie mal den Bruder [...]! Fragen Sie ihn nicht. Aber das wäre mein bestes Belegstück. Weil der jetzt auch ein neues Auto ... gekauft hat. Das ... da ...

der mit fahren, mit dem Auto hier aus der Gemeinschaft?

Bruder 1: Nein. *Also das ist jetzt ein Auto, dass ich... /ehm/ im Prinzip nur, ich sage es jetzt mal so: in erster Linie nur für mich. Wir haben dann eingeteilt, es gibt Autos im Konvent /ehm/. Der Schlüssel ist jetzt im Prinzip nicht für jeden zugänglich, weil ich da auch von jetzt auf nachher dann auch unterwegs bin oder so. Aber auch Brüder, die jetzt hier in der Pfarrei sind, die haben dann auch ein Auto mehr oder weniger für sich. Das ist jetzt alles so meines, und ich bin jetzt, sagen wir mal: ‚Der King oder so' ((lachend)). Dass ich... Auch da ein Miteinander, wenn jetzt andere mal das Auto brauchen, also da würde ich jetzt kein Ding daraus machen.*

Ich hätte gerne 140 PS gehabt, warum weiß ich nicht genau, ist einfach schöner. weil es ein bisschen /eh/ spritziger ist, aber das war dann von allem, wo es dann damals gepasst hat... Also, wo ich dann gehört habe von dem Angebot... bin ich auf die 105 gegangen... weil dann, war bedeutend billiger in der Anschaf-

da kippt der Verstand /eh/ schaltet aus." *(T120YX)*
Bruder 2: Und man sucht dann so viele G r ü n d e, warum jetzt *((schnaubt))* ... *((lacht)) genau dieses Auto.*" *(U644FD)*

fung.

Also ich habe das genommen /ehm/ auch dann nochmal, wo ich gedacht habe: ,Ich habe mit dem Kreuz Probleme'. Ein Auto wo ich dann auch gut sitzen kann, ich bin viel unterwegs. Ich wollte ein Auto, dass ich, wo auch eine gewisse Ladefläche hat. [...] /Ehm/ mit dem Auto und wenn von uns jemand damit fährt dann ist es meistens ein Älterer. [...] Sind die, sind die, größeren Männer. Sind keine Kinder drin. Dann braucht man da Platz im Kofferraum. Auch Beinfreiheit für Hintensitzen. Ich habe vorher einen [...] /eh/ gefahren. Und es war einfach dann auf Dauer /eh/ unbequem. Also jetzt auch da drin... in der Größe. Deshalb so ein Auto, wo ich dann sage, oder /eh/ ich habe dann mit einem anderen Auto Probleme. Das werde ich jetzt mit [diesem Auto] machen: einen Mitbruder dann von hier ins Altenheim gebracht. Oder dann abgeholt. Dass ich dann ein Auto habe, wo /eh/ das halt auch ein bisschen höher ist, /Ehm/ aus praktischen Gründen. Ein Auto, wo dann auch älteren Mitbrüdern leichter ist. Der Bruder [...], wo Sie kennengelernt haben jetzt

heute. /Eh/ Der war mal drin, bis
der dann aus dem [alten Auto]
raus und rein war,/eh/ und ge-
krächzt und gestöhnt hat, wo ich
denke, dass der sich . . . so ein
älterer Mitbruder in dem [neuen
Auto] dann leichter tut. Also das
war mit so der Grund." (Z777HZ)

Die Definitionen von ‚Welt' sind, wie gesehen, vielfältig, wenn nicht gegensätzlich, und auch das, was als ‚weltlich', ‚verweltlicht' und gar als ‚säkularisiert' aufgefasst und ausgelegt wird, ebenso. Auch der dieser Studie
zugrunde gelegte Begriff der Säkularisierung muss hiermit nicht deckungs-
gleich sein.

Wenn wir also davon ausgehen, dass sich eine Gemeinschaft aus verschiedenen Menschen, unterschiedlich sozialisiert, mit ganz unterschiedlichen Geschichten konstituiert, so wird deutlich, dass es sich zwangsläu-
fig in einer Ordensgemeinschaft um Personen handelt, die differenzierte
Sichten auf Dinge, Mitmenschen und Situationen haben. Teilweise stehen
sich die Ansichten gar konträr gegenüber. Nun sind diese, in einer Gemeinschaft lebenden Brüder herausgefordert, einen individuellen Umgang mit
Spannungen zu finden, um ihr kollektives Gemeinschaftsideal nicht verraten zu müssen. Diese Pluralisierungen werden im eingangs genannten Beispiel deutlich. Es geht hier um die Anschaffung eines neuen Autos, welche
von unterschiedlichen Brüdern gegensätzlich kommentiert wird. Es werden Umgangsformen und Sichtweisen deutlich, die traditionell oder/und
gemeinschaftlich verankert sein mögen, vielleicht auch individuell spirituell legitimiert sind, und andere, von denen man als Gemeinschaft oder auch
als Einzelner überzeugt ist, dass sie sich mit dem Leben und den Lebensformen eines Bruders nicht vereinbaren lassen.

Wie ist es aber nun möglich, mit notwendigerweise entstehenden Be-
deutungskonflikten, Wertkonflikten und Normkonflikten so umzugehen,
dass sich Menschen unterschiedlicher Perspektiven, wie hier im Falle der
Anschaffung und des Gebrauchs eines Autos, nicht als defizitär oder gar
degradiert erleben? Wie ist es möglich, trotz solcher Erlebnisse kognitiver

Dissonanz[143] in einer Gemeinschaft zu leben, zudem noch in einer alternativen Lebensform, als ,kognitive Minderheit'?

Kognitive Dissonanz ist die Bezeichnung für einen als unangenehm erlebten Zustand, der aus widersprüchlichen Erfahrungen, Einstellungen oder Bedeutungen in Bezug auf den gleichen Gegenstand hervorgeht und nach einer Veränderung verlangt.[144] Da Dissonanzen als negativ erlebt werden, motivieren diese dazu, möglichst schnell wieder Konsonanz – Harmonie, Kongruenz und Konsistenz – herzustellen. Dissonanzerfahrungen kann es zwischen Einzelnen, aber auch zwischen Gruppen geben.

In beiden Fällen gibt es nach Leon Festinger folgende Möglichkeiten, Dissonanzen aufzuheben:

– *(Aushalten)*
– *Aufgeben*
– *Physischer Eingriff*
– *Abwertung anderer (z.B. durch Ignoranz, durch Inferiorisierung)*

Im Verlauf der qualitativen Interviewphase dieser Studie ließen sich jedoch weitere Formen der Dissonanzreduktion beobachten:

5. Abwertung der eigenen Person (culpa)
– *Aufwertung des Selbst*
– *Umdeutung*
– *Dispensierung*
    a) Selbstdispensierung
    b) Fremddispensierung
– *Nutzen von ,Neben-' ,Hinter-' und/oder ,Unterwelten'*

Bei den in der Studie erschließbaren Dissonanzreduktionsmustern der Brüder lässt sich zunächst feststellen, dass sich fast alle solcher Dissonanzreduktionen sowohl zur inneren Umwelt (Brüder, Gemeinschaft etc.) als auch zur äußeren Umwelt (Menschen außerhalb der Gemeinschaft) hin bedienen. Es gibt nur eine ganz geringe Minderheit (4,7% und 5,1%), die angibt, keine Spannungen zu erleben oder auch Spannungen nicht aufheben zu wollen, sondern stattdessen bereit ist, sie auszuhalten (2,7%).

---

[143] Vgl. Leon Festinger, Theorie der Kognitiven Dissonanz, hg. von Martin Irle/Volker Möntmann, Bern/ Stuttgart/Wien 1978.
[144] Vgl. Festinger, Theorie, 16.

Tab. 34: Dissonanzreduktionen des Einzelnen hin zur inneren Umwelt –
gesamt [in %]

Dissonanzreduktionen	[in%]
Auch wenn ich Erwartungen enttäuschen muss, ist es für mich vorrangig, dass Dinge, die ich tue, für mich stimmig sind.	47,3
Manchmal nehme ich in Kauf, Mitbrüder zu enttäuschen, die genau zu wissen meinen, was ein Ordensmann zu tun hat.	40,5
Ich arbeite daran, eine Streitkultur zu schaffen und ansonsten mit den Anderen einfach auf dem Weg zu sein.	36,1
Ich sorge für mich, indem ich mir Räume, die mir gut tun, außerhalb der Gemeinschaft suche.	30,7
Ich passe mich an die jeweilige Gemeinschaft an, so dass es keine Probleme gibt.	19,3
Ich sage mir: Ich bin auch nur Mensch und darf mich mal dabei ertappen, dass ich das Eine predige und das Andere tue.	17,6
Indem ich immer öfter sage, dass ich Dinge brauche, anstatt zu sagen, dass ich sie will.	7,4
Spannungen erlebe ich keine.	4,7
Ich lebe einige meiner Bedürfnisse ungeachtet dessen, ob jemand anderes in meinem Orden in meiner Gemeinschaft daran leidet.	4,4
Indem ich versuche, Interessen, die nicht gemeinschaftlich akzeptiert sind, als religiös sinnvoll darzustellen.	3,7
Ich halte mich kaum mehr in meiner Gemeinschaft auf.	3,0
Ich will die Spannungen überhaupt nicht mindern.	2,7
Gar nicht, wahrscheinlich ist nur Austritt eine Lösung.	1,0

Den Ergebnissen zufolge scheint das Leben der Brüder davon bestimmt, dass sowohl das eigene Tun wie auch das Handeln in Gemeinschaft
an der Stimmigkeit, die man dabei mit sich selbst empfindet, orientiert werden. Kommt es nun zu Spannungen zwischen dem eigenen und dem, was an
einen herangetragen wird, so nimmt fast die Hälfte (47,3%) in Kauf, anderer Menschen Erwartungen zu enttäuschen, um sich selbst treu zu bleiben.
Im strengen Sinne ist hier noch nicht von Dissonanzreduktion zu sprechen.
Wenn es jedoch darum geht, dass man sich – mithilfe dieser Begründung
und mitunter ohne es transparent zu machen – selbst von kommunitären
Entscheidungen dispensiert (siehe unten Dissonanzreduktion 8a), weil sie
den eigenen Vorstellungen und Plausibilitäten zuwiderlaufen, dann lässt
sich in diesem Zusammenhang sehr wohl davon sprechen, dass durch diese
Aussage das eigene Tun begründet und mögliche entstandene Spannungen
zwischen dem Ist- und dem Sollzustand minimiert werden. Die Priorität der
Sorge für sich selber scheint inzwischen hohe Legitimität zu besitzen. Der
Bruder, der so entscheidet, wertet sich selbst auf (siehe Dissonanzreduktion
6), macht sich selbst ‚zum Oberen‘ und stellt so Hierarchien auf den Kopf.
Die ‚eigene kleine Welt‘, die Welt des Individuums, geht in Führung und
übernimmt die Regie – gewissermaßen als ‚Gehorsam‘ sich selbst gegenüber. Folgt man Christina Mülling, wäre dies ein Gegensatz zu dem, was
sie ‚liebenden Gehorsam‘ nennt, aber mit dem Gewissen vereinbar: „Als
Zweites spricht Franziskus vom liebenden Gehorsam. Diese Form des Ge-
horsams beinhaltet ein Loslassen meiner eigenen Ideen und Vorstellungen,
um der Liebe und des Friedens willen, selbst wenn ich sie für die bessere
Lösung halte. Wenn ich das Meine durchsetzen möchte, der Friede oder die
Liebe jedoch darunter leiden, ist es besser darauf zu verzichten – wenn dies
nicht gegen mein Gewissen ist."[145]
Es ist notwendig, den Fragekontext zu beachten, in dem mit jenen oben
stehenden Sätzen geantwortet werden konnte. Dieser lautete: „*Wie schaffen Sie es, mit möglichen Spannungen in Ihrer Gemeinschaft umzugehen?*".
Wenn man die Dissonanzreduktionsformen der Brüder betrachtet, so fällt
auf, dass nicht alle von Festinger nahegelegten Reduktionsformen präfe-
riert wurden. Außerdem wurden – wie schon oben angedeutet – in den Interviews neue hinzugefügt:

---

[145] www.infag.de/seiten/download.php?datei=Gehorsam%20smallest.pdf, eingesehen im
Februar 2014

4.5.1 AUSHALTEN

Wie viele Brüder Spannungen wie oft und wie stark aushalten, konnte in der vorliegenden Studie nicht geklärt werden.

4.5.2 AUFGEBEN

19,3% der befragten Brüder sagen: *„Ich passe mich an die jeweilige Gemeinschaft an, so dass es keine Probleme gibt."* Diese Anpassung wird beinhalten, dass die eine oder andere Sichtweise und Einstellung zu Gunsten der Gemeinschaft aufgegeben oder hintangestellt werden muss. Am anpassungsfreudigsten scheinen die Kapuziner zu sein, fast jeder Dritte (27,0%) stimmt hier diesem Item zu.

In Bezug auf die Dissonanzreduktion hin zur äußeren Umwelt stimmen 41,6 % der Brüder dem Item zu: *„Ich mache den Menschen klar, dass meine Berufung zum Bruder nur eine Berufung unter vielen ist."* Dabei geben sie mögliche Erwartungen an einen höheren Status oder an eine besondere Leistung religiöser Virtuosität auf bzw. weisen diese zurück und reihen sich als ‚Brüder unter Brüdern‘ (nicht als ‚Vater‘ der Brüder) ein.[146]

Im Sinne von ‚Anschlussfähigsein‘, ohne sich selbst und die eigenen Werte ganz aufzugeben, stimmen 21,3 % dem Item zu: *„Ich versuche meine Werte so zu formulieren, dass sie an die Werte der Gesellschaft anschlussfähig sind."* Dabei praktizieren sie das, was mit Charles Taylor als Versuch des „übergreifenden Konsenses"[147] bezeichnet werden kann: ein Konvergenzziel mit anderen gesellschaftlichen Wertegruppen, ohne mit ihnen die unterliegende Begründung zu teilen.

Die Exit-Option, einen Austritt aus der Gemeinschaft oder dem Orden zwecks Dissonanzreduktion, zogen lediglich einige wenige Brüder aus der zweiten Altersgruppe der ‚Sonstigen‘ in Betracht (4,4%).

4.5.3 PHYSISCHER EINGRIFF

Der physische Eingriff wurde weder hin zur inneren Umwelt noch zur äußeren Umwelt als vor Dissonanzreduktionsform angekreuzt.

---

[146] Vgl. Nikolaus Kuster, Bruder jedes Menschen, in: Ders./Thomas Dienberg/Marianne Jungbluth (Hg.), Inspirierte Freiheit. 800 Jahre Franziskus und seine Bewegung, Freiburg 2009, 144-149.

[147] Charles Taylor, Drei Formen des Säkularismus, in: Kallscheuer (Hg.), Europa, 217-246, hier 239.

4.5.4 ABWERTUNG ANDERER

Die Abwertung anderer kommt als Möglichkeit, Spannung zu reduzieren, in abgewandelter Form vor. So nehmen 40,5% der Brüder manchmal in Kauf, in der Gemeinschaft „Mitbrüder zu enttäuschen, die genau zu wissen meinen, was ein Ordensmann zu tun hat". Schon in der Formulierung „die genau zu wissen meinen" wird die Abwertung der Vorstellungen und der damit verbundenen Erwartungen von Mitbrüdern deutlich.

„Sie wollen, ich behaupte, nicht jeder muss einen Computer haben . . . . Wir haben höhere Obere, die meinen, sie wissen's genau, ehm, sie meinen, das muss sein. Das muss eben nicht sein. Die haben ja keine Ahnung" (I144LM)

„1. Bruder: Laudes, Mittagsgebet – einer der kleinen Horen –, Vesper. So. Anderes ist privat. Dann gibt's junge Brüder, die wollen unbedingt die Komplet um zehn Uhr. Jetzt nur als Beispiel. Gut. Könnte man auch gutheißen. Und nach der Komplet gucken die noch zwei Filme an (haut sich mit der Hand den Kopf)
2. Bruder: Das ist doch jetzt purer Formalismus bei dir . . . !" (I187CV)

Selbst in Bezug auf die Äußerungen des Papstes fanden sich solche Reduktionsformen:

„Ich würde erstmal sagen: Der Heilige Vater hat bestimmt Recht, weil es der Heilige Vater ist (ironisch)." (I289KS)

Ebenso ist dieses Muster in der Reduzierung von Spannungen nach außen zu entdecken. So geben auch hier 40,2% an: „*Manchmal nehme ich Enttäuschungen von Menschen außerhalb in Kauf, die genau zu wissen meinen, wie ein Ordensmann zu sein hat.*" 27,4% gehen noch einen Schritt weiter und stimmen der Behauptung zu: „*Viele Leute können unser Leben nicht verstehen, dafür muss ich Verständnis aufbringen – wir sind nicht von dieser Welt.*"

Tab. 35: Dissonanzreduktionen des Einzelnen (innere Umwelt) – nach Altersklassen [in %]

Dissonanzreduktionen	Gesamt	1	2	3	4
Auch wenn ich Erwartungen enttäuschen muss, ist es für mich vorrangig, dass Dinge, die ich tue, für mich stimmig sind.	46,9	55,6	43,6	48,3	40,0
Manchmal nehme ich in Kauf, Mitbrüder zu enttäuschen, die genau zu wissen meinen, was ein Ordensmann zu tun hat.	37,3	39,7	43,6	36,2	30,8
Ich arbeite daran, eine Streitkultur zu schaffen und ansonsten mit den Anderen einfach auf dem Weg zu sein.	36,9	55,6	38,2	27,6	26,2
Ich sorge für mich, indem ich mir Räume, die mir gut tun, außerhalb der Gemeinschaft suche.	29,0	41,3	34,5	24,1	16,9
Ich passe mich an die jeweilige Gemeinschaft an, so dass es keine Probleme gibt.	18,3	11,1	14,5	22,4	24,6
Ich sage mir: Ich bin auch nur Mensch und darf mich mal dabei ertappen, dass ich das Eine predige und das Andere tue.	18,3	17,5	16,4	22,4	16,9
Indem ich immer öfter sage, dass ich Dinge brauche, anstatt zu sagen, dass ich sie will.	7,5	11,1	3,6	6,9	7,7
Spannungen erlebe ich keine.	4,6	3,2	3,6	0	10,8
Ich lebe einige meiner Bedürfnisse ungeachtet dessen, ob jemand anderes in meinem Orden in meiner Gemeinschaft daran leidet.	4,6	6,3	1,8	6,9	3,1
Indem ich versuche, Interessen, die nicht gemeinschaftlich akzeptiert sind, als religiös sinnvoll darzustellen.	2,9	4,8	5,5	0	1,5
Ich halte mich kaum mehr in meiner Gemeinschaft auf.	3,3	0	3,6	6,9	3,1
Ich will die Spannungen überhaupt nicht mindern.	2,5	4,8	0	1,7	3,1
Gar nicht, wahrscheinlich ist nur Austritt eine Lösung.	0,4	0	1,8	0	0

Wie gesagt, ist feststellbar, dass mit den von Festinger in den Blick genommenen Möglichkeiten von Dissonanzreduktionen das Spektrum der von den Brüdern angewandten Dissonanzreduktionsarten noch nicht erschöpft ist. Möglicherweise sind die Ordensgemeinschaften mit ihrem Anspruch auf totales Engagement ein Biotop, in dem weitere Muster der Dissonanzreduktion emergieren, die im folgenden Kapitel näher beleuchtet werden.

4.5.5 DIE ABWERTUNG DER EIGENEN PERSON

Diese Dissonanzreduktionsform begegnete den Forschenden immer wieder in den Interviews. Ein Bruder antwortete auf die Frage, wie es denn um die Applecomputer auf seinem Schreibtisch stünde:

„Ja genau, das ist jetzt, ich behaupte ja nicht, dass ich das gute Vorbild gebe (lacht). Ich mag Apple. Ich bin irgendwann auf Apple umgestiegen und wollte nie wieder was anderes." (I274KB)

Es muss hier offen bleiben, ob jener Bruder an Hilfe tatsächlich interessiert ist, die ihn dazu bringt, ein gutes Vorbild zu werden und sich ggf. von der ‚weltlichen Last‘ der Applecomputer ‚zu befreien‘. Für den Moment jedoch scheint für ihn (und für andere?) die Dissonanz aufgehoben. Ein anderer erzählt:

„Aber /eh/ eine Vision vom Reich Gottes im Kopf haben und gleichzeitig von diesem Reich Gottes noch gar nichts zu spüren und manchmal auch nicht spüren zu wollen und diese Spannung dazwischen aushalten. Das ist, das ist vielleicht eigentlich Armut.... Und da erfährt man die Defizite. Auch, und dann vor allem auch die Defizite an einem selber, wo es an mir hapert. Dass das alles noch nicht so funktioniert." (I438GX)

In der Darstellung dieses Bruders geht es im Gegensatz zum oberen (Apple-)Zitat eher um einen Prozess. Er spricht an, dass es *„noch nicht"* funktioniere, drückt also eine Hoffnung aus, irgendwann einmal dazu in der Lage zu sein.

Tab. 36: Dissonanzreduktionen des Einzelnen hin zur inneren Umwelt –
nach Orden [in %]

Dissonanzreduktionen	Gesamt	K	F	D	S
Auch wenn ich Erwartungen enttäuschen muss, ist es für mich vorrangig, dass Dinge, die ich tue, für mich stimmig sind.	47,3	43,0	55,6	41,5	51,5
Manchmal nehme ich in Kauf, Mitbrüder zu enttäuschen, die genau zu wissen meinen, was ein Ordensmann zu tun hat.	40,5	40,0	38,1	41,5	42,6
Ich arbeite daran, eine Streitkultur zu schaffen und ansonsten mit den Anderen einfach auf dem Weg zu sein.	36,1	37,0	30,2	49,2	27,9
Ich sorge für mich, indem ich mir Räume, die mir gut tun, außerhalb der Gemeinschaft suche.	30,7	26,0	31,7	40,0	27,9
Ich passe mich an die jeweilige Gemeinschaft an, so dass es keine Probleme gibt.	19,3	20,0	28,6	15,4	13,2
Ich sage mir: Ich bin auch nur Mensch und darf mich mal dabei ertappen, dass ich das Eine predige und das Andere tue.	17,6	27,0	11,1	13,8	13,2
Indem ich immer öfter sage, dass ich Dinge brauche, anstatt zu sagen, dass ich sie will.	7,4	7,0	4,8	7,7	10,3
Spannungen erlebe ich keine.	4,7	5,0	3,2	9,2	1,5
Ich lebe einige meiner Bedürfnisse ungeachtet dessen, ob jemand anderes in meinem Orden in meiner Gemeinschaft daran leidet.	4,4	6,0	3,2	3,1	4,4
Indem ich versuche, Interessen, die nicht gemeinschaftlich akzeptiert sind, als religiös sinnvoll darzustellen.	3,7	3,0	1,6	6,2	4,4
Ich halte mich kaum mehr in meiner Gemeinschaft auf.	3,0	3,0	1,6	1,5	5,9
Ich will die Spannungen überhaupt nicht mindern.	2,7	3,0	3,2	1,5	2,9
Gar nicht, wahrscheinlich ist nur Austritt eine Lösung.	1,0	0	0	0	4,4

4.5.6 AUFWERTUNG DES EIGENEN SELBST

*Tab. 37: Dissonanzreduktionen des Einzelnen hin zur äußeren Umwelt –
gesamt [in %]*

Dissonanzreduktionen	[in%]
Ich schaffe Räume und Gelegenheiten, in denen Andere mich als Mensch mit Stärken und Schwächen kennenlernen können.	60,8
Ich vergegenwärtige mir immer wieder, was meine eigentliche Berufung ist.	46,3
Ich mache den Menschen klar, dass meine Berufung zum Bruder nur eine Berufung unter vielen ist.	41,6
Manchmal nehme ich Enttäuschungen von Menschen außerhalb in Kauf, die genau zu wissen meinen, wie ein Ordensmann zu sein hat.	40,2
Viele Leute können unser Leben nicht verstehen, dafür muss ich Verständnis aufbringen, wir sind nicht von dieser Welt.	27,4
Ich habe mir abgewöhnt, immer den Habit zu tragen, so kann ich besser untertauchen und auch mal entspannen.	24,0
Ich schaffe mir ausreichend Rückzugsraum innerhalb der Gemeinschaft.	22,6
Ich versuche, meine Werte so zu formulieren, dass sie an die Werte der Gesellschaft anschlussfähig sind.	21,3
Ich will die Spannungen überhaupt nicht mindern.	7,4
Gar nicht, solche Spannungen erlebe ich nicht.	5,1
Ich trage den Habit, um Anfragen an mich zu vermeiden.	4,1
Ich unternehme nichts.	4,1
Ich ziehe mich in die Gemeinschaft zurück und versuche, Außenkontakte zu reduzieren.	3,7
Ich sage immer öfter, dass ich Dinge brauche anstatt zu sagen, dass ich sie will.	3,4
Ich lebe einige meine Bedürfnisse ungeachtet dessen, dass die Leute daran leiden.	1,4

Eine weitere Form der Dissonanzreduktion zur inneren Umwelt, die fast die Hälfte der Brüder (47,3%) anwendet, um Spannungen zu minimieren, ist die der **Aufwertung des eigenen Selbst**. Wie bereits oben genannt, kann dieser Reduktionsform auch das Item zugeordnet werden: „*Auch wenn ich Erwartungen enttäuschen muss, ist es für mich vorrangig, dass Dinge, die ich tue, für mich stimmig sind.*"

4.5.7 Umdeutung

Die **Umdeutung** von Situationen, Dingen usw. kann in zwei zu unterscheidenden Weisen geschehen:
- Durch **Neutralisierung:** Wechsel von zwei gegensätzlichen Bedeutungssystemen in ein drittes (z.b. Auto: von Luxus vs. Einfachheit zur Gesundheit);
- durch **Euphemisierung:** Ein als illegitim definiertes Bedürfnis wird durch eine Sache/ein Ereignis/einen Zustand, wofür ein im System legitimierter Name besteht, der die Möglichkeit zur Erfüllung des Bedürfnisses bietet, gestillt (z.b. Urlaub vs. Verfügbarkeit zur Gruppenreise als pastorale Begleitung; Ruhm vs. Demut zu Schallplattenproduktion zu Gemeindeimagezwecken).

Die erste Form der Neutralisierung (a) kam immer wieder in unterschiedlich kreativer Form in den Interviews vor. Ein Beispiel dafür wurde zu Beginn des Kapitels 4.5. angeführt. Die quantitative Operationalisierung dieser Dissonanzreduktionsform gestaltete sich als eher schwierig, da sie sehr individuell gehandhabt wird.

Der Dissonanzreduktion (b) bedienen sich über ein Drittel (36,1%) der Befragten, indem sie sagen, dass sie daran arbeiten „*... eine Streitkultur zu schaffen und ansonsten mit den Anderen einfach auf dem Weg*" sind. Auch hier wird nicht zur Sprache gebracht, worin das Ziel besteht, wohin man will, wie lange man auf dem Weg sein möchte usw. ... Von Auseinandersetzung ist hier nur bedingt die Rede. Überdurchschnittlich wurde dieses Item von der jüngsten Altersgruppe als Reduktionsform angegeben (55,6%). Ob hier mitunter der ‚Neulingseifer' der jungen Brüder eine Rolle spielt, lässt sich nicht nachweisen. Tatsache ist, dass die beiden ältesten Gruppen der Brüder dieser Aussage nur unterdurchschnittlich oft zustimmen (27,6% und 26,2%). In den Ergebnissen der Orden sind es die Sonstigen, bei denen diese Dissonanzreduktion nur von fast jedem Dritten befürwortet wird (27,9%). Ein weiteres unterscheidbares Muster der Umdeutung operiert durch **Reinterpretation der Tradition oder der eigenen Berufung:** Unplausibel gewordene Traditions- und Berufungsbestandteile werden abgelehnt und durch neue ersetzt. So stimmen 46,7% der Aussage zu: „*Ich vergegenwärtige mir immer wieder, was meine eigentliche Berufung ist*".

Tab. 38: Dissonanzreduktionen des Einzelnen (äußere Umwelt) – nach Altersklassen [in %]

Dissonanzreduktionen	Gesamt	1	2	3	4
Ich schaffe Räume und Gelegenheiten, in denen Andere mich als Mensch mit Stärken und Schwächen kennenlernen können.	59,3	74,6	63,6	58,6	41,5
Ich vergegenwärtige mir immer wieder, was meine eigentliche Berufung ist.	46,5	44,4	47,3	51,7	43,1
Ich mache den Menschen klar, dass meine Berufung zum Bruder nur eine Berufung unter vielen ist.	40,7	42,9	41,8	36,2	41,5
Ich habe mir abgewöhnt, immer den Habit zu tragen, so kann ich besser untertauchen und auch mal entspannen.	24,5	25,4	14,5	27,6	29,2
Ich schaffe mir ausreichend Rückzugsraum innerhalb der Gemeinschaft.	22,8	19,0	29,1	24,1	20,0
Ich versuche, meine Werte so zu formulieren, dass sie an die Werte der Gesellschaft anschlussfähig sind.	21,2	27,0	25,5	20,7	12,3
Ich will die Spannungen überhaupt nicht mindern.	7,9	12,7	7,3	5,2	6,2
Gar nicht, solche Spannungen erlebe ich nicht.	5,8	3,2	3,6	5,2	10,8
Ich trage den Habit, um Anfragen an mich zu vermeiden.	3,7	1,6	5,5	5,2	3,1
Ich unternehme nichts.	4,1	4,8	3,8	6,9	1,5
Ich ziehe mich in die Gemeinschaft zurück und versuche, Außenkontakte zu reduzieren.	2,9	1,6	0	1,7	7,7
Ich sage immer öfter, dass ich Dinge brauche anstatt zu sagen, dass ich sie will.	2,9	1,6	1,8	1,7	6,2
Ich lebe einige meiner Bedürfnisse ungeachtet dessen, dass die Leute daran leiden.	4,6	6,3	1,8	6,9	3,1

4.5.8 Dispensierung

Die **Dispensierung** als Reduktion kann unterschieden werden in **Selbstdispensierung** und **Dispensierung durch Andere**. So sagen 24,0% der Brüder: *„Ich habe mir abgewöhnt immer den Habit zu tragen, so kann ich besser untertauchen und auch mal entspannen"*. Die Rollenerwartungen werden durch das Ablegen des Ordenskleides reduziert (Aufbau einer Indifferenzzone), der Erwartungsdruck an die Rolle des Bruders nimmt ab. Die meisten in den qualitativen Interviews interviewten Brüder sprachen davon, in der Freizeit die alleinige ‚Regie' über das An- und Ausziehen des Habits zu führen. Dabei scheint dieser Umgang mit diesem Erkennungszeichen nicht generationsabhängig zu sein, sondern sich ziemlich gleichmäßig, mit Ausnahme der zweiten Altersgruppe, auf die Generationen zu verteilen. Weitere 17,6% der Brüder stimmen dem Satz zu *„Ich sage mir: Ich bin auch nur Mensch und darf mich mal dabei ertappen, dass ich das Eine predige und das Andere tue"*. Sie schauen sich und ihr Leben wohlwollend an *und* dispensieren sich davon, mit ihrem Leben immer das erreichen zu müssen, was sie als Werte auch predigen oder vertreten.

Tab. 39: Dissonanzreduktionen des Einzelnen (äußere Umwelt) – nach Orden [in %]

Dissonanzreduktionen	Gesamt	K	F	D	S
Ich schaffe Räume und Gelegenheiten, in denen Andere mich als Mensch mit Stärken und Schwächen kennenlernen können.	60,8	57,0	61,9	64,6	61,8
Ich vergegenwärtige mir immer wieder, was meine eigentliche Berufung ist.	46,3	45,0	52,4	46,2	42,6
Ich mache den Menschen klar, dass meine Berufung zum Bruder nur eine Berufung unter vielen ist.	42,2	41,0	50,8	41,5	36,8
Ich habe mir abgewöhnt, immer den Habit zu tragen, so kann ich besser untertauchen und auch mal entspannen.	24,0	28,0	30,2	18,5	17,6
Ich schaffe mir ausreichend Rückzugsraum innerhalb der Gemeinschaft.	22,6	23,0	20,6	15,4	30,9
Ich versuche, meine Werte so zu formulieren, dass sie an die Werte der Gesellschaft anschlussfähig sind.	21,3	27,0	14,3	30,8	10,3
Ich will die Spannungen überhaupt nicht mindern.	7,4	4,0	9,5	16,9	1,5
Gar nicht, solche Spannungen erlebe ich nicht.	5,1	4,0	3,2	7,7	5,9
Ich trage den Habit, um Anfragen an mich zu vermeiden.	4,1	4,0	4,8	6,2	1,5
Ich unternehme nichts.	4,1	4,0	3,2	6,2	2,9
Ich ziehe mich in die Gemeinschaft zurück und versuche, Außenkontakte zu reduzieren.	3,7	5,0	4,8	3,1	1,5
Ich sage immer öfter, dass ich Dinge brauche anstatt zu sagen, dass ich sie will.	3,4	2,0	3,2	4,6	4,4
Ich lebe einige meine Bedürfnisse ungeachtet dessen, dass die Leute daran leiden.	1,4	2,0	0	1,5	1,5

4.5.9 Nebenwelten, ‚Hinter- und Unterwelten‘

Das Nutzen von **Nebenwelten, ‚Hinter- und Unterwelten‘** gibt vielen Brüdern die Möglichkeit, Spannungen abzubauen. Goffman zu Folge sind ‚Hinterwelten‘ notwendige Orte (z.b. die Küche des Restaurants), damit das Leben auf den Vorderbühnen (Speiseraum) gelingen kann.[148] So sagen 60,8%: *„Ich schaffe Räume und Gelegenheiten, in denen Andere mich als Mensch mit Stärken und Schwächen kennenlernen können"*. Hier werden zusätzliche ‚Neben- oder Rückzugsräume‘ geschaffen und gesucht: *„Ich sorge für mich, indem ich mir Räume, die mir gut tun, außerhalb der Gemeinschaft suche" (30,7%)*, besonders von den Dominikanern nutzen diese Reduktionsmöglichkeit 40,0%. Dabei sind hauptsächlich die jungen Brüder der 1. Altersklasse mit 41,3% draußen unterwegs, die ältere Generation der 4. Altersklasse kann dies oder will es nicht (mehr) und bejaht diesen Satz nur mit 16,9%, was mitunter schon zu Spannungen in den Gemeinschaften führen könnte. 22,6% aller befragten Brüder schaffen sich *„ausreichend Rückzugsraum innerhalb der Gemeinschaft"*.

Diese Formen der Reduzierung weisen auf einen bewussten Umgang mit Spannungen hin, indem sich die Brüder immer wieder auch aktiv aus den Spannungen heraus an mitunter andere Orte bewegen und wiederum aktiv ihre Spannungen offenlegen und sich ‚mit Stärken und Schwächen‘ offenbaren. Dabei scheint es gerade der jungen Generation darum zu gehen, gegen Erwartungen aufzustehen und anzugehen. Sie weisen mit 74,6% am stärksten das Bedürfnis auf, sich alternative *„Räume zu schaffen, in denen Andere mich als Mensch mit Stärken und Schwächen kennenlernen können"*.

4.6 Dissonanzreduktionen der Gemeinschaft

Nachdem wir auf die Dissonanzreduktionsformen des Einzelnen geschaut haben, können wir den Blick ebenfalls auf die Dissonanzreduktionsformen der jeweiligen Gemeinschaften richten. Eine mögliche Frage kann sein: Wie gehen diese mit Brüdern um, die ihre ‚Einheit‘ gefährden könnten? Wie gehen Gemeinschaften mit der Pluralität der Brüder, mit deren tag-

---

[148] Goffman, Theater.

täglich neuen individuellen Erlebniswelten, unterschiedlichen Biographien und Sozialisationen um, zumal die sozialisatorische Prägekraft des klassischen katholischen Milieus geschwunden ist? Die Gemeinschaften sind herausgefordert, wenn sie aus Brüdern zusammengesetzt sind, die tagtäglich neu aus der Gemeinschaft aus- und wieder in sie hineinpendeln und bisher Standardisiertes, scheinbar unverrückbar fest Definiertes immer wieder in Frage stellen und modifizieren. Kollektive Grenzen sind, wie wir schon feststellen konnten, für individuelle Erfahrungsräume durchlässig geworden.

Tab. 40: Dissonanzreduktionsformen der Gemeinschaft – gesamt [in%]

Dissonanzreduktionen	[in%]
Wir akzeptieren, dass wir alle verschieden sind.	61,1
Wir verstehen unseren Weg im Kloster als einen Weg des gemeinsamen Lernens.	47,0
Wir haben präsent, dass wir nicht als Freunde eingetreten sind.	45,3
Auch wenn sich Brüder in der Gemeinschaft schwer tun, glauben wir an die Gemeinschaft als gutes Korrektiv.	36,1
Wir lassen uns als Gemeinschaft auf einzelne neue Brüder, machen ihnen aber klar, dass sie eine bereits bestehende Gemeinschaft vorfinden.	27,7
Einige Themen klammern wir in der gemeinschaftlichen Kommunikation aus.	25,7
Wir sagen uns immer wechselseitig, dass wir auch nur Menschen sind und damit fehlbar.	15,2

Brüder werden zur Provokation, rufen heraus, verbal oder nonverbal durch ihr Sosein, beeinflusst durch das, was sie mit den unterschiedlichsten und mitunter tagtäglich neu wechselnden Interaktionspartner(inne)n erleben, und sie können nicht mehr zurück hinter ihre Erfahrungswelten, die sich auch in der Bedeutung der Dinge aus den unterschiedlichsten individuellen Interaktionen ableiten. Sie sind nicht mehr in der Lage, sich *fraglos* in das Kollektiv einzuordnen, und mitunter verbleiben ‚unsozialisierbare' und ‚nicht-disziplinierbare Reste' der ‚eigenen kleinen Welten' der jeweiligen Brüder, die jedoch für jeden Einzelnen von Lebensnotwendigkeit sein können. Spannungen sind unausweichlich.

Die Voraussetzungen der Akzeptanz der Verschiedenheit scheinen gut. 61,1% der befragten Brüder geben an, in ihren Gemeinschaften anzuerkennen, *„dass (...) alle verschieden sind"*. Überdurchschnittlich viele (81,0%) Franziskaner heben diese Pluralitätsakzeptanz hervor. Sie scheinen wahrzunehmen und anzuerkennen, dass es sich in den Gemeinschaften um das Arrangement einer Vielfalt von Lebensrealitäten handelt. Damit einhergehen Dissonanzerfahrungen. Dementsprechend ist auch feststellbar, dass jeder Zweite (47,0%) diese Dissonanz reduziert, indem er den Satz befürwortet: *„Wir verstehen unseren Weg im Kloster als einen Weg des gemeinsamen Lernens"*. In den qualitativen Interviews zeigte sich, dass die Bezeichnung des ‚Auf-dem-Weg-seins' oder des ‚Lernens' oft dort verwendet wird, wo Brüder und Gemeinschaften Situationen hilflos gegenüber stehen und (noch) keine Lösung kennen. Legitimiert wird diese Hilflosigkeit durch den Satz: *„Wir haben präsent, dass wir nicht als Freunde eingetreten sind"*, dem 45,3% aller zustimmen, zweidrittelmehrheitlich (63,1%) die Dominikaner. Außerdem lässt mehr als jeder Dritte (36,1%) der befragten Mendikanten hoffen, dass die Gemeinschaft ein „gutes Korrektiv" ist und mitunter Brüdern, die sich in der Gemeinschaft schwer tun, helfend zur Seite stehen kann. 27,7% machen dazu deutlich, dass man sich zwar auf neue Brüder einlasse, aber ihnen auch klar mache, *„dass sie eine bereits bestehende Gemeinschaft vorfinden"*. Die Franziskaner votieren hier unterdurchschnittlich (19,0%). Das spannungsvolle Verhältnis von Individuum und Gemeinschaft, die Wir-Ich-Balance, wird offensichtlich in vielen Gemeinschaften recht unterschiedlich bearbeitet.

Tab. 41: Dissonanzreduktionsformen der Gemeinschaft – nach Orden [in%]

Dissonanzreduktionen	Gesamt	K	F	D	S
Wir akzeptieren, dass wir alle verschieden sind.	61,1	59,0	81,0	61,5	45,6
Wir verstehen unseren Weg im Kloster als einen Weg des gemeinsamen Lernens.	47,0	53,0	42,9	38,5	50,0
Wir haben präsent, dass wir nicht als Freunde eingetreten sind.	45,3	28,0	52,4	63,1	47,1
Auch wenn sich Brüder in der Gemeinschaft schwer tun, glauben wir an die Gemeinschaft als gutes Korrektiv.	36,1	39,0	33,3	29,2	41,2
Wir lassen uns als Gemeinschaft auf einzelne neue Brüder, machen ihnen aber klar, dass sie eine bereits bestehende Gemeinschaft vorfinden.	27,7	34,0	19,0	24,6	29,4
Einige Themen klammern wir in der gemeinschaftlichen Kommunikation aus.	25,7	16,0	27,0	36,9	27,9
Wir sagen uns immer wechselseitig, dass wir auch nur Menschen sind und damit fehlbar.	15,2	18,0	15,9	10,8	14,7

Ein Viertel der Befragten (25,7%) klammert in ihrer gemeinschaftlichen Kommunikation einige Themen einfach aus – die Kapuziner scheinen da kommunikationsfreudiger mit nur 16,0% – und reduzieren dadurch unnötige Spannungen. Und ähnlich viele (24,0%) ignorieren, was Differenzen verursacht, und betonen schlichtweg das Gemeinsame ihrer Gemeinschaft, um sich den Dissonanzen nicht allzu sehr aussetzen zu müssen und positiv nach Vorne schauen zu können. Diese Form der Dissonanzreduktion in einer Gruppe haben Festinger und seine Kollegen bereits im Jahr 1956 in dem Buch „When Prophecy fails" beschrieben. Hier wurden in einer Verhaltensbeobachtung Mitglieder einer Sekte untersucht, die an den Weltuntergang glaubte. Sie waren überzeugt, dass zu einem festgelegten Zeitpunkt der Weltuntergang bevorstehe. Festinger und Kollegen gaben sich ebenfalls als Sektenmitglieder aus und beobachteten, was passieren würde, wenn die Apokalypse ausbleibe. Am besagten Tag trat diese tatsächlich nicht ein, und die Forscher konnten bemerken, dass die Sektenmitglieder plötzlich annahmen, dass das Ausbleiben dieses Ereignisses damit zu tun haben könne, dass sie Gebete gesprochen hatten. Sie nahmen an, ihre Gebete hätten die Welt gerettet. Durch diese Dissonanzreduktion beruhigt und neu beflügelt, begannen sie, neue Mitglieder für ihre Sekte zu werben.[149]

4.7   Die Befragten und ihr Entwicklungsprofil

Den Mendikanten wurde auch die Frage gestellt, wo sie Veränderungsbedarf sehen,

– *was sie „einführen" bzw. „ausbauen" wollen,*
– *was sie „reduzieren" bzw. „abschaffen" wollen* und
– *was sie „so lassen" wollen.*

Mit insgesamt 75 Items wurden im Wesentlichen Ausprägungen in vier großen Dimensionen angesprochen:[150]

---

[149] Vgl. Leon Festinger/Henry W. Riecken/Stanley Schlachter, When Prophecy Fails. A Social and Psychological Study of a Modern Group that Predicted the Destruction of the World, New York 1956.

[150] Kenner wissen, dass diese Gliederung in vier Dimensionen weitgehend dem sogen. AGIL-Schema von Talcott Parsons, Das System moderner Gesellschaften, München 1972, 175ff, folgt.

– die **Dimension der Integration**, *die verschiedene Voraussetzungen des Zusammenlebens und des Zusammenhalts, insbesondere die für eine Gemeinschaft notwendigen Regeln und Normen sowie Grenzkontrollen akzentuiert;*

– die **Dimension der Wertbindung** *und der Wertverpflichtung, die den für eine Gemeinschaft kollektiven Sinn akzentuiert;*

– die **Dimension der Zweckorientierung**, *welche die strukturellen Mechanismen zur verbindlichen Entscheidung und Kontrolle und zur Ausrichtung aller Mitglieder einer Gemeinschaft auf bestimmte Aufgaben und Ziele akzentuiert;*

– die **Dimension der wirtschaftlichen Anpassung**, *die den rationalen Einsatz von knappen Ressourcen und Hilfsmitteln akzentuiert, der eine Gemeinschaft vor Verschwendung und ökonomischem Niedergang bewahrt.*

Schaut man auf die Ergebnisse, so fällt zunächst einmal ein starker Wunsch der Mehrheit der Befragten nach Stabilität („so lassen") auf. Bei beinahe zwei Dritteln der Items, die jene vier Dimensionen auf ganz bestimmte Ausprägungen hin operationalisieren, wurde nämlich seitens starker Mehrheiten der Befragten kein Veränderungsbedarf signalisiert („so lassen"). Aus einer traditionellen Perspektive könnte man bereits diesen Befund als erfolgreiche interne Säkularisierungsverhinderung interpretieren: „Hüte dich auf's sorgfältigste, irgend eine Neuerung in deinem Kloster einzuführen, wenn dieselbe vom ersten Geiste der Ordensregel auch nur im geringsten abweicht", schreibt Abbé Jung in seinem „Handbüchlein für wirkliche Ordenspersonen" von 1883: „Eben so suche auch nicht auf irgend eine Art dich von gewissen altherkömmlichen Übungen freizusprechen, die der heilige Geist früher in deiner Gemeinde eingeführt hat. Lassest du dich aber anders gelüsten, (entweder etwas Neues anzufangen, oder eine alte löbliche Gewohnheit abzuschaffen), dann wäre es dir gerathener und nützlicher gewesen, du wärest ganz in der Welt geblieben… ". Eine markante Status quo-Orientierung gilt auch im Blick auf die einzelnen Dimensionen (allerdings mit einer Ausnahme). Außerdem ist auffällig, dass Intentionen, die in Richtung Reduktion oder Abschaffung gehen, nur selten formuliert werden. Allerdings wird in allen Dimensionen mehr oder weniger stark der Wunsch nach Bewegung in Richtung „einführen" bzw. „ausbauen" zum Ausdruck gebracht.

4.7.1 Zwischen Bewegung und Beharrung in der Integrationsdimension

Tab. 42: Ausprägungen der Dimension der Integration [in %]

Ausprägung	so lassen	reduzieren/ abschaffen	einführen/ ausbauen
(1) Gemeinschaftliche Tagesordnung	81,1	2,7	16,2
(2) Gemeinschaftliche Gebetszeiten	80,1	1,4	18,4
(3) Persönliche Freiräume	79,6	2,4	18,0
(4) Gemeinschaftliche Rekreationszeiten	78,4	6,7	14,9
(5) Selbständigkeit	74,6	2,8	22,6
(6) Freundschaften unter Brüdern	74,5	5,0	20,6
(7) Klausur als Rückzugsort	74,0	9,1	17,0
(8) Vielfalt der Arbeitsbereiche der Brüder	67,1	9,6	23,3
(9) Gemeinschaftlicher Urlaub	66,2	26,9	6,8
(10) Klare Definition von Rechten und Pflichten	65,2	6,7	28,2
(11) Individuelle Ausnahmen von der Regel	64,3	18,6	17,0
(12) Ahndung von Regelübertretungen	63,6	23,6	12,8
(13) Gerechte Verteilung der Arbeit	60,3	0,0	39,7
(14) Kontrolle der Dinge, die in die Gemeinschaft Einzug halten	56,5	11,6	31,9
(15) Einbeziehung aller Mitbrüder in Entscheidungen	55,1	0,7	44,2
(16) Einflussnahme von außen in Gemeinschaftsbelange	48,7	46,0	5,3

Im Blick auf die **Dimension der Integration** überwiegen die ‚Kräfte der Beharrung' auf den Skalen von zwei Dritteln der Items. Im Einzelnen fällt auf (vgl. *Tab. 42*), dass die formellen, für das Ordensleben typischen Gestaltungsformen des Zusammenlebens wie gemeinsame Gebets-

oder Rekreationszeiten oder die Institution der Klausur (Punkte 1, 2, 4, 7) aus der Sicht der Befragten erhalten, stabilisiert, wenn nicht sogar ausgebaut werden sollen. Diejenigen unter den Brüdern, die diese zeitlichen, sachlichen und sozialen Kernelemente des kommunitären Ordenslebens abschaffen oder reduzieren wollen, sind kleine Minderheiten. Gleichwohl ist bemerkenswert, dass beinahe jeder zehnte Mendikant – darunter insbesondere Franziskaner – für die Reduktion oder gar Abschaffung der **Klausur** plädiert, die andererseits von immerhin 17,0% aller Befragten – und sogar von beinahe jedem vierten Dominikaner (23,3%) – auszubauen gewünscht wird. Ca. 10,0% der beiden jüngsten Altersklassen aller Befragten wollen die Klausur reduzieren oder abschaffen, gut 20,0% der ältesten Altersklasse wollen sie ausbauen.

Mit der Frage nach der Klausur ist ein wichtiger Aspekt der Integrationsdimension berührt, nämlich der nach den Gelegenheiten, sich überhaupt als Gemeinschaft zu erleben, wenn die Tagesprogramme Einzelner unterschiedliche Rhythmen haben, die Brüder unterschiedlichen beruflichen/sozialen Verpflichtungen (nach innen wie nach außen) nachgehen (müssen) und unterschiedliche Aufgaben verfolgen. Eine Passage aus den qualitativen Interviews bringt diese Herausforderung des Gemeinschaftslebens auf den Punkt, indem der Befragte der Interviewerin (*„Und wo, würden Sie sagen, gibt es Grenzen, die Sie ziehen müssen, auch um ihr Gemeinschaftsleben noch zu schützen oder sicher zu stellen?"*) antwortet:

„B: Ja, gut, diese Frage ist ja traditionell immer verbunden gewesen mit der sogenannten Klausur. Also gibt es auch wirklich /eh/ von dem Gebäude her, gibt es Räumlichkeiten, die für uns reserviert sind, wo sozusagen Fremde keinen Zutritt haben oder im Ausnahmefall. Diese Frage spielt bei uns keine große Rolle mehr. Also die ist schon noch da, aber das ist nicht mehr so entscheidend. Für mich ist eher die Frage so von also von den inneren Rhythmen her, also das ist jetzt unabhängig von /eh/ Gebäudefragen, also hat eine Gemeinschaft eine innere Struktur, die sie noch zusammen bringt. Also konkret: treffen sich Brüder noch regelmäßig, kommen sie zusammen, egal zum gemeinsamen Essen, zu gemeinsamen Gebetszeiten, zum Austausch, /eh/ haben sie ihre eigene innere Dynamik, also vielleicht kann man so umgekehrt leichter sagen. " (I234MI)

Der Interviewte nennt dann auch die Sachverhalte, welche die Integration einer Gemeinschaft erschweren, ja die Bedingungen der Möglichkeit für die wechselseitige Wahrnehmung und Kontaktpflege zwischen den Brüdern untergraben:

„Es gibt natürlich Kommunitäten /eh/, bei uns, wo jeder, also, das ist ja so eine Frage bei uns, wir arbeiten ja nicht alle im Haus oder am gleichen Projekt. Es kann sein, dass in einem Haus alle Brüder ein anderes Arbeitsfeld haben, irgendwo arbeiten, und dann ist natürlich die Gefahr, dass mit diesen unterschiedlichen Arbeitsfeldern auch Brüder auseinander laufen, eine Kommunität sich verläuft. Also von daher, die Frage nach den geschützten Räumen, wie Sie das formuliert haben, ist für mich eher eine Frage nach Strukturen als nach /eh/ nach räumlich abgetrennten Gebäudeteilen." (I149MY)

Neben dem ‚Auseinanderlaufen' der Brüder werden im gleichen Interview auch die Gäste der Kommunität genannt, welche die Erfahrung des Gemeinschaftlichen gefährden können. Der Wert und der (auch ökonomische) Gewinn einer bestimmten Art der Gastfreundschaft hier und die Integration der Gemeinschaft dort *können* sich ausschließen, jedenfalls wechselseitig gefährden:

„Ich glaube schon, dass eine Gemeinschaft, also wir haben diese Frage oft, wir haben auch Mitlebehäuser ja, wo Gäste sind, und das ist oft eine Diskussion gewesen, weil und manchen Brüdern auch so die Idee war, also wenn wir Gäste haben, dann /eh/ dürfen die an unserem Leben teilnehmen und sind an Gebetszeiten dabei oder an Mahlzeiten und wenn wir abends zusammen sitzen, sind sie eingeladen. Das finde ich grundsätzlich sehr schön, also wir müssen auch nichts verstecken oder was, aber diese Kommunitäten haben dann irgendwann ein Mal gemerkt, das geht nicht. Wir Brüder brauchen auch ein Mal einen Abend, wo wir nur unter uns sind oder Gebetszeiten oder an Mahlzeiten oder wegen mir auch einige Wochen im Jahr, wo wir unter uns sind. Also wir können nicht immer alles mit anderen teilen, ja. Also diese gute /eh/ so eine gute Balance zwischen /eh/ einer eigenen inneren Struktur, die zusammen führt, und der Offenheit für andere, die ist glaube ich sehr wichtig." (I194YM)

Somit wird das Thema der Klausur mit dem Problem verbunden, die räumliche und zeitliche Koexistenz, Konzentration und Segregation der Brüder sicherzustellen, was offensichtlich immer schwieriger wird. Dennoch findet der derzeitige Stand der Differenzierung der Arbeitsbereiche der Brüder (Punkt 8), aber auch die Verteilung der **Arbeitslasten** (Punkt 13) Zustimmung, wobei knapp ein Viertel der Befragten (23,3%) insgesamt und jeder Dritte der jüngsten Altersklasse (33,9%) sogar dafür plädiert, der Differenzierung mehr Raum zu geben. Knapp 40,0% der befragten Ordensbrüder (unterdurchschnittlich die Franziskaner) und knapp die Hälfte der beiden jüngsten Altersklassen (unterdurchschnittlich die Ältesten) mahnen mehr Gerechtigkeit in der Verteilung der Arbeitslasten an.

Was die Integrationsförderung der Gemeinschaften durch gemeinsamen **Urlaub** betrifft (Punkt 9), scheint die Zweidrittelmehrheit aller Befragten (66,2%) und vier von fünf der jüngsten Altersklasse mit den jeweils bestehenden Arrangements einverstanden zu sein, wobei gut ein Viertel (26,9%) – und jeder dritte der dritten Altersklasse – auf die Reduktion oder Abschaffung solcher Obligationen setzt und offensichtlich mehr Dispositionszeit der Einzelpersonen postuliert (vgl. auch die Punkte 3 und 5). Jeder vierte befragte Kapuziner und jeder dritte der ‚sonstigen' Befragten plädieren in diese Richtung: Wenigstens zur Urlaubs- bzw. Erholungszeit soll der einzelne Bruder, jenseits des Gemeinschaftsdrucks, für sich selbst entscheiden können, wo und wie Erholung für ihn am besten gelingt. In diesem Sinne lässt sich auch das Ergebnis im Hinblick auf die Frage nach dem Umgang mit Regelverletzungen (Punkt 12) deuten. Knapp zwei Drittel (63,6%) der befragten Mendikanten stehen für die Beibehaltung der bestehenden – sicherlich höchst unterschiedlichen – Sanktionspraxis, knapp ein Viertel (23,6%) postuliert, diese zu reduzieren (8,6%), wenn nicht abzuschaffen (15,0%). Am stärksten votieren die Befragten der 3. Altersklasse in diese Richtung („reduzieren": 12,8%; „abschaffen": 25,6%). Differenzierungen nach Orden lassen sich in dieser Hinsicht nicht ausmachen.[151]

Gut jeder zweite Befragte (55,1%) ist offensichtlich zufrieden mit seinen Möglichkeiten und der Möglichkeit der Mitbrüder zur **Partizipation an Entscheidungsprozessen** (Punkt 15), allerdings fordert knapp die Hälfte (44,2%) von ihnen und fordern knapp zwei Drittel der ältesten Altersklasse (59,7%) mehr diesbezügliche Teilhabechancen. Von der jüngsten Altersklasse bringt nur jeder Dritte (32,8%) dieses Desiderat zum Ausdruck. Ein solches Ergebnis könnte auf starke Belastungen in einigen Gemeinschaften hinweisen, auf ignorierte oder enttäuschte Partizipationserwartungen. Indizieren die weniger polarisierenden Daten der befragten Do-

---

[151] Es werden in der Regel nur dann Ergebnisse von Kreuzauswertungen genannt, wenn sie auffällige Differenzen ergeben.

minikaner (so lassen: 66,1%; einführen/ausbauen: 33,9%), dass in ihren Kommunitäten die Partizipationserwartungen stärkere Resonanz finden?

Risiken der Desintegration werden von vielen Befragten auch in einer mangelnden ‚Grenzkontrolle' gesehen.[152] Die Integration einer Gemeinschaft ist eben auch davon abhängig, wie sie z.zb. Kommunikationen, Handlungen, Erfahrungen und Personen – ‚Einflüsse' – verhindert oder zulässt, d.h. gegenüber ihrer Umwelt Puffer- oder Filterstrategien pflegt und kommunitär einübt. Dies gilt für jedes soziale Gebilde, d.h. auch für solche, die sich nicht als religiös-spezifisch verstehen. Und dies gilt erst recht für Ordensgemeinschaften, die bestimmte Erfahrungen von ‚Welt' selegieren wollen. Wenn in einer Gemeinschaft alles kommunizierbar, alles praktizierbar, alles der Erfahrung prinzipiell Zugängliche (‚Welt') zugänglich wäre und jedes (individuelle) Bedürfnis befriedigt werden könnte, würde sie ihren Zusammenhalt und letztlich ihre Identität verlieren. Eine (knappe) Mehrheit der Befragten (56,6% bzw. 48,7%) sieht keinen Bedarf, die Einflüsse der Umwelt auf die Gemeinschaft (Punkt 14) bzw. die „Einflussnahme von außen in Gemeinschaftsbelange" (Punkt 16) einer stärkeren Kontrolle zu unterziehen. Allerdings bringen nahezu gleichviele Brüder zum Ausdruck, dass diese äußeren Einflüsse reduziert werden sollen (46,0%). Etwa jeder Dritte (31,9%) fordert eine stärkere „Kontrolle der Dinge, die in die Gemeinschaft Einzug halten". Dieser Befund spricht dafür, dass ‚Grenzen' komplexe Konstruktionen sind, flexibel, die einer gemeinschaftlichen, freilich immer neu zu definierenden Übereinkunft und Erfahrbarkeit bedürfen.

Es sind die älteren Brüder – insbesondere diejenigen der ältesten Altersklasse –, die auf eine stärkere Grenzkontrolle pochen, wie *Tab. 43* zu entnehmen ist. Sollte man diesen Wunsch als Postulat verstehen, Mechanismen der „Insulation" zu entfalten, wie wir sie aus der Erforschung anderer religiöser Sondergemeinschaften kennen? Gemeint sind „Verhaltensregeln, die durch eine Verminderung des Einflusses der Außenwelt bei notwendigen Kontakten"[153] die Binnenwerte und Binnenzentrierung fördern, jedenfalls nicht gefährden sollen. Oder sollte man in diesem Wunsch einen Ausdruck der Sorge um die Autonomie der Gemeinschaften sehen? Die älteren

---

[152] Zum Grenzbegriff s. Christoph Kleinschmidt, Semantik der Grenze, in: Aus Politik und Zeitgeschichte 63/2014, 4-8.

[153] Wilson, Analyse, 327.

Brüder sind es auch, die eine stärkere Mitwirkungschance anmahnen, um durch die Nichtkontrollierbarkeit der Entscheidungen der Jüngeren sowie der Einflüsse von außen nicht fremdbestimmt zu werden.

Tab. 43: Wunsch von ‚Grenzkontrollen' und Partizipationschancen nach Altersquartilen [in %]

	insgesamt	1	2	3	4
Einflussnahme von außen in Gemeinschaftsbelange reduzieren!	31,5	30,5	19,6	34,9	44,4
Einflussnahme von außen in Gemeinschaftsbelange abschaffen!	15,2	6,8	13,0	16,3	30,6
Kontrolle der Dinge, die in die Gemeinschaft Einzug halten, einführen!	12,2	5,3	18,4	11,6	15,4
Kontrolle der Dinge, die in die Gemeinschaft Einzug halten, ausbauen!	21,3	21,1	12,2	20,9	33,3
Einbezug aller Mitbrüder in Entscheidungsprozesse einführen!	6,9	6,6	3,9	3,8	13,5
Einbezug aller Mitbrüder in Entscheidungsprozesse ausbauen!	34,7	26,2	39,2	28,8	46,2

Zusammenfassend lässt sich sagen, dass sich – bei aller Status quo-Neigung in der Dimension der Integration – Entwicklungsdesiderate insbesondere in folgenden Bereichen bemerkbar machen. Es geht um:
– den Ausbau von Kontrollen insbesondere der Außengrenzen der Gemeinschaften,
– die Sicherung von Gelegenheitsstrukturen, sich auch als Gemeinschaft zu erfahren,
– den Ausbau von Chancen zur Partizipation an Entscheidungsprozessen,

– den Ausbau der persönlichen Disponibilität, auch in der Wahl von
freundschaftlichen Beziehungen,
– den Ausbau von Gerechtigkeit bei der Verteilung der Arbeit,
– die Zurücknahme von Kontroll- und Sanktionsdruck.

4.7.2 ZWISCHEN BEWEGUNG UND BEHARRUNG IN DER DIMENSION DER WERTBINDUNG

Tab. 44: Dimension der Wertbindung und der Wertverpflichtung [in %]

Ausprägung	*so lassen*	*reduzieren/ abschaffen*	*einführen/ ausbauen*
(1) Habit-Tragen	74,3	9,0	16,8
(2) Gemeinschaftliche Definition von Keuschheit und Ehelosigkeit	71,2	6,2	22,6
(3) Gastfreundschaft	61,5	1,9	38,0
(4) Gespräche über subjektive Definitionen von Keuschheit und Ehelosigkeit	58,9	3,8	37,3
(5) Gemeinschaftliche religiöse Formen	58,3	1,6	40,1
(6) Gemeinschaftliche Definition von Gehorsam	54,4	7,2	38,4
(7) Gespräche über subjektive Definitionen von Gehorsam	51,5	6,0	42,6
(8) Gemeinschaftliche Ideale	49,4	3,0	47,6

Auch im Blick auf die **Dimension der Wertbindung und der Wert-verpflichtung** zeigt sich eine Status quo-Orientierung, allerdings nur be-züglich der Hälfte der Items. Wie man weiter unten noch sehen wird, ist diese Status quo-Orientierung weniger stark und breit ausgeprägt als in den

anderen drei Dimensionen. Und es zeigt sich noch etwas, was wir in keiner anderen Dimension finden: Keine der Ausprägungen der Dimension der
Wertbindung und der Wertverpflichtung wird in nennenswerter Stärke mit
dem Postulat der Reduktion oder Abschaffung verbunden (vgl. *Tab. 44*).
Eher gibt es starke Minderheiten, die auf Klärung und Profilierung einiger
basaler Werte des Ordenslebens drängen. Obwohl Mehrheiten erkennbar
sind, die dem Status quo der Kommunikation über die subjektiven Vorstellungen des Gehorsams- und des Keuschheitsgelübdes (Punkte 4, 7) Vorrang
geben, obwohl Mehrheiten zum Ausdruck bringen, dass an den gemeinschaftlichen Definitionen diesbezüglich nichts geändert (Punkte 2, 6), dass
an den gemeinschaftlichen religiösen Formen (Punkt 5) und am Wert der
Gastfreundschaft (Punkt 3) nicht gerüttelt werden soll, bleibt keine dieser
Wertbindungen ohne deutlichen, wenn nicht überdeutlichen Ausbau- bzw.
Profilierungsakzent. Wertestabilisierungspostulate gehen mit Werteprofilie-
rungsforderungen einher. Dies kann freilich auch damit zusammenhängen,
dass die Vorstellungen in einigen Punkten auseinandergehen. Der Wert
der ‚Gastfreundlichkeit‘ wird – je nach Gemeinschaftstyp[154] – ganz unterschiedlich konkretisiert und kann – zumindest im theologischen Sprach-
spiel – aus der Rolle des Gastgebers oder aus der Rolle des Gastes gesehen
werden.[155] Die älteste Gruppe der Befragten ist diesem Wert am wenigsten
zugeneigt.

Dass diese Profilierungsneigungen insbesondere von jungen Mendikanten ausgehen, wie man auf dem Hintergrund der Erfahrungen in den
USA vermuten kann,[156] kann durch die hier vorliegenden Daten nicht bestätigt werden. Das Gegenteil ist sogar der Fall. Wie aus der nachstehen-
den *Tab. 45* ablesbar ist, kommen die Forderungen nach Werteprofilierung
mehrheitlich *nicht* aus der jüngsten Altersklasse. Diese steht sogar in der
hintersten Reihe, wenn es um die gemeinschaftlichen Definitionen von Ge-

---

[154] S. die Typologie (diskursiv, präsentativ, pragmatisch) oben in Kapitel 4.1.

[155] „Gastfreundliche Seelsorge lernt man nicht in der Rolle des Gastgebers, sondern in der
des Fremden. Wer niemals Gast war, kann auch kein guter Gastgeber sein. Ist unsere Kirche [...] vielleicht deswegen so wenig gastfreundlich, weil sie gänzlich verlernt
hat, Fremdling zu sein?", so Rolf Zerfass, Seelsorge als Gastfreundschaft, in: Ders.,
Menschliche Seelsorge. Für eine Spiritualität von Priestern und Laien im Gemeinde-
dienst, Freiburg 1985, 11-32, hier 30; vgl. auch Engel, Orden, 83.

[156] Ulrich Engel, Ordensleben unter säkularen Bedingungen. Ein theologischer Werkstatt-
bericht, in: Wort und Antwort 54/2013, H.2, 70.

horsam und Keuschheit geht. Aber nicht nur im Blick auf die Forderung nach Profilierung dieser Werte wird die jüngste Altersklasse von anderen Altersklassen übertroffen. Vielmehr ist erkennbar, dass die rein quantitativ häufigsten Postulate diesbezüglich eindeutig, wenn auch mit Ausnahmen (Gastfreundschaft, Gespräche über *subjektive* Definitionen von Keuschheit und Ehelosigkeit), von der ältesten Altersklasse ausgehen.

Tab. 45: Wunsch nach Werteprofilierung nach Altersquartilen [in %]

einführen/ausbauen!	insgesamt	1	2	3	4
Gemeinschaftliche Ideale	49,4	41,0	52,1	54,7	55,9
Gemeinschaftliche religiöse Formen	40,8	37,1	48,0	39,1	39,6
Gespräche über subjektive Definitionen von Gehorsam	40,4	34,4	49,0	29,3	51,3
Gemeinschaftliche Definition von Gehorsam	37,8	26,6	43,8	33,4	52,7
Gastfreundschaft	36,8	41,3	42,3	37,5	24,5
Gespräche über subjektive Definitionen von Keuschheit und Ehelosigkeit	35,8	33,9	48,0	26,2	33,3
Gemeinschaftliche Definition von Keuschheit und Ehelosigkeit	23,9	11,3	34,0	19,1	34,9

Die Notwendigkeit, die gemeinschaftlichen Ideale zu pflegen, wird überdurchschnittlich von den ‚Sonstigen' (60,0%) betont, die mehrheitlich auch die gemeinschaftliche Definition von Gehorsam herausstellen. Dagegen sind die meisten Dominikaner für einen solchen Ausbau ebenso wenig zu gewinnen wie für die meisten anderen Aspekte der Werteprofilierung (vgl. *Tab. 46*).

Tab. 46: Wunsch nach Werteprofilierung nach Orden [in %]

einführen/ausbauen!	insgesamt	K	F	D	S
Gemeinschaftliche Ideale	47,6	49,4	45,9	36,2	60,0
Gespräche über subjektive Definitionen von Gehorsam	42,5	50,0	38,4	31,0	49,0
Gemeinschaftliche religiöse Formen	40,0	43,8	34,6	31,6	49,1
Gemeinschaftliche Definition von Gehorsam	38,4	39,4	33,4	31,0	50,0
Gespräche über subjektive Definitionen von Keuschheit und Ehelosigkeit	37,3	32,9	46,2	31,6	41,7
Gastfreundschaft	36,5	43,4	39,6	27,9	32,7
Gemeinschaftliche Definition von Keuschheit und Ehelosigkeit	22,6	19,3	26,4	13,8	34,7

Auch lassen die Daten in *Tab. 44* (oben) bereits ahnen, dass für die Vermutung einer „teilweise sehr emotional" ausgeprägten Polarisierung in der Frage „um das Für und Wider einer klar erkennbaren Ordenskleidung"[157] unsere Daten wenig Nahrung bieten. Kleidung stellt „wie Sprache oder Schrift ein Medium gesellschaftlicher Kommunikation" dar, und der Habit ist nach Stoff, Farbe und Form eine höchst differenzierte und differenzierende Textilie, die wie ein Text fungiert.[158] Diese kommunikative Funktion

---

[157] Engel, Ordensleben, 70.
[158] Bohn, Kleidung, 98ff. – Über das islam(istisch)e Kopftuch als religiöses Symbol, das in der Öffentlichkeit auch soziale Informationen vermittelt, s. Nilüfer Göle, Die sichtbare Präsenz des Islam und die Grenzen der Öffentlichkeit, in: Nilüfer Göle/Ludwig Ammann (Hg.), Islam in Sicht. Der Auftritt von Muslimen im öffentlichen Raum, Bielefeld

des Ordenskleids wird auch im Kirchenrecht betont, wenn es heißt, dass der Habit der Ordensleute „in signum suae consecrationis et in testimonium paupertatis" (CIC can. 669 §1) zu tragen ist.[159] Die Botschaft dieses Textes scheint freilich immer weniger eindeutig zu sein, wenn man die Kontexte der Gegenwart einer funktional differenzierten, religions-kulturell weitgehend heterogenen Gesellschaft mit denjenigen der Vergangenheit vergleicht. So sprechen Ordensmänner in Einzelinterviews und in Gruppeninterviews die **kommunikative Funktion** des Habit-Tragens an, in dem sie es als Vermittlung einer Botschaft zum Thema machen:

„*Also früher war ja selbstverständlich das Ordensgewand auch im Auftreten, gerade in der Öffentlichkeit, also ein Signal, wo ein Bruder, eine Schwester hin gehört, was sein Leben so ihr Lebensentwurf ist. Es war ja ein Bekenntnis nach außen …"* (*I472KZ*)

„*Aber es also ich … bilde mir ein, vielleicht ist es eine Einbildung, dass ich auch heute mit dem Habit noch etwas bewirken kann.*

I2: Was denn?

B4: Ja die /eh/.

B1: Einfacher Lebensstil." (*I119LY*)

Einige Brüder gehen davon aus, dass der Habit ihrer Gemeinschaft eine ganz besondere kommunikative Wirkung hat:

„*Ich persönlich finde (hustet), dass gerade der franziskanische Habit, der, den wir haben, überhaupt stärkste Kommunikationszeichen der vergangenen Jahrhunderte ist, und wenn man mal überlegt, wie gerade die franziskanische Bewegung also /eh/ expandiert ist, also die ganze Geschichte mit der neuen Welt und so weiter und so fort. Ich war vor ein paar Jahren in Assisi, und die, die eine die, die ersten Habite des heiligen Franziskus aufbewahrt werden, die war von einer großen italienischen Textilfirma. Ich weiß nicht mehr, wer bei der Ausstellung, die nannte sich investig, nee, was heißt noch mal investigo, investive, investigative Kommunikation, also wie kommuniziert man durch Kleidung und /eh/ /ehm/ also ich sag mal ein Ergebnis dieser Ausstellung war, also es hat das franziskanische Ordensgewand in all seinen Schattierungen ist im Grunde genommen in sich schon eine Kommunikation, die*

2004, 11-44.

[159] Vgl. dagegen Regli, Ordensleben, 305, der die Zeichenfunktion des Habits relativiert. Dass ein Benediktiner dies anders sieht als der Kapuziner Regli, deutet Gahbauer, Dekret, 184, an.

nicht jeder sofort versteht oder verstehen will, aber das hat was so, und ich erlebe oft, dass jetzt gerade der franziskanische Habit, auch wenn er von den Leuten als solcher dann sofort wahrgenommen wird, weil sie gar nicht wissen, welcher was das jetzt ist." (I642AD)

Einige Brüder weisen auch darauf hin, dass das Tragen des Ordenskleids zum Ansprechanlass werde und damit die Signal-Funktion haben kann, die Mitmenschen von den in der Gesellschaft üblichen Ansprechregeln[160] zu dispensieren:

„Wenn ich im Habit auftrete, dann hat jemand auch das Recht mich zu fragen, was glaubst du oder warum bist du diesen Weg gegangen oder was bedeutet für dich das Evangelium oder: ich weiß nicht was bedeuten die evangelischen Räte? Ob ich ihm dann die Antwort gebe, die er erwartet, ist eine andere Frage, aber ich glaube, er hat ein Recht darauf, dass ich also die Erwartung ist wichtig, und er hat ein Recht darauf, eine Antwort zu bekommen. (1965HG)

„GP: Ja schon, es wird [Habit mit katholisch] verknüpft. Und, /ehm/ am Habit macht sich das so ein bisschen fest, aber auch so, man wird von, von Jugendlichen natürlich auch angefragt, und /ehm/ es ist immer die Frage, gibt man jetzt die Katechismus-Antwort oder versucht man denn, mit den Leuten ins Gespräch zu kommen oder sagt man auch seine eigene Meinung und so. Also ich erleb zunehmend auch junge Brüder, die dann immer so darauf rausgehen, im Katechismus steht aber Doppelpunkt, Anführungszeichen offen. Das ist jetzt überhaupt nicht meine Pastoral, aber ich merke einfach, dass das kommt, das kommt nach. Erlebe ich aber in Ostdeutschland auch überhaupt stärker, also da scheint ja diese Profilierung schon länger auch ein Thema zu sein, auch durch diese, die DDR-Zeit hindurch. Da ist das einfach ein Thema, sich zu positionieren, rein formal gegenüber den anderen.

I: Es ist ja nun auch, kann ja auch ein Stressfaktor sein, also ich hab da irgendwie eine, da wird auf mich projiziert, eine Erwartung,

GP: ((unterbricht)) Ja.

I: der ich irgendwie standhalten muss, jetzt gibt es sicher Menschen, die können sagen, nein du, das bin ich nicht und lass uns darüber reden. Aber es gibt sicher auch andere, die sagen, /eh/ da muss ich auch irgendwelche Erwartungen erfüllen

GP: ((unterbricht)) Ja." (I197LO)

---

[160] Vgl. Erving Goffman, Das Individuum im öffentlichen Austausch. Mikrostudien zur öffentlichen Ordnung, Frankfurt 1974, 77.

„Ja, im Einzelgespräch am Freitag, nee, quatsch, am Donnerstag für eine Beerdigung in einer Großstadt und /ehm/ kam aus dem Norden, fuhr ins Parkhaus und nach der Beerdigung ging ich wieder ins Parkhaus, und nach mir kamen so zwei jüngere Damen und warteten auch auf den Aufzug, und dann stiegen wir zu dritt in den Aufzug und die guckten so: ‚Sind sie echt?' Ich sagte: ‚Von oben bis unten', (lacht). ‚Ja was gibt es hier ein Kloster oder so?' Ich sag: ‚Ja, mittendrin, sind Sie nicht von [...]?' ‚Ich bin ein Mädchen von hier' Ich sag: ‚Ja, dann kennen Sie doch bestimmt und dann kennen Sie doch bestimmt die Kirche...' und schon waren wir im Gespräch. Das Gespräch hätte sich jetzt nicht ereignet ohne..." (I113MB)*

„Ich habe überhaupt kein Problem im Habit zu reisen oder in der Öffentlichkeit zu sein oder so durch die Innenstadt zu gehen oder auch durch eine ausländische Großstadt zu gehen. Für mich ist im Grunde genommen die Frage, will ich jetzt ansprechbar sein oder bin ich privat unterwegs und will in gewisser Weise auch meine Ruhe haben. Das ist so ähnlich wie die Frage mit den Promis: Setz ich eine Sonnenbrille auf oder nicht? Und es gibt natürlich ein paar Anlässe, wo es dann offiziell wird, wo ich denke logischerweise halte ich eine Festansprache wegen irgendeinem Jubiläum gehe ich da nicht in Jeans Hose und T-shirt." (I654KL)*

Wenn man mal von der spirituellen Bedeutung des Habits absieht und das Gedankenexperiment zulässt, sich am „Modell der Uniform" zu orientieren, baut der Habit – ähnlich der Anstaltskleidung oder der Berufskleidung – eine „Indifferenzzone gegenüber der Person"[161] auf, die dann die Überschreitung der Ansprechregel, die im zivilen Leben gilt, auch nicht als Übergriff bzw. Ehrverletzung interpretiert. Das Tragen des Habits nimmt die individuellen vestimentären Ausdrucksmöglichkeiten zurück, womit der Ordensmann eine (religiöse) soziale Einheit mit ihren Wertbindungen bzw. – so betont das folgende Zitat – eine Position und Rolle in dieser repräsentiert und für diese zum Aufmerksamkeitserreger wird:

„Also ich würd es mal gar nicht so spirituell sehen. Also an der Schule ist das für mich ein pastorales Instrument. Also, ich denk mal, das machen wir so, wie, wie jemand, der im medizinischen Bereich arbeitet, hat so einen Arztkittel, es ist wirklich auch so dieses Phänomen, /ehm/ ich hab das an und bin in diesen Vollzügen, ich ziehe das wieder aus und muss, und und /eh/ diese ganzen Probleme, mit denen ich da beschäftigt war, die lasse ich auch da zurück, ich nehme das nicht in mein Schlafzimmer oder so... /ehm/, das hat was mit /eh/ mit Arbeit (?), mit professionellem Arbeiten im bestimmten Bereich und, und, mit, mit Abgrenzung im

---

[161] Bohn, Kleidung, 117.

Privatleben zu tun. Das schon. Und an der Schule ist es einfach wirklich auch die Möglichkeit, auf mich aufmerksam zu machen. Ich kenne genug Jugendseelsorger, die, die ziehen sich verrückt an oder haben irgend so ein Markenzeichen, irgend so ein Cappie auf, /eh/ dass man weiß, das ist der und der. Und bei mir ist es eben einfach der Habit. Also es ist ein pastorales Signal einfach. " (I649MN)

Allerdings würde man von einem Arzt nicht erwarten, dass er die Medizin in einer öffentlichen Veranstaltung im Arztkittel repräsentiert, weshalb die Analogie von Ordensgewand bzw. Habit-Tragen mit dem Tragen von Berufskleidung zugegebenermaßen begrenzt ist:

„B2: /Ehm/ mit der Pressereferentin und was das alles war, Publikationen kommen hier in die Zeitung rein über unsere Arbeit. /Eh/ neben dem haben wir auch großen Kontakt /eh/ zu einer großen Versicherung hier in der Stadt, die auch auf uns zugekommen sind und haben gesagt, wir würden ganz gerne bei dem Erdbeben eine ganze Schule wieder aufbauen, war das damals. /Eh/ da musst man dann hingehen im Habit selbstverständlich, damit die sehen, wer man ist. Musst vor so und so viel Leuten sprechen, ... /ehm/ Vortrag halten. Alle sitzen sie da aus der oberen /eh/ /eh/, wie sagt man /eh/ /eh/ Schicht, schon mit Blaumann und Krawatte, /eh/ das muss man irgendwie lernen, also es ist nicht meine Sache, aber irgendwie muss man es halt lernen.

I2: Jetzt sagten Sie grad ‚im Habit selbstverständlich'?

B2: Ja man muss halt vorzeigen, wo man herkommt. Wenn ich also jetzt in Zivil dahin gehen würde, wären die vermutlich enttäuscht.

B3: Ja

I2: Ach so.

B4: Da sie nicht wissen, wo man herkommt.

B2: Nee, man muss, man muss Farbe, Farbe bekennen, wenn man so wo hingeht. Oder wenn wir in ein Krankenhaus gehen, Leute besuchen, geh ich auch im Habit. " (I987RO)

Anders als die Selbstdarstellung durch vestimentäre Individualitätsmarker (z.B. durch das Cappie, s.o.) repräsentiert der Habit – zumal in Kombination mit anderen Merkmalen des Ordenslebens – ein ‚Wir', weniger die Einzelperson, und er ist nicht dem Individuum zurechenbar. Auch öffentlich – jenseits der liturgischen, pastoralen und klösterlichen Arbeit – getragen, steht der Habit nur bedingt für einen Beruf oder eine Funktion, sondern vielmehr für eine totale Lebensform. Allerdings kann das Tragen des

Ordensgewands angesichts seiner selten gewordenen Sichtbarkeit im öffentlichen Raum und seiner nicht mehr eindeutig entzifferbaren Bedeutung inzwischen vom Betrachter entweder gar nicht mehr erkannt werden oder aber er wird als Mittel der vestimentären Selbststilisierung interpretiert und sein Träger geradezu stigmatisiert[162]:

> „... *Ich meine, wir kippen halt noch ein bisschen raus. Wir haben komische Kleider an, wir heiraten nicht und wir leben als Männer zusammen und so.*" (*1912JO*)

> „... *Sie sind ein Exote in der Welt. Wenn Sie jetzt da rausgehen (in die Stadt) mitunter. Ich hab's erlebt, dass Punks eine Schwester ansprechen und sagen: ,Ich find's super dass du auch mal ne andere Nummer fährst'*". (*1691KL*)

Erst bei der Unterscheidung und der Unterscheidbarkeit von ,Tragen/Nichttragen' kommt auch die Einzelperson ins Spiel. Seitdem im Gefolge des Zweiten Vatikanischen Konzils die Ordenskleidung (sogar je nach Provinz und Gemeinschaft) verändert werden konnte[163] und jene Unterscheidbarkeit überhaupt erlaubt ist, ja eine Entkoppelung von Ordensleben und Ordensgewand thematisiert wurde und wird,[164] wird die Debatte weniger über den Habit als solchen, denn um die Differenz und Alternative Tragen/Nichttragen geführt. Kaum jemand, so die vorliegenden Ergebnisse, will das Habit-Tragen abschaffen oder reduzieren, und nur eine Minderheit ist es auch, die das Habit-Tragen ausdehnen will. Drei von vier der Befragten sehen jedenfalls im Blick auf dieses vestimentäre Wertesymbol keinen Veränderungsbedarf („so lassen"). In jeder befragten Ordensgemeinschaft sind es zwischen 71,2% und 75,0%, die so eingestellt sind. Für die vestimentäre Kommunikation durch das Habit-Tragen scheint es bei den meisten der befragten Mendikanten und in den meisten Kommunitäten zu situativen Arrangements, gleichsam zu „Stimmigkeits- und Angemessenheitsseman-

---

[162] Gemeint ist hier der soziologische Begriff der Stigmatisierung, wie er von Goffman, Stigma, bes. 10ff, verwendet wird. -. Zum christlichen Phänomen/Begriff der Stigmatisierungen i.S. der „Manifestation der Wundmale Christi" am Körper, die immer wieder auch die „Frage der Echtheit der Stigmata" aufwarfen und „früh zum kirchenpolitischen Kampfmittel zwischen den Mönchsorden" wurden, „insbesondere zwischen Franziskanern und Dominikanern, die jeweils die Stigmatisierten der anderen für Betrüger erklärten", s. Gerd Overbeck/Ulrich Niemann, Stigmata. Geschichte und Psychosomatik eines religiösen Phänomens, Darmstadt 2012, hier 24.

[163] Vgl. Gahbauer, Dekret, 189.

[164] Vgl. PC, Art. 17; hierzu Regli, Ordensleben, 305; Gahbauer, Dekret, 184.

tiken"[165] vestimentärer Selbstdarstellung gekommen zu sein. So sagt selbst ein Ordensmann, der ausgesprochen gern Habit trägt, und zwar innerhalb der Gemeinschaft, aber auch zu öffentlichen Anlässen:

„Mit dem Habit kann man Freunde besuchen und zu manchen Freunden, die besuch ich nicht so ... Oder Familien." (I442MO)

Auch in anderen Interviews kommen situative Arrangements des Habit-Tragens zum Ausdruck. Dies zeigen z.B. exemplarisch kurze Ausschnitte aus Gruppeninterviews:

„PS II: Als ich noch Student war, war ich im Freisemester in [...]. Und ich bin mit einem Mitbruder, nicht oft, aber wir sind ((lacht)) zu den (femme de la rouge?), also zu den Prostituierten gegangen. Also dann aber ohne Habit.

I: ((unterbricht)) Warum?

PS IV: Ja, da hat er Seelsorger gemacht.

I: Nein, warum Sie ohne Habit gegangen sind.

PS IV: Ja, wegen der Zuhälter, die rumfuhren.

I: Ah ja." (I654OP)

„B4: Ist ja auch für mich zum Beispiel ist für meine Arbeit ist, wenn ich im Haus verschiedene Arbeiten im Habit mach, das geht nicht ...

B1: Unfug

B4: Früher, ich kenn das noch, da musste man sogar, wir hatten Maurer, die haben auf'm Gerüst im Habit gearbeitet, weil es gar nichts anderes gab vorher...

B2: Fußball gespielt im Habit.

B4: Ja, und dann, dann ist es mal passiert, dass einer fast ist hängengeblieben und ist fast runtergestürzt und da hat's geheißen, auf dem Gerüst hat niemand mit dem Habit etwas zu suchen, weil das zu gefährlich ist, da soll man gefälligst Zivil anziehen. Und für mich ist das halt einfacher, wenn ich dann in Zivil ich muss nicht so aufzupassen /eh/ auf'n auf'n Habit /eh/ beim Arbeiten dann, je nachdem, was, was dann ist auch, ne. Was anderes ist ich, wenn ich zum Beispiel, wenn ich ein auch so bin und es kommt eine Firma, wie jetzt gestern ...". (I123ON)

„B4: Oder ich geh in die Stadt zum Beispiel mit dem, mit dem Patient, wenn ich als Begleiter geh, ich stell mich immer als Ordensmann vor, auch wenn ich in

---

[165] Bohn, Kleidung, 108.

Zivil bin. Also, der eine ist, hat einen Habit an, ich nicht, dann hab ich immer, wenn auch beim Arzt im Krankenhaus immer vor, und dadurch, also ich stell mich immer als Ordensmann Mitbruder von, von ihm dann und dann bin ich immer mit im Zimmer…

I2: ((Unterbricht)) Und warum ziehen Sie da nicht einen Habit an, dann können Sie doch auch (…)?

B4: Weil's einfach für mich im Fahren/eh/ einfacher ist. Ich hab das in Italien mal gehabt, da waren wir in Italien mit einer Gruppe und ich bin gefahren im Habit und dann musste ich ganz schnell bremsen .

B4: Und dann ist der Habit zwischen Pedal und Fuss gerutscht und ich musste vom Sitz runter, um überhaupt die Bremse durchtreten zu können, und da hab ich mir gesagt: nicht mehr im Habit. Wenn ich fahre, fahre ich in Zivil, allein der Sicherheit wegen.

B4: Weil, weil das einfach zu gefährlich ist, ne?! Andere machen das nicht aber … " (I157NB)

Bei bestimmten Arbeiten, Freizeitaktivitäten (Sport) oder Verpflichtungen (einkaufen) kann das Tragen des Ordenskleids instrumentell stören, ja geradezu lebensgefährlich sein. Es kann den Träger des Habits aus dem Gleichgewicht bringen, aber auch die gesellschaftliche Mikroordnung irritieren und ganze Alltagsinteraktionen unterbrechen:

„Also wenn ich jetzt auf dem Fahrrad sitze und irgendwo einfach spazieren fahre und, /ehm/ ich hab mir, ich hab mir in (…), das muss ich schon sagen, auch abgewöhnt, auch im Habit mal irgendwie zum Einkaufen zu gehen oder so. Weil das den ganzen Laden durcheinander bringt. Also ich war vorher ja in (…) und da laufen ja ganz viele unterschiedliche religiöse Gruppierungen herum, da wenn man dann mal irgendwo reinkommt und dann bei REWE irgendwie was mitnimmt und so, da laufen drei Moslems rum und ein Ordensmann, das juckt keinen Menschen. (…) Wenn ich allerdings in (…) im Habit zu REWE reingehe, dann ((lachend)) steht da erst mal der Laden still. Und, das, das kann ich schon sagen, also das hab ich in […] gelernt, also im Auto den Habit auszuziehen, am Fahrersitz, weil ich einfach gemerkt hab, das ist für mich und für alle anderen zu anstrengend und ich will einfach mal, wenn ich von irgendwoher, wenn ich von (…) zurückkomme und ich brauche noch irgendwas für das Mittagessen, /ehm/ dann brauch ich da nicht die ganze Aufmerksamkeit im Supermarkt. Das ist da, aber das liegt glaube ich jetzt weniger an religiös oder unreligiös, sondern daran, dass die, die Gesellschaft einfach diese Vielfalt nicht kennt dort, die man sonst (…) vielleicht schon hat. Genau. Es ist manchmal auch einfach wahnsinnig anstrengend. Man wird wahrgenommen,

man steht im Mittelpunkt. So, einfach so auf dieser Wahrnehmungsebene, und es gibt schon Situationen, wo ich einfach mal so gern anonym einfach da bin und /eh/ nicht so wahrgenommen bin." (1428GK)

Bei allem situativen Konsens, was die Frage des Tragens oder Nicht-Tragens des Habits angeht, zeigt sich, dass die Einschätzung der jeweiligen Stimmigkeit bei den Mendikanten hochgradig individualisiert ist. Die Entscheidung über die Angemessenheit des Tragens oder Nichttragens ist entstandardisiert und geht auf den einzelnen Bruder über, und er selbst muss dann in Kauf nehmen und damit umgehen, Erwartungen Anderer zu enttäuschen. Dies bringen die folgenden Auszüge aus Einzelinterviews recht deutlich zum Ausdruck:

„B: Ich finde gut, dass wir einen [Habit] haben. Eh man sieht mich durchaus im Habit, aber man sieht mich durchaus auch ohne. Ich kann Ihnen nicht sagen, wann ich den bewusst anziehe und wann ich den bewusst nicht anziehe." (1234MA)

„Aber sagen wir mal, ich, wie gesagt, es ist gut, dass wir einen haben, und ich finde auch gut, dass er nicht verpflichtend ist, und ich finde auch gut, dass wir gar nicht irgendwelche detaillierten Regeln haben, wann den jemand anzieht oder nicht. Nee, haben wir überhaupt nicht. Es gibt Leute, die haben ihn immer an, es gibt Leute, die haben ihn fast nie an, es gibt Leute, die haben ihn mal an, mal nicht, es gibt Leute, die haben ihn nur sonntags an und es gibt Leute, die haben ihn auch sonntags nicht an. Es ist schnurzpiepegal. Das finde ich in gewisser Weise gut." (1242OP)

„Also, ich kann nur sagen, ich bin ich und ich versuche, es für mich authentisch zu machen, dass es für mich stimmig ist. Und /ehm/ das wird nicht gehen, ohne dass ich die anderen Leute auch enttäusche. Also, /ehm/... enttäusche diejenigen, die immer schon wissen, wie ein Ordensmann zu sein hat, und dann mich erleben und dann merken: oh, das ist jetzt ganz was anderes. Und enttäusche auch Leute, die immer schon wissen, wie ein Sozialarbeiter und Jugendarbeiter zu sein hat, und plötzlich dann mich treffen, (?) ist Ordensmann und läuft so herum. /Ehm/, also lieber so rum, dass ich die Leute enttäusche und für mich selber echt bin und da, wo man Leute enttäuscht – ich bin ein bisschen verschnupft, das merken Sie glaub ich auch – /ehm/ das sind aber dann nochmal ganz interessante Anknüpfungspunkte auch nochmal, wo Leute sage: ah ich hab mir das immer so und so vorgestellt, jetzt bist du so und so denkst so und so, /ehm/ bis jetzt hab ich das eigentlich immer als, als positive Möglichkeit erfahren, ins Gespräch zu kommen, in Kontakt zu kommen mit den Leuten, sich auch auszutauschen. Aber dass ich, glaube ich, die Leute in verschiedenen Richtungen enttäusche, das ist, glaub ich, schon so. /Eh/ für

*mich ist lebenswichtig, also das ist wirklich, /ehm/ dass es für mich selber passt.
Wenn ich da jetzt so eine Rolle leben würde und ich selber wahrscheinlich da ganz
anders ticken würde und so, da würde ich mich in meiner Haut nicht wohlfühlen
und das würd mich, glaub ich, in meinem Auftreten her unsicher machen und,
und alles. Also das könnte ich nicht. Es gibt nur mich und ich hab nur mich und
ich, es muss für mich echt sein und /ehm/ ja, weil sonst geht das nicht. Also ich
versuche mich relativ wenig an Rollenerwartungen zu orientieren. Für mich war
zum Beispiel diese Habit-Frage an den Schulen, das war am Anfang eine <u>ganz</u>
große Konfrontation, wo viele einfach gedacht haben, also das geht überhaupt
nicht an den Schulen und so. Und ich einfach für mich gemerkt habe, das ist, das ist
<u>notwendig</u>, damit die einfach realisieren, es gibt da Brüder. /Eh/ und das ist auch
für viele Schüler, gerade wenn die so ein bisschen pubertieren und aufwärts aus
dem atheistischen Milieu, da kriegt man so einiges erst mal an den Kopf geknallt
und so, aber es ist halt immer die Erfahrung, die, die am dümmsten daher reden
am Anfang, das sind dann die, mit denen man sich nachher am besten unterhalten
kann. Und da muss man einfach durch. (I691KL)*

„I: Welche Bedeutung hat der Habit für Sie denn?

*B1: Oh ja, das ist schon mein, mein meine Wohnung also. Das habe ich schon,
bloß hier brauche ich ihn ja nicht haben, aber wenn ich irgendwas mit Kirche,
einen Gottesdienst oder nein, auch nicht bei jedem Gottesdienst, jetzt im Sommer
schon gleich zweimal nicht ...".*

*B2: „Also im Habit kann ich nicht überall hin gehen ja. Es geht also von daher
schon ein Mal nicht /eh/, das ist bei uns auch weitgehend weggefallen (?) weggefallen, aber /eh/...*

I: Warum können Sie mit dem nicht überall hin gehen?

*B2: Ja, gut, ich würde nicht mit dem Habit in irgendein Night Club gehen oder
ich würde nicht im Habit /eh/ was weiß ich, von einer Kneipe in die andere ziehen
oder also.*

I: Warum nicht?

B2: Das fände ich unpassend ja.

I: Und warum?

*B2: Ja, also abgesehen, dass ich sowieso nicht in einen Night Club gehen würde,
aber ich meine /eh/ der Habit ist das Zeichen für eine Lebensform und /eh/ gut, jetzt
kommen wir doch wieder auf die erste Frage. Ich glaube, es gibt Lebensumstände,
äußere Lebensumstände die dieser versprochenen Lebensform widersprechen.*

*I: Jetzt könnte man ja sagen, dass es vielleicht genau da notwendig ist, dass dann
ein Ausdruck von einer anderen möglichen Lebensform auftritt.*

B2: Jaja, das gibt, also jetzt vielleicht nicht mehr extrem, aber das gibt es auch, dass auch gerade wieder jüngere Brüder heute bewusst überall mit dem Habit hingehen, um zu sagen, hier, ich bin ein Mönch, sozusagen ein Bruder, und uns gibt es noch und ich bin jetzt da. Also vielleicht in Kontexten, wo man so was überhaupt nicht mehr erwartet, ja. Ich finde es manchmal (?) etwas interessant, ich weiß aber nicht persönlich, ob das wirklich so /eh/ ob das die Schiene ist, in der wir uns präsentieren sollen. Mir ist das fremd. Also ein, ich weiß nicht, ein Bruder, eine Schwester, die da im Habit, ich weiß nicht, mit dem Skateboard durch die Fußgängerzone rollt oder /eh/ gut, wer es machen will, der soll es probieren, aber also meine Form wäre es nicht, das muss ich ganz klar sagen. Nicht, dass ich meine Identität verstecken will, aber ich halte so was manchmal eher für, also gerade was ein Habit angeht, ich halte so etwas manchmal eher für Folklore oder für auch ein bisschen Effekthascherei. Also ich glaube schon, dass der Habit durchaus eine Zeig-Funktion (?) hat, ja, und ich erlebe das ja oft, wenn ich im Habit auch öffentlich auftrete, dass das transportiert schon etwas, ja. Aber /eh/ ... " (I222LO)

„Ich persönlich (...) trage den Habit sehr gerne, weil, weil er mich auch in meiner Identität so ein bisschen trägt und mir auch, mich dran erinnert, was ich für ein Leben ich gewählt habe. Und gleichzeitig gibt es Situation und /eh/ ja Personengruppen, da würde ich erst mal eher ohne Habit drauf zu gehen.

I: Welche?

B: Um, hm, das könnte jetzt zum Beispiel Jugendliche in einem bestimmten Kontext, wo ich nicht gleich ein Bild erzeugen will, sondern erst mal in Kontakt kommen will zum Beispiel. Oder auch ganz klar auch in der Freizeit mal. Ich hätte keine Scheu, mit dem Habit ins Kino zu gehen, ich glaube nicht, dass ich was Unerlaubtes tue, wenn ich ins Kino gehe, aber wenn das meine Freizeit ist und ich auch mal meine Ruhe haben will und nicht drauf angesprochen werden will, dann gehe ich eben in Zivil ins Kino. " (I191FK)

Diese teilweise hochindividualisierten ‚Programme' scheinen situativ innerhalb der Gemeinschaft konfliktanfällig zu sein, werden dann aber als verträglich ausgehandelt. Sie sind eine durch die jeweilige Kommunität weitgehend akzeptierte oder zumindest tolerierte Balance zwischen den Ansprüchen der religiösen Regulierung, der visuellen Gemeinschaftskonformität einerseits und der Sicherung der persönlichen Autonomie und Anerkennung in konkreten Situationen andererseits, in denen der Blick der anderen – etwa von Opern-, Konzert- oder Kinobesuchern – „als Übergriff"[166]

---

[166] Jacqueline Grigo, ‚Ich habe da ein wenig meine Grenzen erweitert'. Religiöse Kleidungspraxis zwischen Regulierung, Konformität und Autonomie, in: Monica Glavac

erlebt werden kann. So sagt ein Ordensmann, dass auf dem Hintergrund der kirchlichen Missbrauchsskandale der vergangenen Jahre der Habit auch zum Anlass des stellvertretenden Anerkennungsentzugs, der Missachtung, werden kann. Das Ordensgewand wird dann zum negativen Statussymbol, sein Träger zum Stigmatisierten oder gar zum scheinbaren Täter:

„Ja was transportiert das [Habit-Tragen]? Das transportiert also, angefangen von /eh/ also jemand von der Kirche allgemein, die Leute wissen dann ja nicht, wohin gehört der und dann mit allen, mit beiden möglichen Konsequenzen, also auf der einen Seite, ja, weckt es die Frage nach Glauben, nach Gott /eh/. Glauben Sie oder gibt es noch Mönche und glauben Sie an Gott und was bedeutet Gott für Sie usw., das ist die eine Schiene und das ist oft sehr interessant, und dann hören wir die andere Schiene, Vertreter von Kirche, der da konfrontiert wird mit den Missbrauchsskandalen und mit /eh/ Kirchenpolitik und mit negativer Erfahrung von Kirche, die plötzlich dann auch manchmal alle auf mich projiziert werden, nur weil ich jetzt einfach durch mein Kleidungsstück mich als Kirchenmann zu erkennen gebe, ja." (1739BV)

Tab. 47: Habit-Tragen nach Altersquartilen [in %]

	insgesamt	1	2	3	4
einführen	1,4	0,0	5,9	0,0	0,0
ausbauen	14,3	17,5	19,6	10,0	11,3
so lassen	76,0	74,6	64,7	80,0	84,9
reduzieren	4,1	6,3	5,9	2,0	1,9
abschaffen	3,7	1,6	3,9	8,0	1,9
Summe	100,0	100,0	100,0	100,0	100,0

Deutlich wird aus den Zitaten: Sobald man sich außerhalb des Klosters aufhält, ist man als Ordensmann (wie auch als Ordensfrau) in der funktional differenzierten Gesellschaft, in der jedes gesellschaftliche Teilsystem (Frei-

---

u.a. (Hg.), Second Skin. Körper, Kleidung, Religion, Göttingen 2013, 279-295, hier 286.

zeit, Wirtschaft, Straßenverkehr, Bildung, Religion) seine eigenen Regeln hat, „verschiedenen normativen Imperativen" ausgesetzt und gefordert, diese gegeneinander abzuwägen und Entscheidungen zu treffen, mit dem offensichtlich „übergeordneten Ziel, (Selbst-) Anerkennung, Handlungsfähigkeit, und ein Gefühl von Kohärenz, Authentizität und Sinnhaftigkeit (als angestrebte Endpunkte individueller Identitätsarbeit) aufrecht zu erhalten. Letztlich geht es dabei auch um eine aktive und individuelle Positionierung in der sozialen Ordnung und innerhalb des jeweiligen transzendenten Bezugsrahmens",[167] auch wenn dieses mitunter nicht die primäre Absicht ist, die mit dem Tragen eines Ordensgewandes verfolgt wird. Damit wird im Grunde anerkannt, dass Religion, Christentum und Kirche nicht mehr die Sozialstruktur bestimmen und diese – säkularisiert – anderen Imperativen folgt. Ausdruck von sozialstruktureller Säkularisierung ist es auch, wenn das Habit-Tragen als religiöses Kommunikationsmittel exklusiv auf einen religiös spezifischen Kommunikations- und Handlungsbereich reduziert wird, wie im folgenden Zitat:

„Der Habit ist für mich ein liturgisches Gewand. Und /eh/ den, den trag ich hier sowieso nicht. Aber zum Beispiel bei Beerdigungen oder speziellen Anlässen früher noch mehr als heute. Nicht, und bei unserm Konvent, da trägt man den Habit und nur die Stola drüber, nicht? Weil /eh/ das ist für uns /eh/nu ja das genügt … " (1784OZ)

Damit wird der gesellschaftliche Prozess der funktionalen Differenzierung, die Religion nur noch als einen Bereich neben (und nicht mehr ‚über'!) vielen gesellschaftlichen Teilbereichen definiert, am Tragen der Ordenskleidung mitvollzogen. Insofern die Religion aus dem Alltag heraus- und in die geistliche Kommunikation, die Gottesdienste, hineinverlagert wird, wird auch der Habit entalltäglicht und liturgisiert.

Wo das Habit-Tragen in einer Gemeinschaft, kollektiv vereinbart, liturgisiert ist, kann es Scham und Peinlichkeit – und zwar unter den Mitgliedern der Gemeinschaft selbst – auslösen, sollte sich ein Mitbruder (etwa ein eifriger Novize) nicht daran halten und mit dem Habit in missionarisch-kommunikativer Absicht jenseits des liturgischen Rahmens säkulares Terrain betreten. Ähnliches wurde in einigen Interviews berichtet.

---

[167] Grigo, 292f.

Das individuelle Ausbalancieren unterschiedlicher Funktionen des Habit-Tragens kommt auch in den folgenden Zitaten aus den qualitativen Interviews zum Ausdruck. Es geht um die Wahrnehmbarkeit, die Sichtbarkeit, die Öffentlichkeit, die Eindeutigkeit und Kontinuität des Habit-Tragens als non-verbale, vestimentäre Kommunikation, welche verbale Kommunikation ergänzt oder stützt oder an ihrer Stelle religiöse Identitäten erinnert; es geht aber auch um die Orientierung am eigenen Selbstverständnis, an den unterschiedlichen, manchmal enttäuschten, manchmal überraschten Reaktionen der jeweils Anderen innerhalb und außerhalb der Gemeinschaften. Geduldete, oft sogar akzeptierte und geschätzte Pluralität ist die Folge, die manchmal auf unterschiedliche Generationen zurückführbar ist, obwohl dafür die Befragungsergebnisse kaum Hinweise geben (vgl. *Tab. 47* oben). Allerdings nehmen die Brüder dann auch in Kauf, dass die Sichtbarkeit ihrer Gemeinschaft abnimmt:

„Also einerseits, /ehm/ sehe ich das auch ganz konkret so, ich merke zum Beispiel einen Unterschied zwischen mir und denen, die jetzt ein paar Jahre älter sind als ich, dass ich verhältnismäßig, also nach außen gesehen, vielleicht auch wirklich konservativer bin, ich geh zum Beispiel grundsätzlich mit der Ordenskleidung an die Schulen. Weil für mich die Frage war bei [. . .] Schülern und [. . .] Schulen, wie werde ich als Bruder überhaupt wahrgenommen, (. . .), /ehm/ ich bin im Habit hingegangen, und nach drei Wochen haben alle gewusst, es gibt Brüder. Ich finde das einfach notwendig. Also so, so, so eine ausgewählte Struktur, auch wo sie hilfreich ist. /Ehm/, das verstehen viele Brüder, die so ein bisschen älter sind als ich und die dann noch so ein bisschen in den Siebzigerjahre-Touch drin haben, die verstehen das nicht. Wie kannst denn du mit dem Habit an die Schule gehen? Das ist ja unmodern oder so. Und bei denen, die nach mir kommen, da ist der, der Effekt noch erheblich verstärkt. Also, da hab ich manchmal den Eindruck, da, da wird es mir dann oft so ein bisschen zu eng, was so /ehm/ die Frage betrifft, was ist katholisch und was nicht und und solche Sachen. /Ehm/, das, das verschärft sich wirklich in Richtung so formales, äußeres Profil hin." (I742GB)

„B1: Bis hin . . . /eh/ die sehen, dass /eh/ /eh/ Gemeinschaft,. die sehen das etwas anders als wir. Also die wollen noch mehr Freiheit haben . . . zum einen. In dem Land ist, wo man's machen, gibt man das. Die bleiben aber Kapuziner, also wir sind nicht so ein, so einfach. Hier sitzen und da hinten gibt's vier Kapuziner, der eine ist schwarz angezogen ((lachend)) der andere hat Jeanshosen an und ich bin einer der

B3: Gern Habit trägt.

B1: Gern einen Habit trägt. Allein schon, ... ganz /eh/ braucht's keine besonderen ... feine

B3: Klamotten

B1: Klamotten zu haben, da kann ich mit zur Beerdigung gehen, dann kann ich mit zur Hochzeit gehen. Also das ist für mich auch ein Stück Einheit aber ... ich verachte die anderen nicht, die das nicht so haben. Also das gefällt mir auch bei uns, dass wir da ... das ist auch ein Stück Welt bei uns.

I2: Im Kloster ...

B1: Im Kloster, dass das nicht so ...

((Hustet jemand im Hintergrund))

B1: Uniform. Stillstehen wir marschieren ab.

B3: Gleichmarsch.

B1: Mein das ist ... das ist für mich auch Welt aber ... das ist eine eine etwas andere Form des Lebens in der Welt.

I2: Hätten Sie's lieber, wenn alle Brüder /ehm/ /ehm/ Habit tragen?

B1: Nein.

B3: Nein." (I531OL)

„*Also von daher bin ich auch dafür, dass man doch mal weiß, hier ist ein Kloster und dass man ab und zu noch mal einen Mönch im Habit sieht und dass man sich in einer Diskussion zu Wort meldet, denn wenn wir nicht mehr sichtbar und wahrnehmbar sind, dann verschwinden wir ganz." (I886HH)*

„*Gibt ja Gemeinschaften jetzt auch so, so neue Aufbrüche und so, die einfach sagen, sie tragen das immer und so. Das ist mir so ein bisschen sympathisch, ehrlich gesagt. Weil ich es authentisch finde, also, es, es hat bei uns oft (?) so was mit so mehrfachem Kleiderwechsel am Tag. Und ich stelle mir das so vor, wenn ich, wenn, wenn wir jetzt immer die Ordenskleidung tragen würden, dann wäre das einfach das Normale, die Leute würden sich vielleicht auch daran gewöhnen, also, dann dann wäre das einfach echt." (I721GB)*

„*Ich meine das andere ist doch vielleicht, was Sie vorhin sagten, grundsätzlich die Frage der Sichtbarkeit auch von Ordensleuten, ja. Ich glaube es ist schon ein Problem heute, das hat viele Ursachen, dass wir einfach /eh/ immer weniger sichtbar sind und auch von daher auch weniger wahrnehmbar sind." (I656KM)*

Während das Habit-Tragen in der Rezeption im öffentlichen Raum eine schillernde Interpretation erhalten hat, deren Spektrum von der Hochachtung bis hin zur Verachtung (Stigma) reicht, kann es im religiösen bzw.

kirchlichen Binnenbereich, wie das folgende Zitat deutlich macht, wie ein ‚Pass' fungieren, Brüdern oder Schwestern im Habit Privilegien verschaffen und Menschen ohne einen solchen situativ ausschließen. Wie der „Taufschein die Zugehörigkeit zum Religionssystem"[168] besorgt, wirkt das Habit-Tragen als kircheninterne Zugangs- und Zugehörigkeitsberechtigung sowie als Identifikations- und Legitimitätsdokument für bestimmte Teilsegmente des Religionssystems:

„Wir sind zu den Mitbrüdern (einer anderen Gemeinschaft) gefahren. Das war noch von der Familie, wo wir gewohnt haben, und der Familienvater war dabei und die, die Frau auch, und da hat /eh/ sofort gesagt, die Mutter ist auf'm Parkplatz geblieben am Auto [...] Frauen kommen in diesem Konvent bis zur Pfor- bis zur Pforte und dann ist Schluss. Und wir sind /eh/ mit dem Habit gegangen, und dann kamen uns zwei Franziskaner im Wald – das ging ziemlich rauf – kamen runter und dann haben die Franziskaner, haben dann so gemacht, auch im Habit, haben gesagt: Passport. Der Habit ist die Tür zum, zum Reinkommen. Nur im Habit. Wir sind hingekommen, haben geschellt und der Pförtner kam. (...) und ich, waren im Habit, der andere Mann in Zivil sofort rein. Und da saßen Leute in Zivil, also Zivilisten, draußen, die wollten auch rein – keine Chance." (1967MB)

Selbst dort, wo das Habit-Tragen abgelehnt bzw. relativiert oder invisibilisiert wird, wie im folgenden Zitat, wird dies nicht als Ausdruck von Säkularisierung gedeutet, sondern im Gegenteil: als Ausdruck entschiedenen religiösen Sinns:

„Also, ich brauche keine Formen, um Franziskaner zu sein, sondern es ist eine, es ist eine Lebenshaltung, was Inneres. Und dazu brauche ich kein Habit und brauche kein Gebetbuch, sondern das ist eine innere Lebensspur." (1199TG)

Gleichwohl lässt sich sowohl dieses imaginäre Nicht-Tragen des Habits als auch die faktische Reduktion des Habit-Tragens auf die Liturgie (s. oben) als – in unserem Datenmaterial – extreme Reaktion auf eine sozialstrukturelle Säkularisierung der Gesellschaft verstehen, mit deren Imperativen die anderen Mendikanten situativ flexibel und differenziert umgehen. Wie die nachfolgende *Tab. 48* zeigt, geht es den Befragten nicht – wenigstens mehrheitlich nicht – darum, ihre religiösen Zugehörigkeiten zu verleugnen. Für

---

[168] Cornelia Bohn, Passregime: Vom Geleitbrief zur Identifikation der Person, in: Dies., Inklusion, 71-94, hier 90.

die Minderheit kann das Unterlassen des Habit-Tragens von den Erwartungen, die eine totale Rolle mit sich bringt und die gerade durch diese Art der vestimentären Kommunikation signalisiert wird, *situativ* entlasten.

Tab. 48: Einige Motive des Habit-Tragens/Nicht-Tragens nach Orden [in %]

	insgesamt	K	F	D	S
Ich habe mir abgewöhnt immer den Habit zu tragen, so kann ich besser untertauchen und auch mal entspannen: Ja	24,0	28,0	30,2	18,5	17,6
Ich habe mir abgewöhnt immer den Habit zu tragen, so kann ich besser untertauchen und auch mal entspannen: Nein	76,0	72,0	69,8	81,5	82,4
Summe	100,0	100,0	100,0	100,0	100,0
Ich trage den Habit, um Anfragen an mich zu vermeiden: Ja	4,1	4,0	4,8	6,2	1,5
Ich trage den Habit, um Anfragen an mich zu vermeiden: Nein	95,9	96,0	95,2	93,8	98,5
Summe	100,0	100,0	100,0	100,0	100,0

Dabei sind die Differenzen zwischen den verschiedenen Mendikantenorden unerheblich (vgl. *Tab. 48*). Auch Differenzierungen nach den Altersklassen lassen kaum Unterschiede in den Einstellungen erkennen (vgl. *Tab. 49*).

Tab. 49: Einige Motive des Habit-Tragens nach Altersquartilen [in %]

	insgesamt	1	2	3	4
Ich habe mir abgewöhnt immer den Habit zu tragen, so kann ich besser untertauchen und auch mal entspannen: Ja	24,5	25,4	14,5	27,6	29,2
Ich habe mir abgewöhnt immer den Habit zu tragen, so kann ich besser untertauchen und auch mal entspannen: Nein	75,5	74,6	85,5	72,4	70,8
Summe	100,0	100,0	100,0	100,0	100,0
Ich trage den Habit, um Anfragen an mich zu vermeiden: Ja	3,7	1,6	5,5	5,2	3,1
Ich trage den Habit, um Anfragen an mich zu vermeiden: Nein	96,3	98,4	94,5	94,8	96,9
Summe	100,0	100,0	100,0	100,0	100,0

An den teilweise extremen wie an den situativ-flexiblen, hochgradig informalisierten Weisen des Habit-Tragens lässt sich ein völlig anderes ‚Programm' des Umgangs der Mendikanten mit ‚Andersartigkeit' in der säkularen bzw. mundanen Öffentlichkeit erkennen, als es zum Beispiel bestimmte Kreise des Islam praktizieren. Bestimmte Gruppen dieser Muslime verschärfen in der modernen Gesellschaft ihr Anderssein, indem sie ihre Alterität offen zeigen und in der Öffentlichkeit auch offensiv vertreten. Dabei „wird die Religion zum sichtbaren Zeichen, zur verkörperten Praxis; körperliche Anzeichen wie die Verschleierung der Frauen oder der Vollbart der Männer, körperliche Praktiken wie das Beten oder die Essgewohnheiten [...] werden auf der Suche nach Zugang zur Öffentlichkeit bewust gewählt und in den Vordergrund gestellt".[169] Wenn aber nicht alles täuscht, ist diese offensive islami(sti)sche Praxis der Körperpolitik im öffentlichen Raum unter anderem als Reaktion auf eine „unerwünschte Andersartigkeit"[170] und somit als Praxis der Selbststigmatisierung, als freiwillige Übernahme stigmatisierter Symbole, zu deuten. Obwohl die Figur der Selbststigmatisierung für die Geschichte der franziskanischen Bewegungen ganz zentral war,[171] mag sie für die franziskanische Familie wie für die Mendikanten insgesamt heute deshalb nicht in Frage kommen, weil das Ordensmitglied keine unerwünschte, sondern eine geduldete, ja sogar akzeptierte und erwünschte Alterität repräsentiert, die dann auch einer flexiblen, situativ erwünschten vestimentären Kommunikation im öffentlichen Raum bedarf.

Zusammenfassend lässt sich sagen, dass sich – bei aller Status quo-Neigung in der Dimension der Wertbindung – Entwicklungsdesiderate insbesondere in folgenden Bereichen bemerkbar machen. Es geht um:
– den Ausbau von Gelegenheitsstrukturen zur Reflexion und Kultivierung gemeinschaftlicher Werte und ihrer Ausdrucksformen,
– den Ausbau von Möglichkeiten der Verständigung über die subjektiven Deutungen der ‚evangelischen Räte' (Gehorsam, Keuschheit)
– und um die Bedeutung und Umsetzung des Wertes der Gastfreundschaft.
Das Habit-Thema scheint in Bezug auf das Thema der ‚Säkularisierung' faszinierend, zumal sich an der weitgehenden Entstandardisierung und Informalisierung des Habit-Tragens Reaktionsweisen auf strukturelle Säkularisierungsprozesse abbilden. Allerdings wird damit auf der Ebene der Einzelperson der Mendikanten keine Tendenz zur Säkularisierung, Entchristli-

---

[169] Göle, Präsenz, 22.

[170] Göle, Präsenz, 22.

[171] Vgl. Hubert Cancik, Grundzüge franziskanischer Leidensmystik. Zur Religionsgeschichte des Schmerzes, in: Ders. (Hg.), Rausch – Ekstase – Mystik. Grenzformen religiöser Erfahrung, Düsseldorf 1978, 95-119; Langer, Mystik, bes. 253ff. – Die soziologische Figur der Selbststigmatisierung geht zurück auf Wolfgang Lipp, Stigma und Charisma. Über soziales Grenzverhalten (= Religion und Gesellschaft, 26), Würzburg 2010. Sie ist deutlich erkennbar auch an anderen Heiligen vor und nach Franz von Assisi (s. Götz Hartmann, Selbststigmatisierung und Charisma christlicher Heiliger der Spätantike, Tübingen 2006) und hat seinen festen Sitz in der Bewegung um Jesus von Nazareth; s. hierzu Michael N. Ebertz, Das Charisma des Gekreuzigten. Zur Soziologie der Jesusbewegung (= Wissenschaftliche Untersuchungen zum Neuen Testament, 45), Tübingen 1987.

chung oder Entkirchlichung sichtbar. Als Entwicklungsthema aber scheint
es eher ein Sekundärthema zu sein. Doch dürfte dem Thema im Zuge einer durch ‚Fremdreligionen' neu verhandelten Grenzziehung der Öffentlichkeit, wo der Islamismus „für seine Botschaft den habituellen Bereich
(wählt)",[172] Bedeutung zuwachsen – zumal in der deutschen Gesellschaft –
im Vergleich zu Frankreich – die „Legitimität aller religiösen Ausdrucksformen im öffentlichen Raum"[173] charakteristisch ist.

4.7.3 Zwischen Bewegung und Beharrung in der Dimension der Zweckorientierung

Die Status quo-Orientierung hinsichtlich der **Dimension der Zweckorientierung** ist bei den Befragten massiv ausgeprägt (auf 71,0% aller Items)
und betrifft insbesondere das institutionalisierte System der Über- und Un-
terordnung (Punkte 1-6), das ja auch kirchen- bzw. ordensrechtlich markant
normiert ist: „Die Oberen haben im Geist des Dienens ihre von Gott durch
den Dienst der Kirche empfangene Vollmacht auszuüben. Dem Willen Gottes also in der Ausführung ihres Amtes ergeben, haben sie ihre Untergebe-
nen (subditos) wie Söhne Gottes zu leiten ..." (CIC can. 618). Die Ak-
zeptanzwerte („so lassen") reichen in diesem Zusammenhang von 70,0%
bis 86,0%. Nennenswerter Veränderungsbedarf in Richtung Reduktion oder
Abschaffung wird hinsichtlich dieser Dimension allein auf das Ausmaß der
Kontrolle der Brüder durch die Oberen (Punkt 5) hin formuliert (25,5%) –
eine Forderung, die mit derjenigen der Reduktion des Gemeinschafts- und
Sanktionsdrucks (s. oben *Tab. 42*) in Einklang steht.

---

[172] Göle, Präsenz, 27.
[173] Nikola Tietze, Formen der Religiosität junger männlicher Muslime, in: Göle/Ammann
(Hg.), Islam, 239-264, hier 251.

Tab. 50: Dimension der Zweckorientierung [in %]

Ausprägung	so lassen	reduzieren/ abschaffen	einführen/ ausbauen
(1) Zeitliche Begrenzung von Ämtern	86,0	1,1	12,8
(2) Gehorsam gegenüber den Oberen	76,0	6,8	17,2
(3) Kontrolle der Arbeit Einzelner	76,0	13,7	10,3
(4) Leitung durch die Oberen	72,7	7,3	20,0
(5) Kontrolle der Brüder durch die Oberen	70,0	25,5	4,5
(6) Kontrolle der Oberen durch die Brüder	68,4	13,4	18,2
(7) Einhalten der in der Gemeinschaft gefundenen Entscheidungen durch die Oberen	67,5	2,8	29,8
(8) Brüderliche Zurechtweisung	65,7	7,2	27,2
(9) Vertrauen der Oberen in die Brüder	61,6	0,0	38,4
(10) Beratung der Oberen durch die Brüder	51,8	0,4	47,8
(11) Einhalten der in der Gemeinschaft gefundenen Entscheidungen durch alle Brüder	51,7	1,2	47,1
(12) Arbeitskreise aus Brüdern in Entscheidungsprozessen	51,0	4,2	44,8

Die Unterschiede in den Einstellungen der Befragten zwischen den Ordensgemeinschaften sind nur schwach ausgeprägt. Allerdings zeigt eine Differenzierung der Daten nach Altersquartilen (vgl. Tab. 51), dass der Druck auf Abschaffung der Top-down-Kontrolle weniger von den jüngeren Brüdern, sondern überdurchschnittlich von den 70- bis 75jährigen ausgeht.

Tab. 51: Kontrolle der Brüder durch die Oberen nach Altersquartilen [in %]

	insgesamt	1	2	3	4
einführen	0,5	0,0	0,0	2,2	0,0
ausbauen	3,1	0,0	8,2	4,3	0,0
so lassen	69,9	79,0	66,3	56,5	76,9
reduzieren	14,3	12,9	16,3	13,0	15,4
abschaffen	12,2	8,1	10,2	23,9	7,7
Summe	100,0	100,0	100,0	100,0	100,0

Hinsichtlich der umgekehrten Kontrollrichtung ‚von unten' aus (*Tab. 50*, Punkt 6) signalisieren die erhobenen Daten kaum nennenswerten Entwicklungsbedarf, weder in die eine („abschaffen"/„reduzieren") noch in die andere Richtung („einführen"/„ausbauen"). Mit der faktischen Geltung von Entscheidungen, sei es „durch die Oberen" (*Tab. 50*, Punkt 7) oder „durch alle Brüder" (*Tab.50*, Punkt 11), scheinen die Befragten weitgehend zufrieden zu sein (67,5% bzw. 51,7%), wenn auch die Differenz zwischen den beiden Prozentwerten bemerkenswert ist und auf eine gewisse Unverbindlichkeit im Gemeinschaftsleben oder auch auf einen flexiblen Umgang in Bezug auf Gemeinschaftsentscheidungen hinzuweisen scheint. Diese These erhält darüber Nachdruck, dass im Blick auf die Entscheidungskonformität bzw. die ‚Compliance' (Punkt 11: „Einhalten der in der Gemeinschaft gefundenen Entscheidungen") – insbesondere von Mitbrüdern – beinahe jeder Zweite (47,1%) Nachsteuerungsbedarf sieht. Wie der *Tab. 52* entnommen werden kann, ist dieses Compliance-Thema aber auch eines, was polarisiert.

Tab. 52: Compliance der Mitbrüder nach Altersquartilen [in %]

	insgesamt	1	2	3	4
einführen	3,3	1,6	7,7	0,0	4,3
ausbauen	44,8	41,3	36,5	51,0	52,2
so lassen	50,5	57,1	53,8	46,9	41,3
reduzieren	1,0	0,0	1,9	2,0	0,0
abschaffen	0,5	0,0	0,0	0,0	2,2
Summe	100,0	100,0	100,0	100,0	100,0

Eine Differenzierung der Daten nach den Altersklassen zeigt, dass dieser Bedarf besonders von den beiden ältesten Altersklassen formuliert wird (vgl. *Tab. 52*). Differenziert man die Daten nach den Ordensgemeinschaften, wird deutlich, dass sie sich an diesem Punkt erheblich unterscheiden (s. *Tab. 53*). Während die Kapuziner nur unterdurchschnittlich in diese Richtung votieren, postuliert mehr als die Hälfte der ‚sonstigen‘ Ordensgemeinschaften, das Thema der Einhaltung der in der Gemeinschaft gefundenen Entscheidungen durch alle Brüder (‚Compliance‘) auf die Ausbau-Agenda zu setzen.

Tab. 53: Compliance der Mitbrüder nach Orden [in %]

	insgesamt	K	F	D	S
einführen	4,6	5,7	0,0	8,2	3,7
ausbauen	42,5	31,8	46,4	42,6	55,6
so lassen	51,7	61,4	53,6	47,5	38,9
reduzieren	0,8	1,1	0,0	0,0	1,9
abschaffen	0,4	0,0	0,0	1,6	0,0
Summe	100,0	100,0	100,0	100,0	100,0

Gut die Hälfte der Befragten ist mit ihrer Mitwirkungsmöglichkeit bei der Ziel- und Zweckausrichtung der Gemeinschaft (*Tab. 50* oben, Punkte 10, 12) zufrieden. Nur unwesentlich weniger Brüder drängen jedoch auf ihre stärkere Einbindung in die Beratung der Oberen (47,8%) bzw. in Entscheidungsprozesse durch Arbeitskreise (44,8%). Während jenes Ergebnis in allen Ordensgemeinschaften in relativ gleichem Ausmaß zu finden ist, wird die Einführung und der Ausbau von Arbeitskreisen in Entscheidungsprozessen am stärksten (60,7%) von den ‚sonstigen' Ordensgemeinschaften postuliert (unterdurchschnittlich von den Dominikanern). Auch die 70- bis 75jährigen (= Altersklasse 3) fordern dies überdurchschnittlich (59,0%). Die älteste Altersklasse (= Altersklasse 4) möchte dagegen überdurchschnittlich häufig (60,0%) in die Beratung der Oberen eingebunden werden. Sie ist es übrigens auch, die den Wunsch nach mehr Vertrauen der Oberen in die Brüder überdurchschnittlich häufig und mehrheitlich (54,2%) artikuliert.

Alles in allem entsprechen auch diese Ergebnisse den oben bereits genannten Befunden über den Wunsch nach mehr Teilhabechancen, der ganz besonders akzentuiert von den ältesten Mitbrüdern vorgetragen wird. Im Blick sowohl auf die Zweckorientierung als auch das Integrationserfordernis der Mendikantengemeinschaften weisen diese Ergebnisse somit auf erhebliche Desiderate hin, ohne dass diese Wünsche z.B. dem letzten Satz im ersten Kapitel der Franziskusregel für die Brüder entgegenzustehen scheinen: „Die anderen Brüder sollen verpflichtet sein, dem Bruder Franziskus und seinen Nachfolgern zu gehorchen."[174] Es scheint vielmehr ein Wunsch des gemeinsamen Hörens zu geben, was es den Brüdern mitunter erleichtert, so gehorsam zu sein, dass es, ihrem Empfinden nach, weder ihrem Gewissen noch der Regel zuwider läuft.[175]

Zusammenfassend lässt sich sagen:
– Zusammenhalt wird gewünscht, Leitung wird akzeptiert,
– aber nur, wenn Kontrolldruck ‚von oben' reduziert
– und die Möglichkeit zur Beteiligung aller Brüder, nicht zuletzt der ältesten, sichergestellt wird.

---

[174] Regel des heiligen Franziskus, Kapitel 1, Vers 3, s. http://www.franziskaner.de/Bulliert e-Regel.19.0.html, abgerufen im Februar 2014.

[175] Vgl. Regel des heiligen Franziskus, Kapitel 10, Vers 3, s. http://www.franziskaner.de/ Bullierte-Regel.19.0.html, abgerufen im Februar 2014.

– Die Herausforderung scheint darin zu liegen, Leitung und Mitwirkung in eine neue Balance zu bringen, Aussagen über den Gehorsam in den jeweiligen Regeln der Brüder nicht aus dem Blick zu verlieren

– und gegenüber den vereinbarten Normen und Entscheidungen sowohl seitens der Oberen als auch seitens der Mitbrüder die Fügsamkeit („compliance') bzw. die Bereitschaft zum Gehorsam zu erhöhen.

– Dies aber ist auch eine Sache des Vertrauens der Oberen in die Brüder, dessen Kultivierung für immerhin mehr als jeden dritten Befragten insgesamt ansteht und besonders von den Ältesten unter den Befragten als ein Entwicklungsthema genannt wird.

4.7.4 ZWISCHEN BEWEGUNG UND BEHARRUNG IN DER DIMENSION DER WIRTSCHAFTLICHEN ANPASSUNG

Tab. 54: Dimension der wirtschaftlichen Anpassung [in %]

Ausprägung	so lassen	reduzieren/ abschaffen	einführen/ ausbauen
(1) Gütergemeinschaft	74,3	1,6	24,1
(2) Gestellungsverträge mit Bistümern	65,3	15,4	19,3
(3) Verwaltung von Immobilien	60,3	33,8	5,9
(4) Kooperation mit dem Bistum	60,0	7,5	32,6
(5) Gemeinschaften fusionieren	58,9	13,7	27,4
(6) Fusion von Provinzen	55,2	12,1	32,6
(7) Personalabbau	55,2	15,9	29,2
(8) Nutzung von Arbeitskräftepotentialen	55,0	3,3	41,6
(9) Effektivität des Wirtschaftens	49,2	3,4	47,5
(10) Gründung von Stiftungen	48,6	16,8	34,5
(11) Gemeinschaften aus Brüdern unterschiedlicher Orden bilden	42,4	25,1	32,5

Im Blick auf die **Dimension der wirtschaftlichen Anpassung** ist die Status quo-Orientierung der Befragten unverkennbar. Sie ist in dieser Dimension am stärksten ausgeprägt. Auf 79,0% der Items dieser Dimension zeigt sich die Dominanz der Kräfte der Beharrung. Beharrungssignale werden von den Mendikanten primär auf die Institution der Gütergemeinschaft (Punkt 1) als ein Identitätsmerkmal einer Gemeinschaft von Religiosen bezogen, die für die Befragten als normative Basis allen Wirtschaftens offensichtlich unverrückbar ist (vgl. *Tab. 54*). Drei von vier wollen an diesem Merkmal der kollektiven Identitätsausrüstung auch der Mendikanten nicht rütteln. Die Gütergemeinschaft, mit der andere schon vergeblich experimentiert haben,[176] steht nicht zur Disposition. Kaum jemand will sie reduzieren oder abschaffen, eher noch soll sie ausgebaut werden. Einer von vier der Befragten insgesamt hat diesen Wunsch (24,1%), sogar einer von drei (34,7%) der zweiten Altersklasse in jeder befragten mendikantischen Gemeinschaft, also der 52- bis 69jährigen.

Ein Bruder erläutert die Gütergemeinschaft kurz in zwei Sätzen:

„Dass ich zum Beispiel, wenn ich Geld bekomme /ehm/ ... , dass ich das abgebe, dass das nicht für mich nur, das ist nicht mein Geld, dass ich das hier, was ich mache, was ich verdiene ... Das ist nicht mein Geld, sondern das fließt in den gemeinsamen Topf." (1987OT)

Hoch rangieren in der Status quo-Orientierung auch die wirtschaftlichen Verflechtungen mit der kirchlichen Institution, insbesondere mit den Bistümern (Punkte 2, 4). Nach Ordenszugehörigkeit und Alter zeigen sich kaum nennenswerte Differenzen. Nur eine kleine Minderheit (15,4% bzw. 7,5%) ist dafür, diese Kooperationen zu reduzieren oder abzuschaffen, eine größere Minderheit (19,3% bzw. 32,6%) plädiert für das Gegenteil, nämlich sie auszubauen. Auch hier wieder ist die – oben bereits nahe gelegte – ‚Verkirchlichung‘sneigung der befragten Mendikanten unverkennbar.

Der deutlichste – von jedem Dritten (33,8%) getragene – Abschaffungs- bzw. Reduktionsvorschlag zielt auf den Immobilienbesitz der Orden, dessen Verwaltung gleichwohl von einer Mehrheit (60,3%) – überdurchschnittlich von den Dominikanern („so lassen": 72,4%), unterdurchschnittlich von den Kapuzinern („so lassen": 51,3%) – als unveränderlich postuliert wird.

---

[176] Vgl. Hans-Jürgen Goertz (Hg.), Alles gehört allen. Das Experiment Gütergemeinschaft vom 16. Jahrhundert bis heute, München 1984.

Die Minderheit derer, die für eine Reduktion bzw. Abschaffung der Belastung mit der Verwaltung von Immobilien steht, erreicht eine leicht überdurchschnittliche Häufigkeit von 39,4% bei den Kapuzinern und von 42,3% bei den Franziskanern:

„Also ich denke manchmal, wenn man heute ganz neu anfangen könnte ohne große Häuser, ohne große Werke, ohne große Institutionen, die wir haben, mit langen Geschichte, sondern, ja, ich weiß nicht, irgendwo anfangen könnten. Drei Brüder, die sich irgendwo eine Wohnung nehmen und dann, sagen wir, völlig neu anfangen. Also das hätte schon auch seinen Reiz, ja. Das können wir so nicht. Da stecken wir in einer jahrhundertelangen Geschichte drin." (I123OJ)

Die Fusion von Gemeinschaften und Provinzen, aber auch die Bildung von Gemeinschaften unterschiedlicher Orden (Punkte 5, 6, 11), soll, so sagen Mehrheiten, nicht weiter vorangetrieben werden, während starke Minderheiten unter den Kapuzinern, den Franziskanern und ‚Sonstigen‘ genau dies postulieren. Die befragten Dominikaner sind in dieser Hinsicht zurückhaltend und votieren in der Tendenz deutlich unterdurchschnittlich (vgl. *Tab. 55*). Die befragten Franziskaner dagegen sprechen sich ausgesprochen häufig für die Einführung von ordensübergreifenden Gemeinschaften aus.

In der Frage der Effizienz und Effektivität des Wirtschaftens (*Tab. 54* Punkte 8, 9) werden die ‚Kräfte der Beharrung‘ (55,0% bzw. 49,2%) von den ‚Kräften der Bewegung‘, die auf ‚Ausbau‘ setzen (41,6% bzw. 47,5%), zwar nicht überflügelt, aber – den Prozentwerten zufolge – doch deutlich zur Bewegung aufgefordert. Offensichtlich vermuten hier viele Ordensbrüder – mehr oder weniger in allen Altersklassen – noch mobilisierbare Kraftreserven. Diese Kräfte der Bewegung machen sich hinsichtlich des Postulats der Effektivität des Wirtschaftens mehrheitlich bemerkbar bei den Franziskanern (einführen: 3,7%; ausbauen: 53,7%) und bei den Kapuzinern (einführen: 1,3%; ausbauen: 50,0%), während die Dominikaner in dieser Hinsicht deutlich unterdurchschnittlich (einführen: 6,8%; ausbauen: 25,4%) votieren.

Tab. 55: Fusionen nach Orden [in %]

	insgesamt	K	F	D	S
Fusionen von Gemeinschaften einführen	3,2	2,7	2,1	1,9	6,7
Fusionen von Gemeinschaften ausbauen	24,2	28,0	27,7	15,4	24,4
Summe	27,4	30,7	29,8	17,1	31,1
Fusionen von Provinzen einführen	5,4	3,7	4,1	5,6	9,3
Fusionen von Provinzen ausbauen	27,2	34,1	26,5	22,2	22,2
Summe	32,6	37,8	30,6	27,8	31,5
Gemeinschaften aus Brüdern unterschiedlicher Orden einführen	12,1	12,7	12,8	12,7	10,0
Gemeinschaften aus Brüdern unterschiedlicher Orden ausbauen	20,3	22,8	31,9	12,7	14,0
Summe	32,4	35,5	44,7	25,4	24,0

4.7.5 STARKE UND DOMINANTE KRÄFTE DER BEWEGUNG

Kräfte der Bewegung kamen bislang in einigen Ausprägungen aller vier Dimensionen zum Vorschein. Legt man eine 40-Prozent-Marke an, um unter den Kräften der Bewegung, die bislang schon hervorgetreten sind, die *starken* Kräfte der Bewegung zu identifizieren, dann zeigen diese sich zunächst insbesondere bei folgenden Ausprägungen, die in der *Tab. 56* schematisch angeführt werden. Werte, die zwischen 40 und 50 Prozent liegen, werden mit x gekennzeichnet, diejenigen, die zwischen 50 und 60 Prozent liegen, also auch mehrheitsfähig sind, werden mit **X** markiert, differenziert nach den Ordensgemeinschaften und Altersquartilen. Diese Tabelle lässt sich zugleich als eine übersichtliche Agenda nutzen, für jeden Orden differenziert nach unterschiedlichen Schwerpunkten:

Tab. 56a: Starke Kräfte der Bewegung: nach Ausprägungen und Dimension der Integration/nach 4 Orden (K, F, D, S) und 4 Altersklassen (1-4) [in%]

einführen/ausbauen >40% & < 50% = x >50% & < 60% = X	K	F	D	S	insgesamt	1	2	3	4
Einbezug aller Brüder in Entscheidungen	x	x	x	x		x		x	**X**
Gerechte Verteilung der Arbeit		x	x	x		x	x		
Kontrolle der Dinge, die in die Gemeinschaft Einzug halten									x

Tab. 56b: <u>Starke</u> Kräfte der Bewegung: nach Ausprägungen und Dimension der Wertorientierung/nach 4 Orden (K, F, D, S) und 4 Altersklassen (1-4) [in%]

einführen/ausbauen >40% & < 50% = x >50% & < 60% = X	K	F	D	S	insgesamt	1	2	3	4
Gemeinschaftliche Ideale	X	x	X	x		x	X	X	X
Gespräche über subjektive Definition von Gehorsam	X		x	x			x		X
Gemeinschaftliche religiöse Formen	x		x	x			x		x
Gemeinschaftliche Definition von Gehorsam	x		X				x		X
Gespräche über subj. Definitionen von Keuschheit und Ehelosigkeit		x		x			x		
Gastfreundschaft	x	x				x	x		

Tab. 56c: _Starke_ Kräfte der Bewegung: nach Ausprägungen und
Dimension der Zweckorientierung/nach 4 Orden (K, F, D, S) und 4
Altersklassen (1-4) [in%]

einführen/ausbauen >40% & < 50% = x >50% & < 60% = X	K	F	D	S	insgesamt	1	2	3	4
Beratung der Oberen durch die Brüder	x	x	x	X	x		x	x	X	X
Einhalten der gefundenen Entscheidungen durch alle Brüder		x	X	X	x		x	x	X	X
Arbeitskreise aus Brüdern in Entscheidungsprozessen	x	x		X	x			x	X	x
Vertrauen der Oberen in die Brüder	x		x	x				x		X

Tab. 56d: _Starke_ Kräfte der Bewegung: nach Ausprägungen und
Dimension der Anpassung/nach 4 Orden (K, F, D, S) und 4 Altersklassen
(1-4) [in%]

einführen/ausbauen >40% & < 50% = x >50% & < 60% = X	K	F	D	S	insgesamt	1	2	3	4
Effektivität des Wirtschaftens	X	X		x	x		x	X	x	x
Nutzung von Arbeitskräftepotentialen	x	x		x	x		x	x		

Tab. 56e: <u>Starke</u> Kräfte der Bewegung: nach Ausprägungen und Dimension der Integration/ nach 4 Orden (K, F, D, S) und 4 Altersklassen (1-4) [in%]

reduzieren/abschaffen >40%/<50% = x >50%/<60% = X	K	F	D	S	Insgesamt	1	2	3	4
Einflussnahme von außen in Gemeinschaftsbelange	x	x	x	X	x			X	X
Bürokratie in der Gemeinschaft	x	x		x	x				x

Das Datenmaterial gibt aber auch deutliche Hinweise darauf, in welchen Dimensionen und Ausprägungen die Kräfte der Bewegung *dominant* sind und auf Veränderung drängen. Alle Vorschläge, die auf Veränderung (,reduzieren/abschaffen' bzw. ,einführen/ausbauen') zielen und höhere Werte als 60 Prozent aufweisen, werden im Folgenden ,*dominante Kräfte der Bewegung*' genannt und in einer Übersichtstabelle (vgl. *Tab. 57*) entsprechend markiert. Dominante Kräfte der Bewegung in diesem Sinn zeichnen sich hauptsächlich in zwei Dimensionen ab, in der Integrationsdimension und in der Dimension der Wertebindung. Am *wenigsten* machen sich dominante Kräfte der Bewegung in der Dimension der (wirtschaftlichen) Anpassung[177] und in der Dimension der Zweckorientierung bemerkbar (vgl. *Tab. 57*).

---

[177] Beinahe zwei Drittel der Befragten (63,4%) – leicht überdurchschnittlich die Dominikaner (71,7%) – betonen auf diese Weise, dass insbesondere in der Öffentlichkeitsarbeit der Orden und Gemeinschaften erheblicher Nachholbedarf besteht. Ein gutes Drittel (34,5%) plädiert dagegen für den Status quo, der insbesondere von den Befragten der ältesten Altersklasse akzentuiert wird. Über die Hälfte der 76- bis 93jährigen ist an einem Ausbau der Öffentlichkeitsarbeit nicht interessiert („so lassen": 47,5%; „reduzieren": 7,5%) oder scheint sich davon nichts zu versprechen.

Tab. 57: Dominante Kräfte der Bewegung in der Dimension der
Zweckorientierung [in %]

Ausprägung	so lassen	reduzieren/ abschaffen	einführen/ ausbauen
Ausbildung für leitende Funktionen	28,9	0,0	71,1
Transparenz von Entscheidungen	29,7	0,0	70,2
Pastorale Orte jenseits der Pfarreien	26,9	2,5	70,5

In der Dimension der Zweckorientierung (s. *Tab. 57*) werden nur Ausprägungen genannt, die von *dominanten Kräften der Bewegung* vorangetrieben werden sollen. Zwei davon betreffen die Leitung: Zum einen geht es
um Professionalisierung der Brüder für leitende Positionen – ein Postulat,
das in jedem Mendikantenorden (etwas schwächer bei den Dominikanern,
s. *Tab. 58*) und in jeder Altersklasse Unterstützung findet –, zum anderen
geht es um die Transparenz von Entscheidungen, die nicht nur von dort
ausgehen.

Tab. 58: Ausbildung für leitende Funktionen nach Orden [in %]

	Insgesamt	K	F	D	S
einführen	10,2	14,3	5,4	13,6	5,3
ausbauen	60,9	63,1	66,1	49,2	64,9
so lassen	28,9	22,6	28,6	37,3	29,8
reduzieren	0,0	0,0	0,0	0,0	0,0
abschaffen	0,0	0,0	0,0	0,0	0,0
Summe	100,0	100,0	100,0	100,0	100,0

Differenziert man die Befragten nach ihren Ordenszugehörigkeiten, ergeben sich im Blick auf das zuletzt genannte Postulat einige Akzentunterschiede: Überdurchschnittlich (82,8%) votieren die ‚Sonstigen' für den Ausbau und die Einführung von mehr Transparenz von Entscheidungen, während die Dominikaner eher auf der Status quo-Seite zu finden sind (39,3%), obwohl auch sie mehrheitlich (60,6%) hinsichtlich dieses Sachverhalts Entwicklungsbedarf sehen (vgl. *Tab. 59*).

Tab. 59: Transparenz von Entscheidungen nach Orden [in %]

	Insgesamt	*K*	*F*	*D*	*S*
einführen	4,6	3,4	5,4	4,9	5,2
ausbauen	65,8	67,0	62,5	55,7	77,6
so lassen	29,7	29,5	32,1	39,3	17,2
reduzieren	0,0	0,0	0,0	0,0	0,0
abschaffen	0,0	0,0	0,0	0,0	0,0
Summe	100,0	100,0	100,0	100,0	100,0

Insbesondere die Differenzierung nach Alter lässt erkennen, von welcher Seite in dieser Frage der Veränderungsdruck ausgeht. Obwohl mehrheitlich alle Altersklassen für mehr Entscheidungstransparenz votieren, zeigt die *Tab. 60* doch, dass diese überwiegend von den beiden ältesten Klassen der Befragten gewünscht wird. Für die Beibehaltung des Status quo votieren nicht in jeder Angelegenheit immer die älteren Brüder!

Tab. 60: Transparenz von Entscheidungen nach Altersquartilen [in %]

	Insgesamt	1	2	3	4
einführen	4,2	3,2	0,0	7,7	6,4
ausbauen	66,4	52,4	65,4	73,1	78,7
so lassen	29,4	44,4	34,6	19,2	14,9
reduzieren	0,0	0,0	0,0	0,0	0,0
abschaffen	0,0	0,0	0,0	0,0	0,0
Summe	100,0	100,0	100,0	100,0	100,0

Allerdings ist es die älteste Altersklasse, die eine andere Forderung weniger (als die Jüngeren) unterstützt, nämlich das pastoraltheologisch breit diskutierte Postulat, pastorale Andersorte zu erschließen.[178] In der Einstellung zu dieser (Neu-)Ausrichtung tun sich zwischen den Befragten nicht nur intergenerationelle, sondern auch intragenerationelle Gegensätze auf, wie der *Tab. 61* zu entnehmen ist. Allerdings optiert nur jeder Vierte der jüngsten Brüder für den Status quo, d.h. dafür, nicht (noch weitere) neue pastorale Gelegenheiten zu sondieren. Zwischen den Ordensgemeinschaften lassen sich diesbezüglich keine nennenswerten Unterschiede erkennen.

---

[178] S. jüngst Herbert Haslinger, ‚Nicht mehr unhinterfragte Sozialform'. Ein Gespräch mit Alexander Foitzik, in: Herder Korrespondenz 68/2014, 70-74; s. auch Themenheft Andersorte, in: Impulse für die Pastoral 2014, H. 1; vgl. Michael N. Ebertz, Neue Orte braucht die Kirche, in: Bernhard Spielberg/Astrid Schilling (Hg.), Kontroversen. Worum es sich in der Seelsorge zu streiten lohnt, Würzburg 2011, 108-114; Ders., Neue Orte braucht die Volkskirche. Lebenszusammenhänge wahrnehmen – Kirche differenziert gestalten, in: Ursula Pohl-Patalong (Hg.), Kirchliche Strukturen im Plural. Analysen, Visionen und Modelle aus der Praxis, Schenefeld 2004, 101-112.

Tab. 61: Pastorale Orte jenseits der Pfarreien nach Altersquartilen [in %]

	Insgesamt	1	2	3	4
einführen	3,1	3,2	2,0	2,1	5,4
ausbauen	67,2	71,0	71,4	74,5	45,9
so lassen	26,7	25,8	22,4	21,3	40,5
reduzieren	2,6	0,0	2,0	2,1	8,1
abschaffen	0,5	0,0	2,0	0,0	0,0
Summe	100,0	100,0	100,0	100,0	100,0

Starke Kräfte der Bewegung zeigen sich hauptsächlich in der Integrationsdimension und in der Dimension der Wertbindung, und zwar in mehreren Ausprägungen.

4.7.6 DOMINANTE KRÄFTE DER BEWEGUNG IN DER INTEGRATIONSDIMENSION

Zur Erinnerung: In der Dimension der Integration werden verschiedene Voraussetzungen des Zusammenlebens und des Zusammenhalts entfaltet, insbesondere die für eine Gemeinschaft notwendigen Regeln und Normen sowie Grenzkontrollen.

Tab. 62: Dominante Kräfte der Bewegung auf der Dimension der Integration [in %]

Ausprägung	so lassen	reduzieren/ abschaffen	einführen/ ausbauen
Dialogische Konfliktlösung	20,2	0,4	79,3
Methoden zum respektvollen Umgang	25,7	0,4	73,9
Wertschätzung der Arbeit der Einzelnen	25,5	1,1	73,4
Wertschätzung des Einzelnen	26,8	0,0	73,3
Wertschätzung der Kreativität von Brüdern	30,8	0,4	68,9
Wechselseitiges Lob	33,6	2,0	64,4
Gemeinschaftliche Gespräche	35,4	1,5	63,1
Gemeinschaftliche Glaubensgespräche	36,4	1,2	62,5
Gegenseitige Ermutigung zur Selbstverantwortung	37,8	0,4	61,8

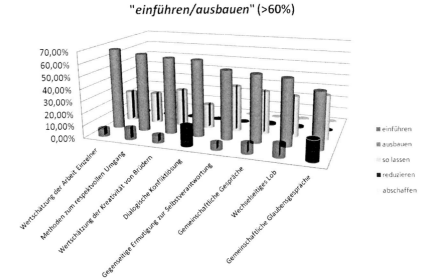

Abb. 9: Dominante Kräfte der Bewegung in der Integrationsdimension

An die Topstelle der Liste der Ausprägungen in der Dimension der Integration, die von starken Mehrheiten der Mendikanten als veränderungswürdig herausgestellt werden, gerät in der Befragung der **Dialog** als Verfahren der Konfliktlösung. Obwohl es keinen Konsens in der genauen Ausgestaltung des ‚Dialogischen' geben dürfte und auch nicht überprüfbar war, was die Antwortenden genau mit dem Ausdruck verbinden, ist zu unterstellen, dass sie eine Kommunikationsform meinen, die von Übermächtigungen absieht und der Vielfalt der Perspektiven als Voraussetzung des Verstehens von Gegensätzen und ihres friedlichen Umgangs damit Raum gibt.[179] Auffällig ist, dass vergleichsweise viele der Mendikanten postulieren, den Dialog nicht nur auszubauen (62,6%), sondern ihn überhaupt erst einzuführen (16,7%) (vgl. *Abb. 9*).

Es sind insbesondere die Vertreter der jüngsten Altersklasse, die so votieren (einführen: 23,8%; ausbauen: 58,7%). Unterscheidet man diesen Spitzenwert nach den Ordensgemeinschaften (s. *Tab. 63*), dann zeigt sich

---

[179] Vgl. hierzu einzelne Beiträge in Gebhardt Fürst (Hg.), Dialog als Selbstvollzug der Kirche?, Freiburg 1997.

ein differenziertes Bild. Insbesondere die ‚Sonstigen' unter den Befragten schlagen vor, den Dialog als Konfliktlösung einzuführen. Die Franziskaner haben in dieser Angelegenheit die ausgeprägteste Status quo-Tendenz, obwohl auch sie mehrheitlich für den Ausbau des Dialogs plädieren.

Tab. 63: Dialogische Konfliktlösung nach Orden [in %]

	insgesamt	K	F	D	S
einführen	16,7	13,5	11,5	16,4	27,3
ausbauen	62,6	69,7	55,8	57,4	63,6
so lassen	20,2	16,9	32,7	24,6	9,1
reduzieren	0,4	0,0	0,0	1,6	0,0
abschaffen	0,0	0,0	0,0	0,0	0,0
Summe	100,0	100,0	100,0	100,0	100,0

Dass in Sozialgebilden wie Orden bzw. Kommunitäten, die auf eine „totale Integration der Mitglieder"[180] zielen, die Ich-Wir-Balance verletzlich ist und immer wieder neu hergestellt werden muss, macht es verständlich, weshalb die auf die Einzelperson und ihre Bedürfnisse und Interessen zielenden Postulate so hohe Werte, ja Spitzenwerte erhalten: Die Wertschätzung des Einzelnen, seiner Arbeit und Kreativität.

In einer Gesellschaft, in der die Menschen mobiler sind, ihre Entscheidungsmöglichkeiten und Spielräume sich vergrößern, zur Selbstverantwortung herausgefordert sind und die Wir-Beziehungen (wie Partnerschaften, Freundschaften) auswechselbar und freiwillig geworden sind, also ein ‚Zwang zur Individualisierung' wirksam ist und diese zu einem Wert an sich wird,[181] kommen religiöse Wohn-Arbeits-Freizeit-Gemeinschaften unter Druck; betonen sie doch das Wir, während sich in der gleichzeitigen gesellschaftlichen Umwelt die Wir-Ich-Balance „zugunsten des Ich verla-

---

[180] Schmelzer, Gruppen, 209.
[181] Norbert Elias, Die Gesellschaft der Individuen, Frankfurt 1987, 242, spricht von „Massenindividualisierung".

gert"[182] hat. In dieser Differenz liegt vermutlich einer der Hauptgründe für die Dauerkrise der Orden in der (spät-) modernen Gesellschaft. Sie müssen dem ‚Ich' Raum geben, ohne das ‚Wir' zu gefährden, worauf die Einzelperson angewiesen ist, und das ‚Wir' schützen, ohne das ‚Ich' zu blockieren und zu verletzen, auf das das ‚Wir' nicht verzichten kann.

Dass ‚Individualisierung' weniger etwas mit Individualismus oder gar Egoismus zu tun hat, zeigen die weiteren Ausprägungen, die bei den Brüdern hohe Zustimmung erhalten haben und ihrer Meinung nach weiterentwickelt werden sollen. Hierbei geht es um den Ausbau des ‚Wirs' in den Gemeinschaften, das die Befragten durchaus zu schätzen wissen: Wechselseitige Anerkennung und Ermutigung zur Selbstverantwortung, gemeinschaftliche Gespräche. Darin kann ein Plädoyer für die Stärkung und sensible Weiterentwicklung einer ausgeglichenen Wir-Ich- bzw. Ich-Wir-Balance gesehen werden, ohne die das kommunitäre Zusammenleben nicht möglich ist. Allerdings scheint in den meisten Gemeinschaften der Entwicklungsakzent auf der Stärkung der ICH-Wir-Balance zu liegen, wie auch aus der *Tab. 67* abzulesen ist.[183]

Für den Außenstehenden, der die Ordensleute als ‚religiös Musikalische', wenn nicht als ‚religiöse Virtuosen' zu typisieren gelernt hat,[184] mag überraschen, dass vergleichsweise viele der befragten Mendikanten postulieren, die gemeinschaftlichen Glaubensgespräche auszubauen (45,6%), ja sie überhaupt erst einzuführen (16,9%) (vgl. *Abb. 9* oben, und *Tab. 64*). Jedenfalls sind es in allen Ordensgemeinschaften mehr Befragte, die hier Bewegung statt Beharrung wollen.

---

182 Annette Treibel, Die Soziologie von Norbert Elias, Wiesbaden 2008, 92.
183 Interessant in diesem Zusammenhang ist eine ältere Aussage eines holländischen Kapuziners, der auf die Frage, was den Kern der Veränderungen im Ordensleben ausmacht, bereits 1974 geschrieben hat: „An erster Stelle möchte ich diesen Prozess als Vermenschlichungsprozess bezeichnen. Die Ordensleute werden sich lebendiger bewusst, dass sie Mensch sind wie alle anderen Menschen. Daraus erwächst das Bedürfnis, *vor allem* Mensch zu sein und zu bleiben, sich als Mensch zu entfalten [...]. Diese Bewusstwerdung beginnt sich auf allen Gebieten zu offenbaren und auszuwirken: in der Kleidung, in Umgangsformen [...], in neuen Formen des Gruppenlebens im Orden, in denen die Entfaltung der menschlichen Person mehr in der Mitte steht", so Johannes Kampschreur, Der Kern in der Entwicklung des Ordenslebens, in: Concilium 10/1974, 537-540, hier 538.
184 Weber, Aufsätze, 1947, 259ff.

Tab. 64: Gemeinsame Glaubensgespräche nach Orden [in %]

	insgesamt	K	F	D	S
einführen	16,9	14,0	15,3	16,9	22,8
ausbauen	45,6	52,3	42,4	47,5	36,8
so lassen	36,4	33,7	40,7	35,6	36,8
reduzieren	0,4	0,0	0,0	0,0	1,8
abschaffen	0,8	0,0	1,7	0,0	1,8
Summe	100,0	100,0	100,0	100,0	100,0

Macht sich auch in den Kommunitäten der Ordensgemeinschaften der gesamtgesellschaftliche Prozess der religiösen Privatisierung, Enttraditionalisierung und Pluralisierung bemerkbar, der die Suche nach neuen sozialen Bestätigungen des Glaubens hervorbringt, um seine Plausibilitätsbasis zu sichern, gewissermaßen das rituelle ‚Amen' kommunikativ zu bekräftigen? Der Glaube hat ja tatsächlich ‚Unerhörtes', ‚kaum Glaubliches', etwa ‚Worte des ewigen Lebens' zum Inhalt, und ihm geht „vielfach die Möglichkeit zur Rückversicherung an der Wahrnehmung ab"[185], so dass es **sozialer – kommunikativer – Rückversicherungen und Bestätigungen be**darf, die im Kontext einer sozialstrukturellen Säkularisierung, einer kulturellen Pluralisierung und einer Privatisierung der religiösen Verbindlichkeit nach neuen Formen suchen.

In wissenssoziologischer Sicht legt sich folgende Interpretation dieses Befundes nahe: Männer (wie Frauen), die ihren gesamten Lebensentwurf auf die ‚religiöse Karte', auf Gott setzen, befinden sich – bei aller partiellen ‚Welt'offenheit – im Status einer „kognitiven Minderheit", d.h. einer „Gruppe von Menschen, deren Weltanschauung sich in charakteristischen Zügen von dem unterscheidet, was in ihrer Gesellschaft sonst als Gewissheit gilt. Anders gesagt: „Eine kognitive Minderheit ist eine Gruppe, die sich um einen vom Üblichen abweichenden ‚Wissensbestand' gebildet

---

[185] Hartmann Tyrell, Religiöse Kommunikation: Auge, Ohr und Medienvielfalt, in: Ders.: Soziale und gesellschaftliche Differenzierung. Aufsätze zur soziologischen Theorie, Wiesbaden 2008, 251-314, hier 264f.

hat bzw. bildet", wobei sich der Ausdruck ‚Wissen' auf das bezieht, „was für ‚Wissen' *gehalten* oder woran als an ‚Wissen' *geglaubt* wird".[186] „Der Status einer kognitiven Minderheit", so Peter Berger weiter, ist „ziemlich unbequem, nicht einmal so sehr, weil die Mehrheit die Minderheit unter Druck setzte, sondern einfach, weil sie es ablehnt, die Wirklichkeitsauffassungen der Minderheit als ‚Wissen' anzuerkennen. Im besten Falle wird die Weltauffassung (sic.!) einer Minderheit in die Defensive gedrängt; im schlechtesten hört sie auf, irgend jemandem noch plausibel zu sein".[187] Das Tragen des Habits, das gemeinschaftliche Wohnen, die religiösen Riten, die sehr ausgeprägt praktiziert werden und die – wie im Kapitel 4.1 gesehen – starke Ausrichtung der Mendikanten als ‚Seelsorgsorden' mit ihrem Kommunikations- und Handlungsschwerpunkt im kirchlich-katholischen Binnenbereich reichen in einer Gesellschaft, die eine „Pluralität von Welten",[188] d.h. konkurrierende Wirklichkeitsverständnisse kennt und medial vermittelt, offensichtlich nicht mehr aus, um dem eigenen Glauben Plausibilität zu geben. Die religiösen Vorstellungen der Katholikinnen und Katholiken, mit denen die Mendikanten am häufigsten in Kontakt stehen, haben sich selbst pluralisiert, relativieren sich wechselseitig und fallen weitgehend dabei aus, einen gemeinsamen Glauben zu bestätigen. Sie bedürfen vielmehr selbst der Bestätigung und erwarten diese unter anderem von den Kontakten zu Ordensleuten. So sind diese auf sich selbst als „Stützgemeinde"[189] verwiesen, um ihren Glauben ständig abzusichern. Explizit geht es dabei, so Berger, „um Lehre, Bekenntnis, Nachvollzug katholischer Wirklichkeitsauffassung. Aber in einer katholischen Gemeinschaft gibt es auch einen impliziten Katholizismus. Schließlich sind stumme Gewissheiten für das Alltagsleben ebenso wichtig wie ständig mit vielen Worten artikulierte ‚Wahrheiten'"[190].

Die mit hohen Prozentwerten versehene Antwort der Befragten zielt, wie schon gesagt, auf Einführung und Ausbau von gemeinschaftlichen

---

[186] Peter Berger, Auf den Spuren der Engel. Die moderne Gesellschaft und die Wiederentdeckung der Transzendenz, Frankfurt 1972, 19f.

[187] Berger, Spuren, 21.

[188] Berger, Spuren, 69.

[189] Berger, Spuren, 60.

[190] Berger, Spuren, 60.

‚Glaubens*gesprächen*' und damit auf eine *Versprachlichung* des Glaubens. Zeigt sich darin ein durch die Pluralität der Wirklichkeitsauffassungen erzeugter Zwang zur Dauerreflexion, welche die rituelle und sonstige religiöse Handlungspraxis ergänzen soll? Verbirgt sich hinter diesem hohen Prozentwert der Wunsch, das religiöse Gespräch – ähnlich wie die Eucharistiefeier oder das Stundengebet – als Glaubensform in den mendikantischen Gemeinschaften zu institutionalisieren? Oder zeigt sich darin vielleicht lediglich der Wunsch, etwas mehr von dem zu erfahren, von dem das Herz des Mitbruders voll ist? Helmut Schelsky hat schon vor gut 50 Jahren notiert: „Dass ‚man miteinander spricht', scheint die institutionelle Grundforderung dieser Glaubensform zu sein. Dieses Gesprächs-Prinzip liegt allen modernen Versuchen zugrunde, die in sozialer Wirksamkeit eine Verlebendigung des Glaubens, eine Wiederbekehrung oder eine Sicherung der religiösen Existenz erreichen wollen [...]. Den Grund dafür finden wir in der Struktur der modernen Glaubensform: Die soziale Verbindlichkeit ritueller oder nomineller Glaubensaussagen setzt eine Gleichheit der inneren religiösen Erfahrung und der Gegenständlichkeit ihres Bewusstwerdens voraus, die im dynamischen Innenleben der modernen Subjektivität und Individualität nicht mehr ohne weiteres gefunden werden kann; so muss man als primären sozialen Prozess erst einmal die subjektiven Erfahrungen und Selbstdeutungen des anderen zu Gesicht bekommen, zu verstehen versuchen und sich womöglich auf einen Bestand von Gemeinsamkeiten der Subjektivität, auf ein Verständigtsein einigen, das als sozial gemeinsame Grundlage einer Gemeinschaft im Glauben dienen kann. Da der Gefühls-, Gedanken-, Vorstellungs- und Redestrom, die Reflexionen der Subjektivität aber weiterfließen und sich auf keine Objektivierung fixieren lassen, bleibt auch diese Grundlage unstabil, und ihre Wiederherstellung – das Gespräch – wird chronisch und fundamental für das Leben einer Glaubensgemeinschaft moderner Menschen".[191] Es sieht so aus, als sei diese neue Glaubensform des Gesprächs inzwischen auch fundamental für das Leben einer mendikantischen Gemeinschaft, worauf jedenfalls die Brüder selbst hinweisen. Ihr Postulat lässt sich kaum als Indikator für eine interne ‚Säkularisierung', als einen Ausdruck der Entchristlichung oder Entkirchlichung

---

[191] Helmut Schelsky, Ist die Dauerreflexion institutionalisierbar? Zum Thema einer modernen Religionssoziologie (1957), in: Ders., Auf der Suche nach Wirklichkeit, München 1979, 268-297, hier 289f.

verstehen, im Gegenteil. Es geht darum, dem Glauben im gemeinschaftlichen Gespräch Raum zu geben, diese Glaubensform in die tradierten religiösen Kommunikations- und Handlungsweisen einzubauen und diese darüber zu verlebendigen und mitzutragen.

4.7.7 Dominante Kräfte der Bewegung in der Dimension der Wertbindung

Tab. 65: Weitere Ausprägungen der Dimension der Wertbindung [in %]

Ausprägung	so lassen	reduzieren/ abschaffen	einführen/ ausbauen
Übersetzung von Theologie in gelebte Spiritualität	19,7	1,2	79,9
Übersetzung der gemeinschaftlichen Werte in die Sprache der Menschen um uns herum	23,6	2,4	74,0
Arbeit am gemeinschaftlichen Profil	24,4	3,1	73,5
Ordensspezifische Profilbildung	32,2	1,6	66,1
Ordensspezifische Spiritualität	35,6	0,4	64,0
Gemeinschaftliche Werte von Einfachheit	37,0	1,7	61,3

An der Topstelle der Liste der Ausprägungen in der Dimension der Wertbindung, die ausgebaut werden sollen, steht die Arbeit am gemeinschaftlichen Profil, an seiner Rezeptionsfähigkeit für solche Menschen, die keine Ordensleute sind, und an der spirituellen Pragmatik theologischer Vorstellungen (vgl. *Tab. 65*). Auffällig ist, dass das Postulat der Fortentwicklung bestimmter Ausprägungen auf der Dimension der Wertbindung nicht über alle Ordensgemeinschaften gleich verteilt ist (vgl. *Tab. 67*). Während zwischen ihnen ein hoher Konsens hinsichtlich der Herausforderung zu bestehen scheint, theologische Vorstellungen in gelebte Spiritualität zu übersetzen und am gemeinschaftlichen Profil zu arbeiten, zeigen die Kapuziner ein überdurchschnittlich starkes Interesse auf allen weiteren Ausprägungen dieser Dimension der Wertbindung (vgl. *Tab. 67* unten). Ein Interviewpartner begründet dieses Interesse mit einer spezifischen Pluralität des Kapuziner-Seins:

„Also ich behaupte, dass wir Kapuziner, jetzt als größere Gemeinschaft und auch als Provinzgemeinschaft erst mal ein gemeinsames Bild davon brauchen, was Kapuziner sind, und ich erlebe das, seit ich im Orden bin [. . .], dass das ein Thema ist, was nicht leicht anzugehen ist, weil wenn jemand das anspricht und sagt, wir müssen das aber mal festlegen, was jetzt ein Kapuziner ist, ist das ein brauner Habit und drei Mal täglich beten oder was ist das? Dann wird's ganz vorsichtig und: wollen wir das überhaupt und treten wir da nicht jemandem zu nahe, weil ja auch ein Charakteristikum von uns ist, dass wir sehr unterschiedliche Brüder sind, die gemeinsam auf dem Weg sind? Aber ich glaube, selbst wenn es unausgesprochen und nicht schriftlich festgehalten ist, wenn wir nicht eine Idee davon habe, dass wir gemeinsam auf dem Weg sind, ein gemeinsames Lebensprojekt verfolgen, dann haben wir diesen Aspekt der Gemeinschaft verloren". (I198FT)

Überdurchschnittlich häufig teilen die Kapuziner mit den Franziskanern das Postulat, die gemeinschaftlichen Werte in die Sprache der heutigen Mitmenschen zu übersetzen, und mit den ‚Sonstigen' zeigen sie ein überdurchschnittliches Interesse daran, der Kultivierung der gemeinschaftlichen Werte von Einfachheit (‚Armut') einen Schub zu versetzen und aus dem Status quo in dieser zentralen mendikantischen Wertorientierung herauszukommen (vgl. *Tab. 66*).

Tab. 66: Gemeinschaftliche Werte von Einfachheit nach Orden [in %]

	insgesamt	K	F	D	S
einführen	4,3	1,3	2,0	8,9	5,9
ausbauen	57,0	68,8	54,9	35,7	64,7
so lassen	37,0	27,3	43,1	53,6	27,5
reduzieren	1,3	1,3	0,0	1,8	2,0
abschaffen	0,4	1,3	0,0	0,0	0,0
Summe	100,0	100,0	100,0	100,0	100,0

Hinsichtlich des zuletzt genannten Wertes sehen die Dominikaner keinen besonderen Entwicklungsbedarf und plädieren mehrheitlich (53,6%) für den Status quo. Die Dominikaner zeigen ohnehin die vergleichsweise deutlichste Zurückhaltung, wenn es um die Weiterentwicklung ihres Werteprofils geht, aus welchen Gründen auch immer (vgl. *Tab. 67*). Dies gilt insbesondere hinsichtlich der Entwicklung einer ordensspezifischen Spiritualität. Diese Zurückhaltung konnte schon im vorhergehenden Kapitel wahrgenommen werden, als es um die Kräfte der Bewegung ging, die sich als starke Minderheiten auf dem 40-Prozent-Niveau bemerkbar machten.

Tab. 67a: Dominante (+/++) Kräfte der Bewegung: nach Ausprägungen und Dimension der Integration/nach 4 Orden (K, F, D, S) und 4 Altersklassen (1-4) [in%]

einführen/ausbauen >60%/<70% = + >70% = ++	K	F	D	S	insgesamt	1	2	3	4
Dialogische Konfliktlösung	++	+	++	++	++	++	++	++	++
Wertschätzung der Einzelnen	++	+	+	++	++	+	++	++	+
Wertschätzung der Arbeit Einzelner	++	++	+	++	++	++	++	++	+
Methoden zum respektvollen Umgang	++	+	++	++	++	+	++	++	++
Wertschätzung der Kreativität von Brüdern	++	+	++	++	+	+	++	++	++
Wechselseitiges Lob	+		+	+	+		++		+
Gemeinschaftliche Gespräche	+		+	+			+		+
Gemeinschaftliche Glaubensgespräche	+		+		+		++		+
Gegenseitige Ermutigung zur Selbstverantwortung	+	+	++	+		+	+		+

Tab. 67b: **Dominante (+/++) Kräfte der Bewegung: nach Ausprägungen und Dimension der Wertorientierung/nach 4 Orden (K, F, D, S) und 4 Altersklassen (1-4) [in%]**

einführen/ausbauen >60%/<70% = + >70% = ++	K	F	D	S	insgesamt	1	2	3	4
Übersetzung von Theologie in gelebte Spiritualität	++	++	++	++	++		+	++	++	++
Übersetzung gemeinschaftlicher Werte in die Sprache der Menschen	++	++	+	+	++		+	++	++	++
Arbeit am gemeinschaftlichen Profil	++	++	++	++	++		++	++	+	+
Ordensspezifische Profilbildung	++	+	+	+	+		+	+		+
Ordensspezifische Spiritualität	++	+			+		+	+		+
Gemeinschaftliche Werte von Einfachheit	++			++	+		+			++

Tab. 67c: **Dominante (+/++) Kräfte der Bewegung: nach Ausprägungen und Dimension der Zweckorientierung/nach 4 Orden (K, F, D, S) und 4 Altersklassen (1-4) [in%]**

einführen/ausbauen >60%/<70% = + >70% = ++	K	F	D	S	insgesamt	1	2	3	4
Ausbildung für leitende Positionen	++	++	+	++	++		+	++	++	+
Transparenz von Entscheidungen	++	+	+	++	++			+	++	++
Pastorale Orte jenseits der Pfarreien	+	++	++	++	++		++	++	++	

Tab. 67d: Dominante (+/++) Kräfte der Bewegung: nach Ausprägungen und Dimension der Anpassung/nach 4 Orden (K, F, D, S) und 4 Altersklassen (1-4) [in%]

einführen/ausbauen >60%/<70% = + >70% = ++	K	F	D	S	insgesamt	1	2	3	4
Öffentlichkeitsarbeit	+	+	++	+	+		+	+	+

4.7.8 DIE BEFRAGTEN UND IHRE FÄHIGKEITEN

Wenn es in Erneuerungsprozessen weniger darauf ankommt, „für vorgegebene Aufgabenstellungen Leute zu gewinnen, die sie bewältigen, sondern dass Menschen ihren Fähigkeiten entsprechend tätig werden und so ihren persönlichen Weg des Glaubens gehen",[192] dann dürfte es sich lohnen, auf die Kompetenzen zu schauen, die sich die befragten Mendikanten selbst zuschreiben. Denn eine Weiterentwicklung kann letztlich nur aus den in den Gemeinschaften selbst vorhandenen Fähigkeiten hervorgehen.[193] Diese wurden von den Mendikanten in einer Freitextantwort genannt.

Zunächst einmal ist festzustellen, dass die von den Befragten am häufigsten genannten Stärken – wen wundert es – in den religiösen Funktionsbereich fallen. Die am häufigsten genannten Fähigkeiten liegen mit 106 aller Nennungen im Bereich der (öffentlichen) **geistlichen Kommunikation**, also in der Liturgie und Verkündigung, insbesondere in der Predigt, aber auch in Kompetenzen für Bibelarbeit, Exerzitien- und Besinnungstage sowie für die Katechese. Dabei nennen viele der Befragten auch ihre Fähigkeiten zu liturgischen Experimenten.

90 von allen Nennungen (1329) lassen sich als ‚**spirituelle Kompetenzen**‘ fassen, also als Fähigkeit, die Unterscheidung von Immanenz und Transzendenz zu pflegen und Transzendenzerfahrungen jenseits der Alltagserfahrung zu erschließen. Das Spektrum der Selbstzuschreibungen

---

[192] Reinhard Feiter, Die örtlichen Gemeinden von Poitiers – Reflexionen zu ihrer Reflexion, in: Ders./Hadwig Müller (Hg.), Was wird jetzt aus uns, Herr Bischof? Ermutigende Erfahrungen der Gemeindebildung in Poitiers, Ostfildern 2009, 149-166, hier 156.

[193] So auch Bernhard A. Eckerstorfer OSB, Wie können sich Orden weiterentwickeln? Reflexionen über die Zukunft aus einem Benediktinerkloster, in: Lebendige Seelsorge 64/2013, 106-110, hier 109.

reicht hier von Gebetskompetenzen über Meditationskompetenzen bis hin zu mystischen Visionskompetenzen, von der Fähigkeit zur „religiösen Spurensuche" bis hin zu prophetischen Kräften. Letztere werden aber nur einmal genannt.

Auf Platz 3 aller Nennungen landen die **Seelsorgekompetenzen**. 73 der Befragten führen sie an. Diese Kompetenzen umfassen ein breites Spektrum, das von Kranken- und Hausbesuchen über geistliche Begleitung und theologische Gespräche bis hin zur „psycho-spirituellen Beratung" von Einzelpersonen reicht. Die Fähigkeit zum Beichthören wird nur dreimal genannt.

Administrative und Planungskompetenzen werden von 51 Befragten genannt, wissenschaftliche und im weitesten Sinne **bildungsbezogene Kompetenzen** von 29, **Sprach- und musikalische Kompetenzen** von 26 bzw. 24, **Kunstkompetenzen** von 7 Befragten. 14 Nennungen lassen sich dem Bereich **Medienkompetenzen** zuordnen. **Ordensbezogene (historische) Kenntnisse** nennen insgesamt doppelt so viele Mendikanten als ihre Stärken. Ebenso viele Nennungen beziehen sich auf den hauswirtschaftlichen und handwerklichen Bereich und ein technisches Know how. Sport- und naturbezogene Fähigkeiten werden von ganz wenigen Befragten angegeben (5 bzw. 3). Allgemeine und besondere Lebenserfahrungen geben 22 Befragte an. Eine „politische Kompetenz" schreiben sich nur zwei Befragte zu.

An sogenannten **Schlüsselkompetenzen** wird mit 91 Nennungen prominent die **Dialogfähigkeit** genannt. Darunter verstehen die Befragten ihre Gesprächsbereitschaft, ihre Ansprechbarkeit, ihre Mediations- und Moderationsfähigkeit, nicht zuletzt und ganz häufig auch ihr Talent, zuhören zu können. Hierzu passt auch die 34 mal genannte **Empathiefähigkeit** und die von 41 bzw. 14 Befragten genannte Kontaktfähigkeit und Offenheit, auf andere Menschen zuzugehen. Geselligkeit (30), Brüderlichkeit (13), Kritik- (15) und Konfliktfähigkeit (15), Teamfähigkeit (13) und Motivationsfähigkeit sind weitere Schlüsselkompetenzen. **Führungskompetenzen** schreiben sich 28 der befragten Mendikanten zu.

Alle anderen Angaben, die als (frei gestaltbare) Antworten auf die Frage nach den persönlichen Stärken gegeben wurden, beziehen sich weniger auf fachliche Kompetenzen oder Schlüsselkompetenzen, sondern auf **Haltungen** oder gar ‚Tugenden'. Am häufigsten wurden dabei Haltungen genannt, die sich als **Beständigkeit, Ausdauer, Fleiß** (38), mit **Verlässlichkeit** und **Zuverlässigkeit** (20), aber auch als **Geduld** und **Ausgeglichenheit** (32) und **Treue** (22) charakterisieren lassen. Am zweithäufigsten schreiben sich die Befragten die Haltung der **kreativen (Welt-)Offenheit**, auch für Reformen und Innovationen (68), zu. Überdurchschnittlich häufig (41) nennen sie auch eine generelle **Leistungs-, Einsatz- und Arbeitsbereitschaft**, gefolgt von einer eher **optimistischen Lebenseinstellung**: Freude, Hoffnung und Humor (30), und von einer allgemeinen Hilfsbereitschaft (18) und Solidarität (9). ,Unter ferner liefen' rangieren Haltungen der Toleranz (15) und Kompromissbereitschaft (5), der ,Verantwortung' (12), der ,Authentizität' (11), der ,Klarheit' (11), der Spontaneität und Flexibilität (9), der Fürsorglichkeit (10), der Freundlichkeit (9), der Gastfreundschaft (5), der Reflexionsfähigkeit (7), der Integrationsfähigkeit (7), der Gelassenheit (7), der Sparsamkeit (5) und Bescheidenheit (2).

Obwohl die absolute Mehrheit zur Kenntnis gibt, dass ihre Stärken – zumindest in ihrer Gemeinschaft – auch nachgefragt werden, erleben viele Brüder ihre Gemeinschaft, ihren Orden und die Kirche hinsichtlich einiger Fachkompetenzen, Schlüsselkompetenzen und Haltungen als resonanz*unfähig*. Ein wichtiges Ergebnis der Befragung und eine zentrale Herausforderung ist damit auch die Frage, wie es gelingen kann, dass die Ordensmänner ihre Kompetenzen in das Ganze – sowohl die jeweilige Gemeinschaft als auch den Orden und die Kirche – einbringen können und dieses als resonanzfähig für ihre Fähigkeiten – als ,stimmig' – erleben.

KAPITEL 5

ZUSAMMENFASSUNG

Zum **Sozialprofil** der befragten Mendikanten lässt sich zusammenfassend festhalten: Sie weisen ein hohes Bildungsniveau, aber auch eine überdurchschnittlich starke ‚Unterjüngung' auf: Nur ein Viertel von ihnen ist unter 51 Jahre als. Die Arbeit der meisten Befragten ist durch eine religiös spezifische, kirchliche Logik geprägt. In areligiöse, profane berufliche Erfahrungsräume scheinen sich die Mendikanten kaum hinein zu bewegen, auch nicht in solche, die eher unpersönlichen Beziehungscharakter tragen, obwohl die Mehrheit der Befragten in städtischen Biotopen lebt, wo sich das moderne Gesellschaftsleben verdichtet. Auch die Sozialstruktur des privaten Lebens der Mehrheit der Brüder ist kaum als ‚säkularisiert'/‚profan' charakterisierbar. Das Gegenteil ist der Fall: Man kann feststellen, sie ist territorial wie auch sozial – wenn man an die Wohnformen denkt – religiös, christlich und kirchlich zugleich formatiert. *Von sozialstruktureller Entkirchlichung also kaum eine Spur!* Beide Momente der Sozialstruktur – die private wie die berufliche – indizieren keine Neigung zur Entkirchlichung, sondern eine konfessionelle ‚Milieuverengung'. Aber auch das persönliche Netzwerk scheint weitgehend durch bestätigende religionshomogene Sozialkontakte bestimmt zu sein, welche die eigene Sinnwelt und das eigene, im Orden bzw. in der Gemeinschaft übliche Alltagswissen vermutlich nicht allzu stark irritieren. Dabei geht es um „ein Wissen von vertrauenswerten *Rezepten*" (Vorstellungen und Normen), „um damit die soziale Welt auszulegen und um mit Dingen und Menschen umzugehen, damit die besten Resultate in jeder Situation mit einem Minimum von Anstrengung und bei Vermeidung unerwünschter Konsequenzen erlangt werden können" (Alfred Schütz).

Zum **Religionsprofil** lässt sich zusammenfassend festhalten: Im Blick auf die Ausprägung der Verbundenheit mit der Kirche lässt sich für die Mendikanten kaum von einer Säkularisierung im Sinne von Entkirchli-

chung sprechen, wenn auch der Anteil der ‚kritisch Verbundenen' gegenüber den ‚eng Verbundenen' vergleichsweise hoch ist. Dies erscheint uns
aber noch weitgehend mit dem institutionskritischen Selbstverständnis, das
sich Mendikanten und andere Ordensgemeinschaften geben, im Zusammenhang zu stehen. Auch im Blick auf die von den meisten Befragten
genannten Arbeitsschwerpunkte der Seelsorge, zumal in den Handlungsfeldern der Pfarrgemeinden, lässt sich nicht von Entkirchlichung sprechen.
Im Gegenteil: Hier scheint uns eher der Terminus der ‚Verkirchlichung' –
zumindest der *strukturellen bzw. organisationellen Verkirchlichung* – angebracht. Gemeint ist damit weniger die konzeptionelle und institutionelle
Orientierung an der katholischen Kirche, sondern die – auch mit finanziellen Abhängigkeitsverhältnissen einhergehende – organisatorische Einbindung in die Bistümer, die bestimmte Grade der Autonomie der Orden und
Kommunitäten verhindert, ihren Aktionsraum einschränkt und sie zur affirmativen kirchlichen Binnenorientierung tendieren lässt. Schon vor Jahrzehnten hat Johann B. Metz fragend auf solche Prozesse der Verkirchlichung hingewiesen. Dem Historiker des Katholizismus, Heinz Hürten, zufolge kann „Verkirchlichung" auch der „Verlust von Welt bedeuten, von
Ansatzpunkten, auf ihre Gestalt einzuwirken." Tatsächlich wird diese Tendenz zur Verkirchlichung von einigen Interviewpartnern als Kreativitätshindernis erlebt, um ihre jeweilige Mendikantenspiritualität zur Entfaltung
zu bringen oder für die Anliegen der Menschen außerhalb der Kirche resonanzfähig zu sein.

Bei den Befragten zeigen sich Entkirchlichungs- und auch Entchristlichungstendenzen allenfalls auf der Überzeugungsdimension, und zwar
hinsichtlich einiger – weniger – kirchenoffizieller Grundüberzeugungen
(Wahrheit und Mission). Es drängt sich die Frage auf, ob der Wahrheitsanspruch der christlichen Religion nicht nur unter den evangelischen und
den katholischen Kirchenmitgliedern (in Deutschland), sondern auch bei
den befragten Mendikanten immer weniger Plausibilität, Resonanz und
Rückhalt erfährt, oder ob es andere, kreative Gründe der Selbstrelativierung der eigenen Religion gibt. Es ist könnte auch sein, dass darin auch
eine zivilisierte Haltung der Selbstreflexion, des Respekts und der Verstehensbereitschaft gegenüber anderen Religionen zum Ausdruck kommt, ohne damit der Intention zu folgen, den eigenen Wahrheitsanspruch aufzugeben. Festellbar ist aber auch: Wer der *eigenen* Religion den Wahrheits-

monopolanspruch bestreitet bzw. auch anderen Religionen Wahrheitsteilhabe zuschreibt, schreibt ‚Wahrheit' damit noch nicht ausschließlich ‚der Welt' zu, sondern der Religion, wenn auch nicht mehr der eigenen allein. Fest steht, dass diese Selbstrelativierung den ‚Rigorismus' in Sachen Religion begrenzt und auch unter den Mendikanten in eine Minderheitslage manövriert, dort freilich in eine relativ starke Minderheit. Man wird nicht fehlgehen, wenn man annäherungsweise die Minderheit derjenigen, die den Wahrheitsmonopolanspruch der eigenen Religion bestätigt, als fundamentalistisch *geneigt* qualifiziert. Diese Tendenz ist eindeutig stärker bei den befragten Mendikanten (am stärksten bei den Dominikanern!) als unter den übrigen Katholik(inn)en (in Deutschland) verbreitet. Wir können somit in der Ausprägung *bestimmter religiöser Überzeugungen* bei der Mehrheit von Mendikanten von Säkularisierungs*tendenzen* im Sinne von Entkirchlichungs- und Entchristlichungstendenzen sprechen, keineswegs im Sinne einer radikalen Säkularisierungsneigung in Form einer ‚Entzauberung' des Religiösen überhaupt. Wenn anderen Religionen *auch* Wahrheitskerne zugeschrieben werden, dann handelt es schließlich immer noch um religiöse Wahrheiten und nicht um Wahrheiten, denen die spezifisch religiöse Plausibilität als solche abhanden gekommen ist. Dieser Befund weist allerdings auch auf Polarisierungen – und damit möglicherweise auf Spannungen und Uneinigkeiten – innerhalb der Gemeinschaften hin. Auch polarisiert innerhalb der Mendikantenorden die Haltung zum ‚Synkretismus': 43,7% bejahen, 44,4% verneinen eine solche Haltung. Polarisierungen zeigen sich in jedem einzelnen Mendikantenorden. Allerdings stellen die befragten Dominikaner zugleich den größten – und mehrheitlichen – Anteil derer, welche die Aussage ablehnen, sich in der eigenen Spiritualität an vielen religiösen Traditionen zu orientieren. Dagegen sind die Kapuziner, Franziskaner und die ‚Sonstigen' synkretismusgeneigter. Auch zeigt sich eine Spaltung in der ‚Missionsfrage' sowohl zwischen den Generationen als auch innerhalb der Altersklassen der Mendikanten, wobei das älteste Altersquartil am wenigsten polarisiert ist.

Zum **Ordens- und Gemeinschaftsprofil** ist zusammenfassend festzuhalten: Die Befragten scheinen sich hochgradig mit ihren Ordensgemeinschaften zu identifizieren. Dies bringen sie auch darin zum Ausdruck, dass sie sich als Mendikanten von anderen Orden abgrenzen, dies aber auch innerhalb der mendikantischen ‚Familie' tun. *Mit ihren Orden zeigen sie hö-*

here Verbundenheitsgrade auf als mit ihrer jeweiligen Gemeinschaft, wobei sich dabei auch Unterschiede zwischen den Orden und den Altersklassen bemerkbar machen. Die ältesten Befragten zeigen eine kritischere Verbundenheit mit ihrem Orden als die jüngeren Altersklassen, insbesondere die Befragten aus dem zweiten Altersquartil. Die ‚Sonstigen' zeigen eine kritischere Verbundenheit mit ihrem Orden als die Befragten der anderen Orden, unter denen die Dominikaner mit überdurchschnittlich hohen Verbundenheitswerten herausragen. Die ältesten Befragten weisen auch eine kritischere Verbundenheit mit ihrer Gemeinschaft auf als die jüngeren Altersklassen, insbesondere die Befragten aus dem zweiten Altersquartil. Diese Altersklasse zeigt die höchste Verbundenheit sowohl mit ihrer jeweiligen Gemeinschaft als auch mit ihrem jeweiligen Orden. Die ‚Sonstigen' zeigen eine kritischere Verbundenheit mit ihrer Gemeinschaft als die Befragten der anderen Orden, unter denen die Franziskaner mit (leicht) überdurchschnittlich hohen Verbundenheitswerten herausragen. Ein Vergleich zwischen den Verbundenheitsgraden zu den Orden mit denjenigen zu den Gemeinschaften lässt auf eine höhere Verbundenheit mit den Orden schließen und damit auf Spannungen in den Gemeinschaften vor Ort. Die ausgeprägtesten Differenzen weisen die Dominikaner auf. Die geringsten Verbundenheitsgrade sowohl mit ihren Gemeinschaften als auch mit ihren Orden bringen die ‚Sonstigen' zum Ausdruck.

Zum **Weltprofil** der Befragten ist zusammenfassend festzuhalten: Die ‚Welt' wird von nur einer ganz geringen Minderheit als eine feindliche angesehen und erlebt. *Die ontologisch negativen – dualistischen – Weltauffassungen sind allenfalls noch unter kleinen Minderheiten der Mendikanten verbreitet.* Andere negative Assoziationen, die der Weltbegriff auslöst, werden von stärkeren Minderheiten getragen, aber eben nur von Minderheiten. Dagegen herrscht unter den Befragten die Neigung vor, die Semantik des Weltbegriffs mit neutralen bis positiven Eigenschaften zu belegen. Die mehrheitliche, über neunzigprozentige Absage an die Vorstellung, dass es für die Bettelorden einen Rückzug aus der Welt geben könne, kann sozusagen als die *negative Konsensformel* unter den Mendikanten gesehen werden, und zwar intergenerationell.

Einer der Spitzenwerte (44,6%) in der Befragung unterstreicht die Vorstellung von der ‚Welt als Totalität', die damit auch das ‚Kloster als Teil der Welt' ebenso inkludiert wie die eigene Berufung und insofern auch nicht zu einer ontologischen Abwertung der ,Welt' führen kann. Dieses Ergebnis kommt dem im Theoriekapitel angeführten Verständnis von ,Welt' als „Inbegriff aller Gegenstände möglicher Erfahrung" nahe, weshalb sich niemand, auch kein Ordensmann, ihr entziehen kann. Allerdings ist festzustellen, dass dieses Verständnis von ,Welt als Totalität' unter den befragten Mendikanten, obgleich mit hoher Zustimmung versehen, nicht durchgehend mehrheitsfähig ist und damit auch als besonders starke Konsensformel nicht in Frage kommt. Allein unter den Dominikanern ist dieses Weltverständnis mehrheitsfähig (58,5%). Eine andere theologische Weltvorstellung („*Die Welt ist für mich ein Gegenüber, wo ich auch die Stimme Gottes hören kann*"), die – im Anschluss an Paul Tillich – als die ,prophetische Weltauffassung' bezeichnet werden könnte, findet zwar unter den Befragten eine hohe Zustimmung (49,7%), wird aber nur von einer Majorität der Franziskaner und Kapuziner getragen. Intragenerationell verweigern in diesem Zusammenhang die Ältesten ihre Akzeptanz. Auch die pastoraltheologische Funktion der Welt, deren Sprache zum Anschluss der Kommunikation des Evangeliums dient, erweist sich nur unter den Dominikanern als mehrheitsfähig (52,3%). Zwischen den Generationen zeichnet sich ebenfalls kein Konsens ab. Weder zwischen den Orden noch zwischen den Altersklassen mehrheitsfähig ist auch die Vorstellung von ,Welt', die sich auf das Individuum bezieht. Allerdings wird diese ,eigene kleine Welt' von vielen Befragten, insbesondere von den Jüngeren akzentuiert und steht höchstwahrscheinlich für die in vielen Gemeinschaften gegebene Situation, dass die Regie dessen, was Ordensleben heute meint, von der (totalen) Institution mit ihren (ehemaligen) Reglementierungen und Standardisierungen auf die Person übergegangen ist.

Als mehrheitsfähig unter *allen* befragten Mendikantenorden erweist sich ausschließlich die schöpfungstheologische Vorstellung von ,Welt' (60,1%). Sie taugt auch insofern als relativ starke *mendikantische Konsensformel*, als sie intergenerationell von *allen* Altersklassen mehrheitlich mitgetragen wird. Sie allein dominiert alle anderen Weltbegriffe in den mendikantischen Gemeinschaften, auch die Vorstellung von der Welt als Totalität von Erfahrungen. Zwischen den beiden negativen und positiven Elementen einer *mendikantischen Welt-Konsensformel* (,kein Rückzug aus einer Welt, die Gottes Schöpfung ist') eröffnet sich ein breites und plurales Spektrum von Weltauffassungen, die innerhalb und zwischen den Mendikantenorden-

und -gemeinschaften dissensanfällig sind. Die Dissensanfälligkeit ist allerdings vermutlich begrenzt durch die schöpfungstheologische Klammer der mendikantischen Welt-Konsensformel. Weltbegriffe, die eher dualistischen Denkschemata verhaftet sind und mit Elementen verknüpft sind, die der Welt einen inferioren ontologischen Status zuweisen, dürften es schwer haben, sich gegen den mendikantischen Grundkonsens durchzusetzen.

Die Frage stellt sich, ob diese tendenziell positive Weltauffassungsneigung eher für ‚Säkularisierung' oder für Pluralisierung steht. Gegen die Säkularisierungsthese sind die Spitzenwerte (60,1% und 49,7%) anzuführen, welche ausdrücklich die theologischen Deutungen des Weltbegriffs erreichen. Die These einer inneren Säkularisierung wird auch von den anderen Befragungsergebnissen nicht gestützt. Diejenigen Aussagen, die für eine gefährliche Invasion anderer, störender Welterfahrungen in die Gemeinschaften stehen, finden nur bei Minderheiten der Befragten Resonanz. *Für die Pluralisierungsthese* dagegen stehen der nur relativ starke Konsens in der Weltauffassung bzw. die unterschiedlichen Akzentuierungen in der Semantik des Weltbegriffs, die von unterschiedlichen Ordensgemeinschaften und Generationen vorgenommen werden.

Zum **Entwicklungsprofil** der Befragten ist zusammenfassend festzuhalten: Am *wenigsten* manifestieren sich Kräfte der Bewegung in der Dimension der (wirtschaftlichen) Anpassung und in der Dimension der Zweckorientierung. Am stärksten macht sich die Status quo-Orientierung in der **Dimension der wirtschaftlichen Anpassung** bemerkbar. Beharrungssignale werden von den Mendikanten primär auf die Institution der Gütergemeinschaft bezogen, was zugleich ein zentraler Wert, ja ein Identitätsmerkmal einer Gemeinschaft von Religiosen darstellt und für die Befragten als normative Basis allen Wirtschaftens offensichtlich unverrückbar ist. Hoch rangieren in der Status quo-Orientierung auch die wirtschaftlichen Verflechtungen mit der kirchlichen Institution, insbesondere mit den Bistümern – eine deutliche Bestätigung der hier vertretenen ‚Verkirchlichung'sthese. In der Frage der Effizienz und Effektivität des Wirtschaftens werden die ‚Kräfte der Beharrung' (55,0% bzw. 49,2%) von den ‚Kräften der Bewegung', die auf ‚Ausbau' setzen (41,6% bzw. 47,5%), zwar nicht überflügelt, aber – den Prozentwerten zufolge – doch deutlich zur Bewegung aufgefordert. Offensichtlich vermuten hier viele Ordensbrüder noch mobilisierbare Kraftreserven. *Diese Kräfte der Bewegung machen sich in* *einigen Orden stärker als in anderen bemerkbar.* Obwohl somit deutliche Hinweise auf eine Veralltäglichungsakzeptanz gegeben sind, jedenfalls Signale der wirtschaftlichen Entsicherung und Entalltäglichung und damit *der Re-Charismatisierung nur schwach* aufscheinen, wird man sich schwertun, darin Anzeichen von ‚Säkularisierung‘, ‚Entchristlichung‘ oder ‚Entkirchlichung‘ zu erkennen. Der Primat des Religiösen ist im Bekenntnis zur Gütergemeinschaft wie ein Tabu gesetzt. Eher scheint sich dahinter die (dilemmatische) Frage zu verstecken, ob und inwiefern eine gewisse Abkehr von der „vorkapitalistischen Ökonomie" (Pierre Bourdieu) möglich ist, ohne die Wertidee der Gütergemeinschaft zu verraten bzw. umgekehrt: ob und inwiefern die Wertidee der Gütergemeinschaft gesichert werden kann, ohne in einer kapitalistisch geprägten Umwelt ökonomisch zu scheitern.

Für die **Dimension der Zweckausrichtung** gilt zusammenfassend: Starke Kräfte wünschen eine *Professionalisierung derjenigen Brüder, die leitende Positionen wahrnehmen,* und eine höhere Transparenz von Entscheidungen. Zusammenhalt wird gewünscht, Leitung wird akzeptiert, aber nur, wenn Kontrolldruck ‚von oben‘ reduziert und die Möglichkeit zur Beteiligung aller Brüder, nicht zuletzt der ältesten, sichergestellt wird. Die Herausforderung scheint darin zu liegen, *Leitung und Mitwirkung in eine neue Balance zu bringen,* Aussagen über den Gehorsam in den jeweiligen Regeln der Brüder nicht aus dem Blick zu verlieren und gegenüber den vereinbarten Normen und Entscheidungen sowohl seitens der Oberen als auch seitens der Mitbrüder die Fügsamkeit (‚compliance‘) bzw. die Bereitschaft zum Gehorsam zu erhöhen. Dies aber ist auch eine Sache des Vertrauens der Oberen in die Brüder, dessen Kultivierung für immerhin mehr als jeden dritten Befragten insgesamt ansteht und besonders von den Ältesten unter den Befragten als ein Entwicklungsthema genannt wird.

Bei aller Status quo-Neigung, die sich auch in der **Dimension der Integration** manifestiert, machen sich Entwicklungsdesiderate insbesondere in folgenden Bereichen bemerkbar: Es geht um den Ausbau von Kontrollen insbesondere der Außengrenzen der Gemeinschaften, die Sicherung von Gelegenheitsstrukturen, sich auch als Gemeinschaft zu erfahren, den Ausbau von Chancen zur Partizipation an Entscheidungsprozessen, den Ausbau der persönlichen Disponibilität, auch in der Wahl von freundschaftlichen Beziehungen, um den Ausbau von Gerechtigkeit bei der Verteilung der Arbeit und um die Zurücknahme von Kontroll- und Sanktionsdruck. Auffällig ist, *wie stark die Befragten mehr Gespräche einfordern.* Die Einführung und der Ausbau von Gesprächen geraten an die Topstelle der Liste der Ausprägungen in der Dimension der Integration. *Sie postulieren mehr Dialog als Verfahren der Konfliktlösung und fordern, die gemeinschaftlichen Glaubensgespräche auszubauen* (45,6%), ja sie überhaupt erst einzuführen (16,9%). Lässt sich darin eine Reaktion auf Säkularisierungs- oder auf Individualisierungserfahrungen erkennen? Die vorliegenden Daten sprechen für Letzteres und überhaupt dafür, *das Verhältnis von Individuum und Gemeinschaft und seine Neubalancierung in den Blick zu nehmen.* Sie lassen sich als Plädoyer für die Stärkung und sensible Weiterentwicklung einer ausgeglichenen Wir-Ich- bzw. Ich-Wir-Balance lesen, ohne die das kommunitäre Zusammenleben nicht möglich ist. In den meisten Gemeinschaften scheint der postulierte Entwicklungsakzent auf der Stärkung der ICH-Wir-Balance zu liegen. Gefährdet ist die Wertschätzung des Einzelnen, seiner Arbeit und seiner Kreativität, die interaktive Ermutigung und Respektierung, der soziale Zusammenhalt, wenn das Gespräch ausfällt oder oberflächlich wird, die Gemeinschaft als Resonanzkörper.

Viele Mendikanten geben an, religiös spezifische, aber auch andere fachliche Fähigkeiten und solche zu haben, die man Schlüsselkompetenzen nennt. Obwohl die absolute Mehrheit der Befragten zur Kenntnis gibt, dass ihre Stärken – zumindest in ihrer jeweiligen Gemeinschaft – auch nachgefragt werden, *erleben viele Befragte ihre Gemeinschaft, ihren Orden und die Kirche hinsichtlich einiger Fachkompetenzen, Schlüsselkompetenzen und Haltungen als resonanzunfähig.* Es wird eine der großen Herausforderungen sein, solche brachliegenden Kompetenzen, aber auch die Gelegenheiten zu erschließen, diese Fähigkeiten in das Ganze, also sowohl in die jeweilige Gemeinschaft als auch in den Orden und die Kirche, einbringen zu können. Auch dies ist eine Herausforderung der Integration, der Balancierung von Individuum und Gemeinschaft, die sich in der vorliegenden Untersuchung als eine der dringlichsten Herausforderungen herausgestellt hat.

Dementsprechend machen sich – bei aller Status quo-Neigung – in der **Dimension der Wertbindung** Entwicklungsdesiderate insbesondere hinsichtlich folgender Themen bemerkbar: Die Arbeit am gemeinschaftlichen Profil, am Ausbau von Gelegenheitsstrukturen zur Reflexion und Kultivierung gemeinschaftlicher Werte und ihrer Ausdrucksformen, im besonderen am Ausbau von Möglichkeiten der Verständigung über die subjektiven Deutungen der ‚evangelischen Räte' (Gehorsam, Keuschheit, Armut bzw. Einfachheit), die Bedeutung und Umsetzung des Wertes der Gastfreundschaft. Ein wichtiges Anliegen ist dabei auch die Rezeptions- und Resonanzfähigkeit der mendikantischen Werte für solche Menschen, die keine Ordensleute sind. Auch hier wieder zeigt sich: *Nicht Säkularisierung, sondern religiöse Profilierung* – möglicherweise als Reaktion auf geahnte oder erlebte Säkularisierungsrisiken – gerät hier in den thematischen Aufmerksamkeitsfokus der Befragten und ihrer Gestaltungsoptionen.

Kultur und Religion in Europa (KuRiE)

Herausgegeben vom Institut M.-Dominique Chenu Berlin
durch Thomas Eggensperger OP, Ulrich Engel OP und Frano Prcela OP
im Lit Verlag Münster – Berlin

Bd. 1 **Thomas Eggensperger / Ulrich Engel / Frano Prcela** (Hrsg.), Menschenrechte. Gesell-schaftspolitische und theologische Reflexionen in europäischer Perspektive, Münster 2004. 136 S., ISBN 3-8258-6683-1, broschiert, € 14,90.

Bd. 2 **Christian Bauer / Stefan van Erp** (Hrsg. / Eds.), Heil in Differenz. Dominikanische Beiträge zu einer kontextuellen Theologie in Europa / Salvation in Diversity. Dominican Contributions to a Contextual Theology in Europe, Münster 2004. 184 S., ISBN 3-8258-7483-4, broschiert, € 16,90.

Bd. 3 **Josef Berkmann**, Das Verhältnis Kirche – Europäische Union. Zugänge aus rechtlich-philosophischer Sicht, Münster 2004. 200 S., ISBN 3-8258-7762-0, broschiert, € 17,90.

Bd. 4 **Ignace Berten / Thomas Eggensperger / Ulrich Engel** (Hrsg. / Éd.), Gemeinwohl im Konflikt der Interessen. Gesellschaftspolitische, sozialethische und philosophisch-theologische Re-cherchen zu Europa / Le bien commun dans le conflit des intérêts. Recherches sociopoli-tiques, socio-éthiques et philosophico-théologiques sur l'Europe, Münster 2004. 146 S., ISBN 3-8258-7780-9, broschiert, € 14,90.

Bd. 5 **Alessandro Cortesi / Thomas Eggensperger / Ulrich Engel** (Hrsg. / Edd.), Versöhnung. The-ologie – Philosophie – Politik / Riconciliazione. Teologia – filosofia – politica, Berlin 2006. 140 S., ISBN 3-8258-9636-6, broschiert, € 16,90.

Bd. 6 **Thomas Eggensperger / Ulrich Engel / Leo Oosterveen** (Hrsg. / Red.), Kirche in Bewegung. Deutsch-niederländische Reflexionen zur Ekklesiologie aus dominikanischer Sicht / Kerk in beweging. Duits-Nederlandse reflecties over ecclesiologie vanuit dominicaans perspectief, Berlin 2007. 104 S., ISBN 978-3-8258-0567-8, broschiert, € 14,90.

Bd. 7 **Horst Wieshuber**, Die Leitidee der Subsidiarität im europäischen Einigungswerk. Mit einem Geleitwort von Josef Homeyer, Berlin 2009. 176 S., ISBN 978-3-8258-0561-6, broschiert, € 19,90.

Bd. 8 **Benoît Bourgine / Thomas Eggensperger / Pierre-Yves Materne** (Hrsg. / Éd.), Theologische Vernunft – Politische Vernunft. Religion im öffentlichen Raum / Raison theologique et raison politique. La religion dans l'espace public, Berlin 2009. 200 S., ISBN 978-3-643-10421-2, bro-schiert, € 19,90.

Bd. 9 **Manuela Kalsky / Peter Nissen** (Eds.), A Glance in the Mirror. Dutch and Polish religious cultures, Berlin 2012. 144 S., ISBN 978-3-643-90144-6, broschiert, € 19,90.

Bd. 10 **Michael N. Ebertz / Lucia Segler**, Orden und Säkularisierung. Ergebnisse aus Befragungen von Mendikanten in Deutschland, Österreich und der Schweiz, Berlin 2015. 216 S., ISBN 978-3-643-12942-0, broschiert, € 24,90.